周易礼记孝经心经金刚经净土三经六祖
坛经黄帝内经孔子家语颜氏家训淮南鸿
烈传习录近思录围炉夜话左传战国策史
记汉书后汉书三国志资治通鉴盐铁论贞
观政要山海经水经注人物志论语孟子老
子庄子墨子孙子兵法韩非子大学中庸荀
子管子列子鬼谷子商君书吕氏春秋诗经
楚辞唐诗三百首宋词三百首元曲三百首
古文观止世说新语徐霞客游记梦溪笔谈
搜神记东坡志林三字经百家姓千字文

搜	古	楚	子	子	观	记	烈	坛	周
神	文	辞	管	庄	政	汉	传	经	易
记	观	唐	子	子	要	书	习	黄	礼
东	止	诗	列	墨	山	后	录	帝	记
坡	世	三	子	子	海	汉	近	内	孝
志	说	百	鬼	孙	经	书	思	经	经
林	新	首	谷	子	水	三	录	孔	心
三	语	宋	子	兵	经	国	围	子	经
字	徐	词	商	法	注	志	炉	家	金
经	霞	三	君	韩	人	资	夜	语	刚
百	客	百	书	非	物	治	话	颜	经
家	游	首	吕	子	志	通	左	氏	净
姓	记	元	氏	大	论	鉴	传	家	土
千	梦	曲	春	学	语	盐	战	训	三
字	溪	三	秋	中	孟	铁	国	淮	经
文	笔	百	诗	庸	子	论	策	南	六
	谈	首	经	荀	老	贞	史	鸿	祖

武，会论虞常，欲因此时降武。
汉使张胜谋杀单于近臣，当死，
欲击之，胜请降。律谓武曰：
武曰：『本无谋，又非亲属，何
之，武不动。

律前负汉归匈奴，幸蒙大恩，赐号
万，马畜弥山，富贵如此。苏君今
然。空以身膏草野，谁复知之！』
君因我降，与君为兄弟，今不听吾

上曰：『将军之广明
且将军为非，不须校
捕之甚急。桀等惧，

南越杀汉使者，屠为
宛王杀汉使者，头县
朝鲜杀汉使者，实时
独匈奴未耳。

武骂律曰：『女为人臣
畔主背亲，为降虏于
见？且单于信女，使决
持正，反欲斗两主，观

后二年，骞为卫尉，与
围李将军，军失亡多，
岁骠骑将军破匈奴西边，

以校尉从大将军击
奴，知水草处，军
以不乏，乃封骞为
望侯。是岁元朔六
也。

其秋，浑邪王率众降汉，而金城、河西并南山至盐泽，空无匈奴。
匈奴时有候者到，而希矣。后二年，汉击走单于于幕北。
先是，涉季父为茂陵秦氏所杀，涉居谷口半岁所，自劾去官，欲报仇。谷口豪桀为杀秦氏

淮阳彭宣至大司空，沛郡戴崇
恭俭有法度，而崇恺弟多智，
宗，敬宣而疏之。崇每候禹，
弟子相娱。禹将崇入后堂饮
弦铿锵极乐，昏夜乃罢。而宣
至，讲论经义，日晏赐食，不
未尝得至后堂。及两人皆闻

逢赦令，或时解脱。』二人惊
出，下堂叩头，广汉跪谢曰：
敕吏谨遇，给酒肉。至冬当出

性精于吏职。见吏民，或夜不
距，以得事情。钩距者，设预
已问羊，又问牛，然后及马，
准，则知马之贵贱不失实矣。
它人效者莫能及也。郡中盗

郡国诸豪及
皆归慕之涉
不肖阗门，
涉曰：『子
发自修，以
正复雠取仇
放纵，为轻
『子独不见

明日，光闻之，止画室中
告其罪，故不敢入。

名誉主编◎饶宗颐

导读及译注◎马恺

汉书

名誉主编◎饶宗颐
导读及译注◎马彪

中信出版社·CHINACITICPRESS ·北京·

出版说明

为什么要阅读经典？道理其实很简单——经典正是人类智慧的源泉、心灵的故乡。也正因如此，在社会快速发展、急剧转型，也容易令人躁动不安的年代，人们也就更需要接近经典、阅读经典、品味经典。

迈入二十一世纪，随着中国在世界上的地位不断提高，影响不断扩大，国际社会也越来越关注中国，并希望更多地了解中国、了解中国文化。另外，受全球化浪潮的冲击，各国、各地区、各民族之间文化的交流、碰撞、融合，也都会空前地引人注目，这其中，中国文化无疑扮演着十分重要的角色。相应地，对于中国经典的阅读自然也就拥有了不断扩大的潜在市场，值得重视及开发。

于是也就有了这套立足港台、面向海内外的“中信国学大典”的出版。希望通过本套丛书的出版，继续搭建古代经典与现代生活的桥梁，引领读者摩挲经典，感受经典的魅力，进而提升自身品位，塑造美好人生。

中信国学大典收录中国历代经典名著近六十种，涵盖哲学、文学、历史、医学、宗教等各个领域。编写原则大致如下：

（一）精选原则。所选著作一定是相关领域最有影响、最具代表性、最值得阅读的经典作品，包括中国第一部哲学元典、被尊为“群经之首”的《周易》，儒家代表作《论语》、《孟子》，道家代表作《老子》、《庄子》，最早、最有代表性的兵书《孙子兵法》，最早、最系统完整的医学典籍《黄帝内经》，大乘佛教和禅宗最重要的经典《金刚经·心经·坛经》，中国第一部诗歌总集《诗经》，第一部纪传体通史《史记》，第一部编年体通史《资治通鉴》，中国最古老的地理学著作《山海经》，中国古代最著名的游记《徐霞客游记》等等，每一部都是了解中国思想文化不可不知、不可不读的经典名著。而对于篇幅较大、内容较多的作品，则会精选其中最值得阅读的篇章。使每一本都能保持适中的篇幅、适中的定价，让大众都能买得起、读得起。

（二）尤重导读的功能。导读包括对每一部经典的总体导读、对所选篇章的分篇（节）导读，以及对名段、金句的赏析与点评。导读除介绍相关作品的作者、主要内容等基本情况外，尤其强调取用广阔的国际视野和当代眼光，将这些经典放在全球范围内、结合当下社会生活，深入挖掘其内容与思想的普世价值，及对现代社会、现实生活的深刻启示与借鉴意义。通过这些富有新意的解读与赏析，真正拉近古代经典与当代社会和当下生活的距离。

（三）通俗易读的原则。简明的注释，直白的译文，加上深入浅出的导读与赏析，希望帮助更多的普通读者读懂经典，读懂古人的思想，并能引发更多的思考，获取更多的知识及更多的生活启示。

（四）方便实用的原则。关注当下、贴近现实的导读与赏析，相信有助于读者"古为今用"、自我提升；卷尾附录"名句索引"，更有助于读者检索、重温及随时引用。

（五）立体互动，无限延伸。配合图书的出版，开设专题网站，增加朗读功能，将图书进一步延展为有声读物，同时增强读者、作者、出版者之间不受时空限制的自由随性的交流互动，在使经典阅读更具立体感、时代感之余，亦能通过读编互动，推动经典阅读的深化与提升。

这些原则可以说都是从读者的角度考虑并努力贯彻的，希望这一良苦用心最终亦能够得到读者的认可、进而达到经典普及的目的。

需要特别提到的是，国学大师饶宗颐先生慨然应允担任本套丛书的名誉主编，除表明先生对出版工作的一贯支持外，更显示出先生对倡导经典阅读、关心文化传承的一片至诚。在此，我们要向饶公表示由衷的敬佩及诚挚的感谢。

倡导经典阅读，普及经典文化，永远都有做不完的工作。期待本套丛书的出版，能够带给读者不一样的感觉。

目录

目录

《汉书》导读

唯一一部出自家学的断代史『正史』

马彪

历代学者喜将《史记》与《汉书》进行“马班异同”的比较，而且多持褒马贬班的态度。其实，《史》《汉》之间有可比之处，也有不可比之处；至少从前者为中国第一部通史，后者是中国第一部断代史的角度来讲，二者并列第一，各有所长，很难论定孰优孰劣！

所谓断代史，是以朝代为断限的史书，即记述一个朝代历史的史书。东汉著名的史学家班固等人编纂的这部《汉书》（又称《前汉书》）就是中国第一部断代史，而且是二十四史中唯一一部出自家学的断代史著作，其价值不容低估。

一、续写《史记》风潮中成书的断代史《汉书》

自古以来中国人喜欢记述历史，这一习

惯形成的原因可能有很多，但是无论如何与司马迁创立《史记》（严格地说魏晋以前叫《太史公书》）的成功是分不开的。至少，司马迁的《史记》一经问世就涌现了大批的“粉丝”。又因为《史记》只写到汉武帝太初年间，而且很快出现缺失，所以在西汉那些爱好《史记》的“粉丝”中有一位元帝、成帝之间的博士褚少孙已经开始续写《史记》了。从此以后续写《史记》者不断，如成帝时的扬雄及刘歆、阳城衡、史考山等。

后来班彪也起了续写《史记》的动念，他认为当时虽然有着各种对《史记》的续写，但多为鄙俗之作，缺乏继承太史公的文才，所以他要亲自续写《史记》。然而，到了他儿子班固的时候，开始那种续写《史记》后篇的想法发生了变化，最终写出了《汉书》。也就是说班彪的时候确实是希望写《史记》的续篇，但是班固则上自汉高祖下至前汉结束，将这二百三十年间的史事撰述为《汉书》。《汉书》虽说大体沿袭《史记》的体例，但是最大的不同在于：与《史记》的通史体例相反，《汉书》是断代史。

二、《汉书》是学问世袭制时代的家学撰述

《汉书》本是班彪、班固作为家学开始编纂的，这一点与《史记》作为司马谈、司马迁的家学创作而成书是同样的，这是古代学问世袭制时代的必然产物。虽说中途加入朝廷的干预，还有马续等人的帮助，但从撰述旨趣到主要执笔人来说，《汉书》无疑仍是一部家学的撰述。当然，《汉书》所记汉武帝以前的部分来自于《史记》，但那也是史家司马氏的家学作品。二十四史中唯有《史》、《汉》出自家学，正是周代至两汉的中国古代学问大多出自家学的具体写照。

无论如何班固是《汉书》的主要作者，所以就像通常以司马迁为《史记》作者一样，人们提到《汉书》的作者时单称班固。班固（公元三十二至九十二），字孟坚，扶风安陵（今陕西咸阳）人，自幼聪敏。九岁能作文章，诵读诗赋，博通群籍。他二十三岁决心继承父业，在班彪生前所撰《史记后传》六十五篇的基础之上编纂了《汉书》。然而，公元六十二年因有人诬告他“私作国史”而被捕入狱，书稿被查抄。后来他的弟弟班超上书汉明帝，为其兄申辩。明帝由此阅读了书稿，十分欣赏班固的才能，任命他为兰台令史，负责校勘宫中藏书，还让他继续撰写《汉书》。前后经过三十年左右，正当班固就要完成《汉书》之际，他又因为将军窦宪事件受到牵连，再度被捕并且死于狱中。班固去世后，尚未完成的八表和《天文志》，由其妹班昭（曹大家，家通“姑”）续成。班昭也因此成为二十四史作者中唯一的女性。

三、《汉书》在体例上对《史记》的模仿与创新

通行本《汉书》是唐代颜师古的注本，共一百卷，

但因为有些卷又分为几卷，所以总计一百二十卷，即《本纪》十三卷、《表》十卷、《志》十八卷、《传》七十九卷。

《汉书》的体例是模仿《史记》而又有所发展的。《史记》有本纪、表、书、世家、列传，《汉书》则有帝纪、表、志、传。如果说《汉书》把《史记》的“书”改称为“志”，还只是名称更换的话，那么班固未像司马迁那样设立“世家”，而是将所有功勋世家一律列入人物“传”之中，则不能不说反映出东汉人的世卿世禄观念，较西汉人已经大为淡薄了。

《汉书》的创新很多，比如新设的《刑法志》不仅记述了汉代刑法，还概括了汉以前的刑法源流。他的这一笔法虽然遭到过后代史学评论家的非议，但是从今天的史学概念来看，这种追根溯源的叙事方法不妨说更具合理性。《汉书》将《史记》的《货殖列传》和《平准书》合二为一，创立了《食货志》，将人口数量、耕地面积、粮食产量等重要的国家经济数据按照“食”与“货”即今日我们说的农业与工商业分类的做法，为后来历代史家所认同并予以继承。班固还根据西汉末年刘向、刘歆父子的《七略》图书分类法，创立《艺文志》并由此开辟了后代史书设立《艺文志》或《经籍志》的先声。此《志》的创造，无疑是中国所以能够一直保持世界图书之最地位的重要原因之一。另外《地理志》的创立也是使后代史书纷纷效法，并设立《地理志》、《郡县志》、《州郡志》、《地形志》的样板。

就《传》而言，《汉书》新设了《史记》所没有的《宗室传》、《皇后传》、《外戚传》；在《表》中增设了《古今人表》。《王莽传》的篇幅很长，是史书中记载新朝的唯一史料，其价值不可低估。特别值得一提的是，《汉书》中增补了许多民族史和中亚、南亚史的内容。这反映出汉武帝之后中国人越来越具有国际化的眼光了。

《汉书》多载西汉皇帝诏文，为后世留下宝贵的第一手史料，极有助于学者的研究。比如汉武帝对贤良的“下诏策问”的内容，如果没有《汉书·董仲舒传》的记载，我们将很难如此详细地了解汉武帝下诏求贤的具体情节和心情。

四、《汉书》研究成果及其代表性观点

由于《汉书》与《史记》的继承关系，历代学者对《汉书》的研究仅次于《史记》。比如唐代刘知几评论所谓纪传体时，就指出虽然这一体例始于《史记》，并成为后代正史的楷模，但是断代史却开始于班固，后代的史书大体都继承了班固的体例。与刘知几的称赞相反，南宋郑樵认为史书本应以通史为正常体例，他批评班固著断代史是不明《史记》本意，没有明白历史自有其古今沿革相因的意义（《通志·总序》）。

郑樵还对《汉书》的“表”予以了强烈的抨击，他认为“表”本来是作成“旁行邪上”形式，在其中按照时代、年代、国家、事件填入事实，以便一目了然的方法。但是班固不通“旁行邪上”，像《古今人表》那样将人物划分等级的表格没有任何意义。刘知几也认为《汉书》既然是写汉一代之事，像《古今人表》那样从上古开始记载古今名人的方式是不合体例的。不过，清代章学诚却认为，的确此表从史书体例来讲并不得当，但是作为史料是有利用价值的（《文史通义·史篇别录例议》）。

清代方苞认为《汉书》中写得最好的是《霍光传》，将霍光侍奉武帝二十余年概括以为人谨慎的结论；而对其身为昭帝丞相的经历，仅概括为百姓充实、四夷宾服寥寥数语，记述言简意赅。对霍光死后的宣帝时，霍氏一族虽蒙难而亡，却详细写出了其遇难的原因。他认为这样的记载详略适宜，相当出色。方苞还认为《王莽传》可谓班固用力最深者，其中对王莽阴谋篡位之始末的巧妙记述，可比司马迁的笔法。但认为班固对汉代朝廷制度、仪式一般是不予详述的，而《传》中却对王莽设立的官制、地名一一记载则实属不必。

清代赵翼《廿二史札记》中指出：从司马迁的通史一变为班固的断代史，其间史书的撰写方法亦为之一变；又加上后代都模仿班固模式，这妨碍了史家自身特点的发挥。在《史记》与《汉书》之间不长的时期内，出现了明显的时代区分，于是司马迁的

《史记》成为了空前绝后的作品，而班固的《汉书》也为后代著史提供了典范。

五、本书篇章取舍的标准以及所用版本

本书由于仅仅是节选本，出于文字篇幅的限制，仅选择了其中有代表性的篇章和段落，以期反映全书的梗概和旨趣。比如，《汉书》记载的武帝之前的部分主要是抄录《史记》的，为了避免重复，这里仅选译、注释了此后的内容。所以，如果是有心了解整部西汉历史的读者，建议最好将这套丛书的《史记》、《汉书》一并阅读，那样的话您一定不会失望的。

《本纪》节选了《武帝纪》，是因为作为秦汉帝国的代表人物的“秦皇汉武”之一的汉武帝，他在位五十四年（前一四一至前八十七），占西汉二百余年的四分之一，而且是汉帝国领土、制度、文化、思想得以稳定的主要时期，有着承上启下意义的关键年代，是全书的主干。

在《汉书》诸表中，本书为什么选择了《异姓诸侯王表》、《诸侯王表》、《王子侯表》三表的“序”呢？大家都知道，西汉与秦朝最大的不同，在于部分恢复了诸侯分封制，即以“郡国制”取代了秦的“郡县制”。而当时的诸侯、封国又不外以名臣将相为代表的异姓诸侯王、刘氏皇族的同姓诸

侯王以及王子三类。班固对于这三类“王”与“侯”的概述又集中体现在三表的“序”中，读者仅用短暂的时间，就能领略到郡县制与封国制并存的时代特点。

《地理志》是本书所节选的唯一一篇《志》。其中记载了汉帝国的行政区划、历史沿革、郡国户口、山川河流，读者可以从中体会到上述“郡国制”存在的空间范围，以及各地风土人情的丰富多彩。《志》中以星空的分野划定地理区划的传统方法，一方面准确地反映了两千年前我们祖先天文、地理知识的丰富，一方面对现代人的环境意识也不乏借鉴的意义。

纪传体中的“传”都是围绕“纪”展开的，读者从《武帝纪》中领会了汉朝盛世的历史大纲之后，肯定希望对当时为汉朝做出贡献的名臣武将有更加深入的了解。《苏武传》描述苏武身陷异国囹圄十九年，持节不屈、不辱使命的悲壮经历。《董仲舒传》详细记载了汉武帝为建设新型帝国求贤若渴，董仲舒三上对策为日后文人治政开辟新途的历史情节。通过《张骞传》的内容，读者可以了解古人跋涉千山万水，开拓丝绸之路的艰辛壮举。《朱买臣传》通过一个实例告诉读者：当时只要努力，读书——入仕——致富的路径对任何人都是敞开的。《主父偃传》、《东方朔传》、《霍光传》三篇从不同的侧面，记载了武帝身边汇集了各种各色官僚的生动场景。

汉武帝过度消耗国力之后，汉帝国进入了西汉后期。汉昭帝、宣帝时期（前八十七至前四十八）是一个恢复稳定发展的阶段，即所谓的“昭宣中兴”时代。《赵广汉传》通过一名以“廉洁”出名努力爬至高位，最终被处以“腰斩”之京官自我经营的一生，记述了当时一幕亦廉洁、亦肮脏的官场现形记。此文想必现代人看后也会多有感触。《张禹传》讲述了张禹这位西汉后期读书人中的佼佼者。从他身上读者定会领悟出当时社会上所流传“遗子黄金满籝，不如教子一经”（《汉书·韦贤传》）的谚语所表达的意义。

所谓《列传》就是将几个有相同性格的人物列为一组，借以凸现一个时代的某种时代风格。《循吏传》、《游侠传》、《佞幸传》虽说都是对《史记》同类传的模仿之作，但其中补进的汉武帝中期以后的那些人物，使我们得以对西汉各类官场、民间人物有了较全面的了解。比如，从《龚遂传》中渤海郡太守号召人民卖刀剑、买牛羊，发展农业，全郡大治的事迹，读者可以明白，任何时代的官僚中虽然会有腐败分子的出现，也不乏优秀的地方官。从《原涉传》中西汉末豪侠原涉的事迹，读者可以看到汉代活跃于地方的英雄豪侠们的那些行侠仗义的侠士风范。从《董贤传》中汉哀帝与佞臣美少年董贤之间离奇的君臣关系，任何读者都会发出这样的哀叹：国家掌握在如此愚君、佞臣手中，不灭亡才怪！

西汉末年，权臣王莽以不流血的“摄政”方式取代了刘氏政权，我相信任何一个不以姓氏论正统的现代人，都会对《王莽传》中的记载给出自己的看法。这不但是《汉书》中最长的《传》，而且采用了编年体例，所以这实际上是一篇《纪》。事实上，后世欲了解王莽新朝的历史，全凭此篇文字。可见，这一篇记载的重要价值。

如上所述，《汉书》自成书之时起就有人感到阅读艰难。为此，从东汉末至唐以前为《汉书》做注的就有二三十家。唐初颜师古的注能够广揽兼收、纠谬补缺，可谓历代注释《汉书》的佼佼者。清末王先谦的《汉书补注》则更是对前人各注的集大成之作。若希望深度阅读《汉书》的话，这两部注解是极好的本子。现代学者对《汉书》的研究代表作，例如杨树达《汉书窥管》从文献学的角度多有定缪订正之处；陈直《汉书新证》则是利用汉简、铜器、漆器、陶器、封泥、汉印、货币、石刻数据考订、印证《汉书》的力作。

本书采用了中华书局的点校本《汉书》，这个版本以王先谦《汉书补注》本为底本，参校了其他较好的版本，吸取了前人的考订成果，是一个便于阅读的本子。

六、阅读《汉书》时应该注意些什么

《汉书》从来被认为是史书中难读的一部，作者喜欢用古字、难字的风格为阅读者平增了很多不便。就连东汉时期的学者也“多未能通者”（《后汉书·班昭传》）。所以，历代学者在注释《汉书》的字义、读音方面，没少下工夫。作为现代读者的我们，读此书时就更是离不开注释的“拐杖”了。但是，由于其结构模仿《史记》，即对司马迁所创“纪传体”忠实地予以了继承，所以从全书构架上《汉书》也有容易理解的一面。对这一点，读者只要抓住《帝纪》十二卷之“经”，《表》八卷、《志》十卷、《传》七十卷为“纬”的特点，稍稍参考注解和译文阅读的话，其实并不很难，甚至多有引人入胜之处。正如范晔所论：“（班）固文赡而事详。若固之序事，不激诡，不抑抗，赡而不秽，详而有体，使读之者亹亹而不猒，信哉其能成名也。”（《后汉书·班彪列传》）

还有一点值得注意的是，班固毕竟不像司马迁是当代人记载当代史，所以有时会出现考证不严谨，甚至以后代之事窜入前代的情况。比如，西汉时期的标准容器或容量单位是“桶”和“石”而不是“斛”。“斛”作为容器或容量单位，本是王莽改制时的复古之举，在西汉时期并未作为标准“量”使用。但是《汉书》作者却将西汉的“桶”和“石”一律写为“斛”，其影响至今仍残留不去。又如，秦宪公本秦文公之孙，而《汉书·古今人表》误为文公子，疏于考证。另外，《汉书·楚元王传》中载“牧者持火照求羊，失火烧其臧椁”，说秦始皇陵的棺椁被牧羊童烧毁的说法虽然现在尚不能肯定一定有误，但根据目前考古学者对秦始皇陵的勘查来看，还是存疑为妥。

若以《汉书》的《序传》与司马迁《史记》的《自序》相比，是有不合体例之处。比如像他把自己的作品《幽通赋》、《答宾戏》这些与著述《汉书》毫无关系的辞赋写入了《序传》，相反对其父班彪以来作为家学的史学主张则没有予以充分表示。因此，从今日的立场来看，《后汉书·班彪传》的记载比班固的《序传》其实更能反映《汉书》的著述主旨。班固的《序传》在这一点来说，仅仅是一种装饰，没有充分地表达自己著作的宗旨。

纪

武帝纪

本篇导读

由于《史记》中的《今上本纪》原文已佚失，现在所见到的《史记·孝武本纪》是褚先生（少孙）根据《封禅书》补出的，所以《汉书·武帝纪》是非常重要的文献资料。其中记载了汉武帝刘彻，公元前一四一年继位，公元前八十七年去世，在位五十四年的主要经历。诸如他加强皇权，颁行推恩令，制定左官律，削夺诸侯王权力；下诏令全国各郡县向朝廷推举贤才，以策问等方式选拔人才，起用董仲舒、公孙弘等贤才入朝。他改革币制，官营盐铁，实行均输、平准制度，并重视水利，治理黄河。他罢黜百家，尊崇儒家，“兴太学，修郊祀，改正朔，定历数，协音律，作诗乐，建封禅，礼百神，绍周后，号令文章”，促进了汉文化的繁盛，奠定了儒家思想在我国传统社会的正统地位。对外，武帝征伐并赶走匈奴，解决了北胡侵扰之患；派张骞通使西域，正式开通了汉朝与西域的联系；他征服闽越、东瓯与南越，经营西南夷，在朝鲜半岛设置郡县，创造了空前的大一统帝国。汉武帝有功有过，功劳之一是他敢于宣布承认错误（见《轮台罪己诏》，本书《汉书·西域传》节选）。

孝武皇帝[1]，景帝中子也，母曰王美人[2]。年四岁立为胶东王。七岁为皇太子，母为皇后。十六岁，后三年正月，景帝崩。甲子，太子即皇帝位，尊皇太后窦氏曰太皇太后[3]，皇后曰皇太后。三月，封皇太后同母弟田蚡、胜皆为列侯。

注释

1 孝武皇帝：刘彻，景帝之子，王氏所生。

2 王美人：其母臧儿，初为王钟妻，生男信及两女（王美人氏及其姊），后改嫁田氏，生男蚡、胜。

3 窦氏：汉武帝刘彻的祖母，好黄老之言。

译文

孝武皇帝，在景帝诸子中排行居中，母亲是王美人。他四岁立为胶东王。七岁立为皇太子，母为皇后。十六岁时，景帝后三年正月，景帝驾崩。甲子日，太子即皇帝位，尊皇太后窦氏为太皇太后，皇后为皇太后。三月，封皇太后的同母弟田蚡、田胜为列侯。

建元元年冬十月[1]，诏丞相、御史、列侯、中二千石、二千石、诸侯相举贤良方正直言极谏之士。丞相绾奏：『所举贤良，或治申、商、韩非、苏秦、张仪[2]之言，乱国政，请皆罢。』奏可。

注释

1 建元元年冬十月：即公元前一四〇年。汉武帝刘彻即位后，开始使用年号"建元"，古代帝王自此始有年号。一说，武帝初年并无年号，"建元"是即位二十三年之后始建年号时追命的。以"冬十月"为岁首的历法继承了秦制。

2 申、商、韩非、苏秦、张仪：战国时期的法家、纵横家的代表。

译文

建元元年冬十月，下诏命丞相、御史大夫、列侯、秩中二千石及二千石的高官、诸侯的相国推举品德贤良、行为方正、直言极谏的人才。丞相卫绾上奏说："推举出来的贤良之士，有人主张申不害、商鞅、韩非、苏秦、张仪的学说，扰乱国政，请一律废除。"武帝准奏。

春二月，赦天下，赐民爵一级。年八十复二算[1]，九十复甲卒[2]。行三铢钱[3]。

注释

1 复二算：免除二口的人口税。复，免除徭役或赋税。

2 甲卒：披甲士卒。一说，革车之赋。

3 三铢钱：重量为三铢，且铸“三铢”铭文的铜币。

译文

春二月，向全国发布赦令，赏赐人民爵位一级。对年满八十岁的老人，免除二口人的赋税，对年满九十的老人免除军赋。发行三铢钱。

夏四月己巳，诏曰：『古之立教，乡里以齿[1]，朝廷以爵，扶世导民，莫善于[2]德。然则于乡里先耆艾[3]，奉高年，古之道也。今天下孝子顺孙愿自竭尽以承其亲，外迫公事，内乏资财，是以孝心阙焉。朕甚哀之。民年九十以上，已有受鬻法[4]，为复子若孙[5]，令得身帅妻妾遂其供养之事。』

注释

1 齿：指年齿，年龄。

2 善于：大于。

3 耆（qí）艾：六十岁为耆，五十岁为艾。

4 受鬻（zhōu）法：官府供应米粟给民众做粥饭的制度。

5 若：犹“或”。

译文

夏四月己巳，下诏曰：“古代树立教化，在乡里由年长者，在朝廷由爵位高者辅助世道、教导民众，没有什么比道德更重要了。如此可见，在乡里尊重长者，奉养老人，乃自古以来的道理。现在，天下的孝子贤孙虽自愿竭尽全力赡养亲人，却因对外迫于公务，在内缺乏资财，以致孝心缺乏。朕对此很是哀伤。百姓年龄在九十以上的，已有领取糜粥的制度，还要免除其子或孙的徭役，让他们能带领妻妾履行赡养老人之事。”

五月，诏曰：『河海润千里，其令祠官修山川之祠，为岁事，曲[1]加礼。』

赦吴、楚七国帑[2]输在官者。

秋七月，诏曰：『卫士转置送迎二万人，其省万人。罢苑马，以赐贫民。』

议立明堂。遣使者安车蒲轮，束帛加璧，征鲁申公。

注释

1 曲：周遍，详尽。

2 帑（nú）：通"孥"，妻子。

译文

五月，下诏说："河海润泽千里，兹令祭祀官整修山川之神的祠庙，每年举行祭祀活动，详尽增加祭礼。"

赦免吴、楚七国叛乱者妻子没入为官奴婢的人。

秋七月，下诏说："卫士新旧交替，常置两万人，省去一万人。废除禁苑养马制，以其牧场赐予平民放牧采樵。"

商议建立明堂事宜。派遣使者驾驶以蒲草裹轮的安稳车辆，带上帛与璧，征召鲁国的申培公。

二年冬十月，御史大夫赵绾坐请毋奏事太皇太后[1]，及郎中令王臧皆下狱，自杀。丞相婴、太尉蚡免。

春二月丙戌朔，日有蚀之。夏四月戊申，有如日夜出。

初置茂陵邑[2]。

注释

1 汉武帝十六岁（十五周岁）即皇帝位，大臣有事须奏请掌握实权的窦太皇太后。

2 茂陵：武帝自作之陵。邑：汉代在长安城附近皇帝陵墓处所设陵城。

译文

二年冬十月，御史大夫赵绾因请求奏事不必奏请太皇太后而获罪，与郎中令王臧都入了狱，后自杀。丞相窦婴、太尉田蚡被罢免。

春二月初一，日食。夏四月戊申日，有如太阳出现于夜晚。

新设茂陵邑。

三年春，河水溢于平原，大饥，人相食。

赐徙茂陵者户钱二十万，田二顷。初作便门桥。

（秋七月）闽越[1]围东瓯[2]，东瓯告急。遣中大夫严助持节发会稽兵，浮海救之。未至，闽越走，兵还。

九月丙子晦，日有蚀之。

注释

1 闽越：汉高祖刘邦所封王国，在今福建。

2 东瓯：汉高祖刘邦所封侯国，后升格为王国，在今浙江。

译文

三年春，黄河水在平原郡（今山东）泛滥，大饥荒，人吃人。

赏赐迁居茂陵的每户钱二十万、田二顷。开始修建横跨渭水通往茂陵的便门桥。

（秋七月），闽越围攻东瓯，东瓯向汉朝廷告急。武帝派中大夫严助持符节征调会稽郡驻军，经海路救援。未到东瓯，闽越逃走，汉军返回。

九月丙子月末日，发生了日偏食。

五年春，罢三铢钱，行半两钱[1]。

置《五经》博士[2]。

注释

1 半两钱：重半两（十二铢），有“半两”铭文的铜钱。

2 《五经》：指《易经》、《尚书》、《诗经》、《春秋》、《仪礼》。

译文

五年春，废三铢钱，发行半两钱。

设置《五经》博士。

（六年）五月丁亥，太皇太后崩。

闽越王郢攻南越[1]。遣大行王恢将兵出豫章[2]，大司农[3]韩安国出会稽，击之。未至，越人杀郢降，兵还。

注释

1 南越：王国名，国都位于番禺（今广州市），秦末赵佗建立，汉武帝元鼎六年（前一一一年）灭亡。

2 大行：官名，后改名大鸿胪，掌接待宾客（相当于今天的外交官）。豫章：郡名，治南昌（今江西南昌）。

3 大司农：官名，掌租税钱谷盐铁及国家财政收支。大司农官名始于武帝太初元年，在此三十年之后，此时当称“大农令”。《汉书》时有以后代名称窜入前代之误，此其一例。

译文

（六年）五月丁亥，窦太皇太后去世。

闽越王郢攻打南越。武帝派大行王恢率兵出豫章，令大司农韩安国领兵出会稽，出击闽越。尚未到达，越人杀王郢降汉，汉军返回。

元光元年冬十一月，初令郡国举孝廉[1]各一人。

注释

1 孝廉：汉代选拔官吏的科目。孝，指孝悌之人；廉，指清廉之士。

译文

元光元年冬十一月，开始令郡国推举孝廉各一人。

五月，诏贤良曰：『朕闻昔在唐虞，画象而民不犯[1]，日月所烛，莫不率俾[2]。周之成康，刑错不用，德及鸟兽，教通四海。海外肃眘，北发渠搜，氐羌徕服[3]。星辰不孛，日月不蚀，山陵不崩，川谷不塞；麟凤在郊薮，河洛出图书。呜虖，何施而臻此与！今朕获奉宗庙，夙兴以求，夜寐以思，若涉渊水，未知所济。猗与伟与！何行而可以章先帝之洪业休德，上参尧舜，下配三王！朕之不敏，不能远德，此子大夫之所睹闻也。贤良明于古今王事之体，受策察问，咸以书对，著之于篇，朕亲览焉。』于是董仲舒[4]、公孙弘等出焉。

注释

1 此句出自《尚书·虞书·尧典》，是说上古不用肉刑，仅以"象刑"作为一般刑罚。《荀子·正论》："治古无肉刑而有象刑"。杨倞注："象刑，异章服，耻辱其形象，故谓之象刑也。"

2 率俾（bǐ）：顺从。率，遵循。俾，使。

3 此句出自《大戴礼记》，肃眘（慎）、北发、渠搜、氐、羌皆为西北部族名称。一说，"北发"为动词，即向北征发。

4 董仲舒：西汉著名的思想家、政治家。汉武帝元光元年（前一三四年），董仲舒在著名的《举贤良对策》中建议"推明孔氏，抑黜百家"。

译文

五月，下诏策问贤良说："朕听说过去在唐虞之世，仅用与众不同的服饰加之犯人以示辱，百姓就不犯罪，日月所照之处，没有不服从管理的。周朝的成、康二王之世，刑罚搁置不用，天子恩德及于鸟兽，教令到达四海。海外的肃慎、渠搜、氐族、羌族都来臣服。星辰没有逆行，日、月没有侵蚀，山陵没有崩溃，河谷没有堵塞；麒麟、凤凰栖息在郊外的草泽中，黄河、洛水出现河图、洛书。啊，究竟实施了什么方法而达到如此境界的呀！如今，朕承接宗庙，早起许愿，夜寝思虑，犹如欲涉深渊，却不知如何过渡。美好啊！伟大啊！怎样才能弘扬先帝大业美德，向上与尧舜媲美，往下与三王比肩呢！朕禀性愚钝，不能远施恩德，这是诸位大夫所耳闻目见的。贤良之士通晓古今王事兴衰之大体，仔细审察朕的策问试题，都请用文字作答，撰写成篇，朕亲自阅览答卷。”于是，董仲舒、公孙弘等人凭借对策脱颖而出。

赏析与点评

武帝十五岁即位，朝政实权掌控于祖母太皇太后窦氏手中。窦氏喜好黄帝、老子之学，强制推行黄老之学。但辅佐年轻武帝的丞相窦婴，虽说是窦氏一族成员，却有推崇儒学表现出异端倾向。他与皇太后王氏的异父弟太尉田蚡等一同推举儒者，由此策划上奏不经太皇太后窦氏。此举触怒太皇太后，不但造成丞相窦婴、太尉田蚡被罢免，从武帝日后推行崇儒政策的角度来看，也可以说是他即位伊始所遭受最初的挫折。所以说太皇太后窦氏死后的翌年，武帝就迅速推出诏令贤良对策，可谓他独自掌权之后的第一举措。

二年冬十月，行幸雍，祠五畤[1]。

春，诏问公卿曰：『朕饰子女以配单于，金币文绣赂之甚厚，单于待命加嫚[2]，侵盗亡已。边境被害，朕甚闵之。今欲举兵攻之，何如？』大行王恢建议宜击。夏六月，御史大夫韩安国为护军将军，卫尉李广为骁骑将军，太仆公孙贺为轻车将军，大行王恢为将屯将军，太中大夫李息为材官将军，将三十万众屯马邑谷中，诱致单于，欲袭击之。单于入塞，觉之，走出。六月，军罢。将军王恢坐首谋不进[3]，下狱死。

注释

1 五畤：指汉高祖刘邦建立北畤后，在雍县分别祭祀青帝、白帝、赤帝、黄帝、黑帝的五畤场所：密畤、鄜畤、下畤、上畤、北畤。

2 待命：承受诏命。嫚（màn）：同“慢”，轻侮。

3 首谋不进：首为此谋，而临阵反惧而不进击。

译文

元光二年冬十月，武帝驾临雍县（今陕西凤翔南），祭祀五帝。

春，下诏询问公卿大臣：“朕修饰子女许配予单于，金币绣帛赠与丰厚，而单于对待诏命却更加傲慢，侵盗汉朝不绝，边境人民深受其害，朕对此甚为忧虑。现在打算发兵讨伐匈奴，如何？”大行王恢建议应该出击。夏六月，御史大夫韩安国为护军将军、卫尉李广为骁骑将军、太仆公孙贺为轻车将军、大行王恢为将屯将军、太中大夫李息为材官将军，共率领三十万兵众屯扎在马邑（今山西朔县）山谷中，引诱单于，欲以伏击。单于入塞，有所发觉，逃出。六月，撤军。将军王恢犯“首谋不进”罪，下狱而死。

三年春，河水徙，从顿丘东南流入勃海。

夏五月，封高祖功臣五人后为列侯。

河水决濮阳，泛郡十六。发卒十万救决河。起龙渊宫。

译文

元光三年春，黄河改道，从顿丘（今河南清丰西）东南流入渤海。

夏五月，封高祖功臣五人的后代为列侯。

黄河水在濮阳（今河南濮阳西南）决口，淹没十六郡。调士卒十万堵决口救灾。兴建龙渊宫（位于长安西的宫殿）。

（元光六年春）匈奴入上谷，杀略吏民。遣车骑将军卫青出上谷，骑将军公孙敖出代，轻车将军公孙贺出云中，骁骑将军李广出雁门。青至龙城[1]，获首虏七百级。广、敖失师而还。诏曰：『夷狄无义，所从来久。间者匈奴数寇边境，故遣将抚师。古者治兵振旅，因遭虏之方入，将吏新会，上下未辑[2]，代郡将军敖、雁门将军广所任不肖，校尉又背义妄行，弃军而北，少吏犯禁。用兵之法：不勤不教，将率之过也；教令宣明，不能尽力，士卒之罪也。将军已下廷尉，使理[3]正之，而又加法于士卒，二者并行，非仁圣之心。朕闵众庶陷害，欲刷耻改行，复奉正义，厥路亡繇[4]。其赦雁门、代郡军士不循法者。』

注释

1 龙城：匈奴单于祭天的地方。

2 辑：和睦，协调。

3 理：处置。

4 亡：同“无”。繇（yóu）：通“由”，从此行走。

译文

（六年）匈奴侵入上谷郡（今河北怀来东南），杀害掠夺官吏、百姓。派遣车骑将军卫青从上谷出击，骑将军公孙敖从代郡（今河北蔚县东南），轻车将军公孙贺从云中郡（在今内蒙古呼和浩特西南），骁骑将军李广从雁门郡（在今山西右玉县南）各自出击。卫青到达龙城，获敌首级、俘虏了七百人。李广、公孙敖损兵而还。皇帝下诏说：“夷狄无信义，由来已久。近来匈奴屡屡侵犯我边境，因此派遣将领抚慰军队。古代讲究训练军队、出兵作战。如今由于遭到寇虏突然入侵，将军与军吏刚会聚不久，上下尚不协调。从代郡出击的将军公孙敖、从雁门出击的将军李广对于所承担任务不称职，校尉违背道义而擅自行动，弃军而逃，小吏犯禁。用兵之法：不勤勉、不教导，是将帅的过错；教令宣布得很明确，而不能尽力照办，是士卒的罪过。将军已交掌刑狱的廷尉依法处置，如果再对士卒施加刑法的话，二者并行，那不是仁义圣人之心。朕所担忧的是：众人陷于祸害，即使想洗刷耻辱、改正错误、重返正道，却无路可走。因此，赦免雁门、代郡士卒未守法者。”

元朔元年冬十一月，诏曰：『公卿大夫，所使总方略，壹统类[1]，广教化，美风俗也。夫本仁祖义，褒德禄贤，劝善刑暴，五帝三王[2]所繇昌也。朕夙兴夜寐，嘉与宇内之士臻于斯路。故旅耆老，复孝敬，选豪俊，讲文学，稽参政事，祈进民心，深诏执事，兴廉举孝，庶几成风，绍休圣绪。夫十室之邑，必有忠信；三人并行，厥有我师。今或至阖郡而不荐一人，是化不下究，而积行之君子雍[3]于上闻也。二千石官长纪纲人伦，将何以佐朕烛幽隐，劝元元，厉蒸庶[4]，崇乡党之训哉？且进贤受上赏，蔽贤蒙显戮，古之道也。其与中二千石、礼官、博士议不举者罪。』有司奏议曰：『古者，诸侯贡士，壹适谓之好德，再适谓之贤贤，三适谓之有功，乃加九锡[5]；不贡士，壹则黜爵，再则黜地，三而黜爵地毕矣。夫附下罔上者死，附上罔下者刑，与闻国政而无益于民者斥，在上位而不能进贤者退，此所以劝善黜恶也。今诏书昭先帝圣绪，令二千石举孝廉，所以化元元，移风易俗也。不举孝，不奉诏，当以不敬论。不察廉，不胜任也，当免。』奏可。

注释

1 统类：纲纪与条例。《荀子·非十二子》：“若夫总方略，齐言行，壹统类，而群天下之英杰而告之以大古，教之以至顺。”杨倞注：“统，谓纲纪；类，谓比类。大谓之统，分别谓之类。”

2 五帝：伏羲、神农、黄帝、尧、舜。三王：指夏、商、周三代之君。一般为夏禹、商汤、周武王（或周文王）。

3 雍：通“壅”，闭塞。

4 元元：人民。《战国策·秦策一》：“制海内，子元元，臣诸侯，非兵不可！”高诱注：“元，善也，民之类善故称元。”烝庶：众多庶民。

5 九锡：九种赏赐。锡通“赐”。即车马、衣服、乐器、朱户、纳陛（登殿的专用台阶）、虎贲百人、铁钺、弓矢、秬鬯（祭神用的佳酿）。

译文

元朔元年（前一二八年）冬十一月，武帝下诏说：“公卿大夫，是用来总括方略，统一纲纪与条例，推广教化，美化风俗。以仁义为根本，褒扬道德禄给贤人，劝勉善行刑处暴行，此乃五帝、三王所以昌盛的缘由。朕起早贪晚地工作，就是要激励天下之士走上此道。所以像接待旅客那样加惠于老人，免除孝敬者的徭役，选拔才智杰出者，宣讲文学，考察政事，祈望民心上进，郑重诏令执事官员，推举孝行、廉洁之士，或许蔚然成风，继承先圣美好伟大的业绩。即使十户人家的小镇，也必有忠信的人；三人并排行走，其中就有我的老师。现在有的全郡竟不推荐一人，这是教化不向下贯彻，而积德君子不能为君主所闻知。二千石官长（郡守、国相）是执掌人伦纲纪的，如此将怎样辅佐朕洞察隐晦，劝勉百姓，激励庶民，尊重乡里训令呢？推荐贤者受奖赏，遮蔽贤者蒙没显功处死，是古代的法则。由中二千石与礼官、博士一起讨论不举荐贤人所相当的罪责。”有关部门官吏将建议上奏说：“古代诸侯推荐士人，第一次推举了恰当人才称为品德好，第二次推举了恰当人才称为有荐贤之贤明，第三次推举了恰当人才称为有功，要奖赏九锡（赐）。如不推举人才的话，第一次降格或废除爵位，第二次削减领地，第三次爵位和领地全部废除。依附于下而欺君罔上的处死，依附于上侵凌臣民的处刑，参与国政而不为民谋利者罢斥，在上位而不能推荐贤人者贬退，这是所以能够劝善惩恶的缘由。现在诏书阐明了先代帝王的圣业传统，令二千石官（郡守、国相）推荐孝廉贤才，以此教化人民，移风易俗。那些不举荐孝悌、不执行诏令的官吏，当以不敬罪论处。不能明察廉洁，是不称职，应该罢免官职。”上奏建议被批准。

赏析与点评

历代学者对《论语·述而》“三人行必有我师”的解释有同有异。比如对“三”字有解释为“众多”的，也有解释为数字“三”的；对于“行”字有解释为“同行”的行走之意，也有解释为“言行”之“行”的。前者用为动词，后者用为名词，都讲得通。汉武帝诏文中的“三人并行，厥有我师”，则是说三人并排行走，其中就有我的老师。汉代人对《论语》的解释由此可见一斑。

秋，匈奴入辽西，杀太守；入渔阳、雁门，败都尉，杀略三千余人。遣将军卫青出雁门，将军李息出代，获首虏数千级。

东夷薉君[1]南闾等口二十八万人降，为苍海郡[2]。

鲁王馀、长沙王发皆薨。

注释

1 薉（huì）君：东夷的薉貊族之君。薉貊，古代东方少数民族名，在今朝鲜半岛。

2 苍海郡：西汉在朝鲜半岛东部薉貊地区所设郡。

译文

秋，匈奴攻入辽西郡，杀死太守；侵入渔阳、雁门，击败都尉，杀掠三千余人。派遣将军卫青出兵雁门，将军李息出兵代郡，斩获数千人。

东夷薉君南闾等率领臣民二十八万人降汉，在该地设立苍海郡。

鲁王刘馀、长沙王刘发都去世。

二年冬，赐淮南王、菑川王几杖[1]，毋朝。

春正月，诏曰：『梁王、城阳王亲慈同生，愿以邑分弟，其许之。诸侯王请与子弟邑者，朕将亲览，使有列位焉。』于是藩国始分，而子弟毕侯矣。

匈奴入上谷、渔阳，杀略吏民千余人。遣将军卫青、李息出云中，至高阙，遂西至符离，获首虏数千级。收河南地，置朔方、五原郡。

三月乙亥晦，日有蚀之。

夏，募民徙朔方十万口。又徙郡国豪杰及訾[2]三百万以上于茂陵。

秋，燕王定国有罪，自杀。

注释

1 几杖：坐几和手杖，皆老者所用，为古代敬老之物。

2 訾：通“资”，资财。

译文

元朔二年冬，赐给淮南王、菑川王坐几和手杖，不必朝见皇帝。

春正月，下诏说：“梁王刘襄、城阳王刘延是亲兄弟，愿以食邑分封其弟，应该允许。诸侯王要将自己的食邑分封给兄弟的，朕将亲自过问，使子弟有列侯之位。”于是藩国被分而治之，侯王子弟全部被封为侯。

匈奴侵入上谷、渔阳，杀掠官吏民众千余人。派遣将军卫青、李息出兵云中，到达高阙，接着西至符离（一说为山名，一说为塞名。今内蒙古自治区鄂尔多斯地区），斩首数千人。收复河套以南地区，设置了朔方郡、五原郡。

三月乙亥月末日，发生了日偏食。

夏，招募民众十万人迁徙到朔方郡。又迁移郡国豪富及资产在三百万钱以上的民户移居茂陵。

秋，燕王刘定国犯罪，自杀。

三年春，罢苍海郡。三月，诏曰：『夫刑罚所以防奸也，内长文所以见爱也；以百姓之未洽于教化，朕嘉与士大夫日新厥业，祗而不解[1]。其赦天下。』

夏，匈奴入代，杀太守；入雁门，杀略千余人。

六月庚午，皇太后崩。

秋，罢西南夷，城朔方城。令民大酺五日。

注释

1 祗（zhī）：恭敬。解：通“懈”，懈怠。

译文

三年春，撤销苍海郡。三月，下诏说：“刑罚是为了防止奸恶的，尊崇文德为的是表示仁爱；由于百姓尚未受到教育，朕愿与士大夫一同每日创新事业，恭谨而不懈怠。可赦天下。”

夏，匈奴侵入代郡，杀死太守；侵入雁门郡，杀掠千余人。

六月庚午，王皇太后去世。

秋，停止对西南夷的开通，修筑朔方城。下令允许百姓宴饮五天。

四年冬，行幸甘泉[1]。

夏，匈奴侵入代郡、定襄郡、上郡，杀略数千人。

注释

1 甘泉：宫名，在今陕西淳化西北。

译文

四年冬，皇帝巡幸到甘泉宫。

夏，匈奴侵入代郡、定襄郡（今内蒙古和林格尔西北）、上郡（今陕西榆林、延安及内蒙古自治区乌审旗等地区）三郡，杀掠数千人。

五年春，大旱。大将军卫青将六将军兵十余万人出朔方、高阙，获首虏万五千级。

夏六月，诏曰：『盖闻导民以礼，风[1]之以乐，今礼坏乐崩，朕甚闵焉。故详延天下方闻之士[2]，咸荐诸朝。其令礼官劝学，讲议洽闻，举遗兴礼，以为天下先。太常[3]其议予博士弟子，崇乡党之化，以厉贤材焉。』丞相弘请为博士置弟子员，学者益广。

秋，匈奴入代，杀都尉。

注释

1 风：教化。

2 方闻之士：方正博闻之士。

3 太常：官名。掌宗庙礼仪，九卿之一。

译文

五年春，大旱。大将军卫青率六将军及士兵十余万人从朔方、高阙出塞，斩获一万五千人。

夏六月，下诏说："听说教导人民以礼，陶冶教化人民以乐，如今礼坏乐崩，朕甚忧虑。所以要把天下博闻有识之士全部请来，都举荐给朝廷。让礼官劝进学业，讲论见闻，举荐逸文，振兴礼学，以为天下榜样。太常官应商议为博士置弟子之事，由此推崇乡里教化，奖励贤才。"丞相公孙弘奏请为博士设置弟子生员，学者的前途日益扩展。

秋，匈奴侵入代郡，杀死都尉。

六年春二月，大将军卫青将六将军兵十余万骑出定襄，斩首三千余级。还，休士马于定襄、云中、雁门。赦天下。

夏四月，卫青复将六将军绝幕[1]，大克获。前将军赵信军败，降匈奴。右将军苏建亡军，独身脱还，赎为庶人。

六月，诏曰：『朕闻五帝不复相礼，三代不同法，所繇[2]殊路而建德一也。盖孔子对定公以徕远[3]，哀公以论臣，景公以节用，非期不同，所急异务也。今中国一统而北边未安，朕甚悼之。日者大将军巡朔方，征匈奴，斩首虏万八千级，诸禁锢及有过者，咸蒙厚赏，得免减罪。今大将军仍[4]复克获，斩首虏万九千级，受爵赏而欲移卖者，无所流貤[5]。其议为令。』有司奏请置武功赏官，以宠战士。

注释

1 绝幕：穿过沙漠。幕，通“漠”。

2 繇：通“由”。

3 徕远：悦近徕远。《论语》和《韩非子》皆言叶公问政于孔子，孔子答以“悦近徕远”。此言定公，与二书不同。徕，同“来”，归服。

4 仍：频。

5 流貤：转移，转赠。貤，通“移”。

译文

六年春二月，大将军卫青率领六将军及十万余骑兵从定襄郡出发，斩首三千余。回师，在定襄、云中、雁门休整军队、马匹。大赦天下。

夏四月，卫青再次率领六将军穿过沙漠，大获全胜。前将军赵信军败，投降匈奴。右将军苏建全军溃散，只身逃回，赎罪为平民。

六月，下诏说：“朕听说五帝行礼不相重复，夏、商、周三代的法度各不相同，所经由的道路虽然不同但是所建立的功德却是一样的。孔子对鲁定公问政答以‘悦近徕远’，对鲁哀公问政答以‘政在选贤’，对齐景公问政答以‘政在节财’，这不是期待有所不同，而是视具体情况而指出何为当务之急。如今中国实现了一统，而北部边境还不安定，朕很痛心。前不久大将军巡行朔方郡，征伐匈奴，斩敌首一万八千级，被禁锢及犯有罪过的各种人，都蒙受了厚赏，得以减免罪行。今大将军卫青又大获全胜，战绩辉煌，斩敌首一万九千级，受爵受赏的人有的愿意转让出卖，没有转卖的办法。应当商议此事制定相应法规。”有关官员奏请皇上设置武功赏官，以奖励战士。

元狩元年冬十月，行幸雍，祠五畤[1]。获白麟[2]，作《白麟之歌》。

十一月，淮南王安、衡山王赐谋反，诛。党与死者数万人。

十二月，大雨雪，民冻死。

夏四月，赦天下。

注释

1 畤：祭祀天地五帝的固定处所。

2 麟：传说中的仁兽。颜师古说：麟，麇身，牛尾，马足，黄色，圆蹄，一角，角端有肉。

译文

元狩（前一二二年）元年冬十月，武帝驾临雍县，祭祀五帝畤。猎获白麒麟，作《白麟之歌》。

十一月，淮南王刘安和衡山王刘赐谋反，被诛杀。处死的党羽多达数万人。

十二月，下大雪，平民有人被冻死。

夏四月，大赦天下。

丁卯，立皇太子。赐中二千石爵右庶长[1]，民为父后者一级。诏曰：『朕闻咎繇对禹，曰在知人，知人则哲，惟帝难之。盖君者心也，民犹支体，支体伤则心憯怛[2]。日者淮南、衡山修文学，流货赂，两国接壤，怵于邪说，而造篡弑，此朕之不德。《诗》云：「忧心惨惨，念国之为虐。」已赦天下，涤除与之更始。朕嘉孝弟力田，哀夫老眊[3]孤寡鳏独或匮于衣食，甚怜愍焉。其遣谒者巡行天下，存问致赐。曰：「皇帝使谒者赐县三老、孝者帛，人五匹；乡三老、弟者、力田帛，人三匹；年九十以上及鳏寡孤独帛，人二匹，絮三斤；八十以上米，人三石。有冤失职，使者以闻。县、乡即赐，毋赘聚。」』

五月乙巳晦，日有蚀之。

匈奴入上谷，杀数百人。

注释

1 右庶长：爵名，第十一级。

2 憯怛（dá）：悲伤，惨痛。憯，通“惨”。

3 眊：通“耄”，年老。

译文

丁卯日，立刘据为皇太子（即戾太子）。赐给中二千石官员右庶长爵位，百姓有继其父之后为家长的人赐爵一级。下诏说：“朕听说咎繇（即皋陶，东夷族的首领）回答禹的问题时说：重要的在于知人善任，能了解人的才是贤哲，就是帝王也难以做到。大凡君王好比是人的心脏，人民如同肢体，肢体受伤则心脏惨痛。日前淮南王与衡山王修讲文学，交流货物，两国接壤，被邪说所利诱，而起篡逆之心，这是朕的无德所造成的。《诗经》上说：‘忧心惨惨，悼念国家发生的灾难。’已经大赦天下，清除余毒而弃旧图新。朕奖励孝悌和致力于耕田的人，哀叹年老鳏寡孤独，或缺衣少食者，甚感怜悯。应派专使巡视天下，慰问赏赐。说：‘皇帝派专使赏赐县三老、孝子布帛，每人五匹；赏赐乡三老、尊敬兄长的人、用心耕田的人布帛，每人三匹；赏赐九十岁以上的，以及孤独无靠者，每人布帛二匹，棉絮三斤；对八十以上的，每人赐米三石。蒙受冤屈失掉常业的，专使要报告。县乡要实时就地赏赐，不必繁琐地召集聚会。’”

五月乙巳为月末日，发生日食。

匈奴侵入上谷，杀数百人。

二年冬十月，行幸雍，祠五畤。

春三月戊寅，丞相弘薨。

遣骠骑将军霍去病出陇西，至皋兰，斩首八千余级。

夏，马生余吾水中。南越献驯象、能言鸟。

将军去病、公孙敖出北地二千余里，过居延，斩首虏三万余级。

匈奴入雁门，杀略数百人。遣卫尉张骞、郎中令李广皆出右北平。广杀匈奴三千余人，尽亡其军四千人，独身脱还，及公孙敖、张骞皆后期，当斩，赎为庶人。

江都王建有罪，自杀。胶东王寄薨。

秋，匈奴昆邪王杀休屠王[1]，并将其众合四万余人来降，置五属国[2]以处之。以其地为武威、酒泉郡。

注释

1 昆（hún）邪王、休屠王：皆是匈奴族部落首领及王号。

2 属国：存其国号或族名而隶属于汉朝，故名。当时安定、上郡、天水、五原、西河五郡有属国。

译文

元狩二年冬十月，武帝巡幸至雍地，祭祀五帝。

春三月戊寅，丞相公孙弘去世。

派遣骠骑将军霍去病出兵陇西郡（位于陇山即六盘山以西故名，又称陇右），到达皋兰山，杀敌八千余人。

夏，有马生在余吾水（流经今蒙古国乌兰巴托市）中。南越进献驯象和鹦鹉。

将军霍去病、公孙敖率兵出北地两千余里，经过居延县（今内蒙古额济纳旗东南），杀敌三万余人。

匈奴侵入雁门，杀害掠夺数百人。派遣卫尉张骞、郎中令李广都出兵右北平郡。李广杀匈奴三千余人，而自己的军队四千人都亡失，只身脱险逃回；公孙敖、张骞都失约迟到，依法当斩，赎罪为平民。

江都王刘建获罪，自杀。胶东王刘寄去世。

秋，匈奴昆邪王杀死休屠王，并且率其部众四万余人前来投降，设置五个属国进行安置。把这些地区划分为武威郡（今甘肃民勤东北）、酒泉郡（今甘肃酒泉）。

三年春，有星孛于东方。夏五月，赦天下。立胶东康王少子庆为六安王。封故相萧何曾孙庆为列侯。

秋，匈奴入右北平、定襄，杀略千余人。

遣谒者[1]劝有水灾郡种宿麦[2]。举吏民能假贷贫民者以名闻。

减陇西、北地、上郡戍卒半。

发谪吏穿昆明池。

注释

1 谒者：官名。掌宾赞受事，传达天子旨意。

2 宿麦：来年才熟的麦子，即冬麦。

译文

三年春，彗星出现在东方。夏五月，赦天下。立胶东康王少子刘庆为六安王。封故相国萧何曾孙萧庆为列侯。

秋，匈奴侵入右北平郡、定襄郡，杀害掠夺一千余人。

派遣谒者专使到受水灾的郡县劝导民众种植冬小麦。推举官员、百姓中能借贷给贫民钱粮的，把名单上报朝廷。

把陇西郡、北地郡、上郡的戍边兵卒减少一半。

征调有罪官吏开凿昆明池（在今陕西西安西南）。

四年冬，有司言关东贫民徙陇西、北地、西河、上郡、会稽凡七十二万五千口，县官衣食振业，用度不足，请收银锡造白金及皮币[1]以足用。初算缗钱[2]。

春，有星孛于东北。

夏，有长星[3]出于西北。

大将军卫青将四将军出定襄，将军去病出代，各将五万骑。步兵踵军后数十万人。青至幕北围单于，斩首万九千级，至阗颜山乃还。去病与左贤王战，斩获首虏七万余级，封狼居胥山乃还。两军士死者数万人。前将军广、后将军食其皆后期。广自杀，食其赎死。

注释

1 **白金**：为银和锡的合金。**皮币**：用白鹿皮一尺，边沿缭以五彩线，通行以当钱币。

2 **算缗（mín）钱**：汉时对商人、手工业者、高利贷者和车船所有者征的税。每二千钱或四千钱征一算（一百二十文）。缗，成串的铜钱，一千文为一缗。

3 **长星**：古星名，类似彗星，有长形光芒。

译文

四年冬，官员上报说关东贫民迁移到陇西、北地、西河（今内蒙古准格尔旗西南）、上郡、会稽五郡的共七十二万五千口，国家提供其衣食并组织生产，费用不足，请求收集银、锡铸造白金及皮币以满足开支。开始征收商业税、手工业资产税。

春，有彗星出现于东北方。

夏，有长星出现于西北地区。

大将军卫青率四将军从定襄出发，将军霍去病从代郡出发，各统领五万骑兵。跟随于骑兵后的步兵有数十万人。卫青到达大漠以北包围单于，斩敌一万九千人，到达阗颜山（在今蒙古国中西部）回师。霍去病与左贤王战斗，斩七万余敌，登狼居胥山（今蒙古乌兰巴托市东）祭祀，刻石纪功而回。两军战死者数万人。前将军李广、后将军赵食其都失约迟到。李广自杀，赵食其赎免死罪。

五年春三月甲午，丞相李蔡有罪，自杀。
天下马少，平牡马匹二十万[1]。
罢半两钱，行五铢钱。
徙天下奸猾吏民于边。

注释

1 平牡马：统一雄马价格，奖励养马。

译文

五年春三月甲午，丞相李蔡（李广之从弟）有罪，自杀。

天下马匹缺少，统一雄马价格，每匹马二十万钱。

废半两钱，发行五铢钱。

迁徙国内奸猾官、民到边地。

六年冬十月，赐丞相以下至吏二千石金，千石以下至乘从者[1]帛，蛮夷锦各有差。雨水亡冰。

夏四月乙巳，庙立皇子闳为齐王，旦为燕王，胥为广陵王。初作诰[2]。

六月，诏曰：『日者有司以币轻多奸，农伤而末[3]众，又禁兼并之涂，故改币以约之。稽诸往古，制宜于今。废期有月[4]，而山泽之民未谕。夫仁行而从善，义立则俗易，意奉宪者所以导之未明与？将百姓所安殊路，而挢虔吏因乘势以侵蒸庶邪？何纷然其扰也！今遣博士大等六人分循行天下，存问鳏寡废疾，无以自振业者贷与之。谕三老孝弟以为民师，举独行之君子，征诣行在所[5]。朕嘉贤者，乐知其人。广宣厥道，士有特招，使者之任也。详问隐处亡位，及冤失职，奸猾为害，野荒治苛者，举奏。郡国有所以为便者，上丞相、御史以闻。』

秋九月，大司马骠骑将军去病薨。

注释

1 乘从者：乘骑的侍从人员。

2 诰（gào）：指敕封诸侯王的策文。

3 末：指工商业者。

4 废期有月：指自去年三月改币以至于今，已一年有余。

5 行在所：天子行幸停留之处。

译文

六年冬十月，赏赐丞相以下至二千石的官员金，千石以下至乘骑侍从帛，蛮夷锦等各不相同。

冬季降水无冰雪。

夏四月乙巳，在祖庙立皇子刘闳为齐王、刘旦为燕王、刘胥为广陵王。开始作封王策文。

六月，下诏说："不久前官员认为钱币重量轻且多有伪造，伤害了农业，而从事手工业和商业的人增加，又为了禁止大家富户兼并弱小贫民，所以改换钱币加以制约。考查往古做法，制定适合当前的币制。废旧币已一年多了，而山泽之民仍未知晓告示之意。实行了仁义，人民就会从善；确立了正义，则民俗就会改变，而当前币制受阻，是地方官吏的宣传引导不够呢，还是由于安置百姓的方法不同，而让那些妄托上命的官吏乘机侵犯百姓的利益呢？为何如此的纷纷扰扰！今派遣博士褚大等六人分别巡察天下，慰问鳏寡残疾人，对无法自谋职业的给予借贷支持。晓谕天下让三老、孝悌的人为民师，推举品行高洁的君子，应征到朕巡行所到之处。朕尊重贤者，很高兴见到和认识这些人。要广泛宣传这一道理，使特殊人才得以特招，这是巡察使者的责任。要详细查问被埋没而未被任用、蒙受冤屈而失去正常职业的情况，对于奸邪为害，田野荒芜与苛政害民者，要举报上奏。郡国认为可以方便于民众的做法，要上报给丞相、御史。"

秋九月，大司马骠骑将军霍去病去世。

元鼎元年夏五月，赦天下，大酺五日。

得鼎汾水上。

济东王彭离有罪，废徙上庸。

译文

元鼎元年（前一一六年）夏五月，赦天下，允许百姓宴饮五天。

在汾水边得到古鼎。

济东王刘彭离有罪，废除王号迁徙到上庸（今湖北竹山西南）。

二年冬十一月，御史大夫张汤有罪，自杀。十二月，丞相青翟下狱死。

春，起柏梁台。

三月，大雨雪。夏，大水，关东饿死者以千数。

秋九月，诏曰：『仁不异远，义不辞难，今京师虽未为丰年，山林池泽之饶与民共之。今水潦移于江南，迫隆冬至，朕惧其饥寒不活。江南之地，火耕水耨[1]，方下巴蜀之粟致之江陵，遣博士中等分循行，谕告所抵，无令重困。吏民有振救饥民免其厄者，具举以闻。』

注释

1 火耕水耨（nòu）：古时烧去杂草，灌水种稻的一种耕种法。

译文

二年冬十一月，御史大夫张汤有罪，自杀。十二月，丞相入狱死亡。

春，开始建造柏梁台。

三月，下大雪。夏，大水灾，函谷关以东饿死上千人。

秋九月，下诏说："仁爱不分远近，正义不怕艰难。今年京师虽然没有获得丰收，但山林池泽的财富资源应与百姓共享。当前水灾移到江南，寒冬就要到来，朕担忧江南百姓饥寒交迫无法生存。江南地区，火耕水耨，刚刚从巴蜀运粟米到江陵（在今湖北江陵），派遣博士中等人分别到各地巡视，所到之处发出告示，不要加重百姓负担，使他们困苦。官吏和百姓有能救济灾民使灾民摆脱饥寒困境的，将其事迹上报朝廷。"

三年冬，徙函谷关于新安。以故关为弘农县。

十一月，令民告缗[1]者以其半与之。

正月戊子，阳陵园火。夏四月，雨雹，关东郡国十余饥，人相食。

常山王舜薨。子勃嗣立，有罪，废徙房陵。

注释

1 告缗：指告发富户隐匿财产，逃漏税款。

译文

三年冬，把函谷关向东迁移到了新安县（今河南新安东）。在旧关址设置弘农县。

十一月，下令凡揭发偷漏赋税的人以被告之财的一半作为奖赏。

正月戊子，阳陵园失火。夏四月，下冰雹，关东十多个郡国发生饥荒，出现了人吃人的现象。

常山王刘舜去世。其子刘勃继立，有罪，废王位并迁徙到房陵县。

四年冬十月，行幸雍，祠五畤。赐民爵一级，女子百户牛酒。行自夏阳，东幸汾阴。十一月甲子，立后土祠于汾阴脽上[1]。礼毕，行幸荥阳。还至洛阳，诏曰：『祭地冀州，瞻望河洛，巡省豫州，观于周室，邈而无祀。询问耆老，乃得孽子嘉。其封嘉为周子南君，以奉周祀。』

春二月，中山王胜薨。

夏，封方士[2]栾大为乐通侯，位上将军。

六月，得宝鼎后土祠旁。秋，马生渥洼水中。作《宝鼎》、《天马》之歌。

立常山宪王子商为泗水王。

注释

1 脽（shuí）上：指汾阴脽。位于今山西省万荣县。脽，丘阜。

2 方士：炼制丹药以求得道成仙的术士。

译文

四年冬十月，驾临雍地，祭祀五帝畤。赏赐百姓爵位一级，受爵者之妻每一百户宰食牛一头、赏酒若干斗。从夏阳（今陕西韩城南）出行，向东驾临汾阴（今山西万荣西南）。十一月甲子，在汾阴高丘上建后土祠。礼仪完毕后，巡幸荥阳（在今河南荥阳）。返回到洛阳，下诏说："在冀州（地当今河北省）祭祀土地神，瞻望黄河、洛水，巡视豫州（地当今河南东部及安徽西北部），观览周王室旧址（今洛阳市内），那里荒废已久，祭祀绝灭。询问老人，访得周王室后代姬嘉。封姬嘉为周子南君，以继承周的祭祀。"

春二月，中山王刘胜去世。

夏，封方士栾大为乐通侯，职位相当于上将军。

六月，在后土祠旁边挖出宝鼎。秋，有马生于渥洼水（在甘肃酒泉）中。遂作《宝鼎》、《天马》之歌庆祝。

立常山宪王之子刘商为泗水王。

五年冬十月，行幸雍，祠五畤。遂逾陇，登空同，西临祖厉河[1]而还。

十一月辛巳朔旦，冬至。立泰畤于甘泉[2]。天子亲郊见，朝日夕月。诏曰：『朕以眇身托于王侯之上，德未能绥民，民或饥寒，故巡祭后土以祈丰年。冀州脽壤乃显文鼎，获荐于庙。渥洼水出马，朕其御焉。战战兢兢，惧不克任，思昭天地，内惟自新。《诗》云：「四牡翼翼，以征不服。」亲省边垂，用事所极。望见泰一[3]，修天文禅[4]。辛卯夜，若景光十有二明。《易》曰：「先甲三日，后甲三日。」朕甚念年岁未咸登，饬躬[5]斋戒，丁酉，拜况[6]于郊。』

注释

1 祖厉（jiē lài）河：流经今甘肃会宁、靖远等县，北入黄河。

2 泰畤：古代皇帝祭天神之处。甘泉：县名，地处今陕西延安中部。

3 泰一：亦称泰壹或太一，天神，居于紫微星宿。

4 禅（shàn）：祭天。

5 饬躬：正己。

6 况：赐。

译文

元鼎五年冬十月，皇帝驾临雍地，祭祀五帝畤。接着越过陇山（位于今陕西与甘肃交界地区），登空同山（一作崆峒山，在今甘肃平凉西北），向西走到祖厉河而返回。

十一月辛巳日黎明，冬至，立泰畤于甘泉县。天子亲往祭祀，早晨向东拜日，晚上向西南拜月。下诏说：“朕以微小之身托于王侯之上，德未能安民，有的人还在遭受饥寒，所以巡察祭祀后土神以祈求丰年，在冀州高丘旁发现刻记铭文的宝鼎，进献于祖庙，渥洼水中所出之马，为朕驾用。战战兢兢，深恐不能胜任，要想昭明天地之德，必须不断自省更新。《诗》说：‘四马并驾齐驱，以征讨不服之地。’亲自巡守边陲，所到之处也必行祭礼。望见泰一，遂修建天文坛。辛卯日夜间，有像吉祥之光的十二道闪光。《易》说：‘初一的前三日应自新（辛），后三日应叮（丁）咛。’朕甚念今年没有全部丰收，就严肃恭敬地斋戒，初四，举行郊祭以感激天赐光明。”

夏四月，南越王相吕嘉反，杀汉使者及其王、王太后。赦天下。

丁丑晦，日有蚀之。

秋，蛙、蝦蟆斗。

遣伏波将军路博德出桂阳，下湟水；楼船将军杨仆出豫章，下浈水；归义越侯严[1]为戈船将军，出零陵，下离水；甲[2]为下濑将军，下苍梧。皆将罪人，江淮以南楼船十万人，越驰义侯遗[3]别将巴蜀罪人，发夜郎兵，下牂柯江，咸会番禺。

九月，列侯坐献黄金酎祭[4]宗庙不如法夺爵者百六人，丞相赵周下狱死。乐通侯栾大坐诬罔要斩。

西羌[5]众十万人反，与匈奴通使，攻故安，围枹罕。匈奴入五原，杀太守。

注释

1 严：人名，原为越人，降汉，封为归义侯。

2 甲：人名，故越人，降汉为将。

3 遗：越人，归汉，封为驰义侯。

4 酎（zhòu）祭：汉朝于八月献酎祭宗庙时，令诸侯献金助祭（以人口数率千口奉金四两），皇帝临受。献金若斤两不足，或质量不好，受削邑、夺爵的处分。酎，反复多次酿成的醇酒。

5 羌：古族名。汉时活动于今青海、甘肃部分地区，以游牧为主。

译文

夏四月，南越王国相吕嘉反叛，杀汉使及南越王、王太后。大赦天下。

四月末日，发生日食。

秋，蛙与蛤蟆争斗。

武帝派遣伏波将军路博德带兵从桂阳郡（郡治郴县，今湖南郴县）出发，顺湟水（今广东北部之洭水）而下；楼船将军杨仆从豫章郡（郡治南昌，今江西南昌）出发，顺浈水（今广东北部之滃江）而下；归义越侯严为戈船将军，从零陵郡（郡治泉陵，今湖南零陵）出发，顺离水（今广西境内之漓江和桂江）而下；甲为下濑将军，从苍梧郡（郡治广信，今广西梧州市）出发。都率领罪人，江淮以南楼船水军十万人。越人驰义侯遗另外率领巴、蜀罪人，征发夜郎国（在今贵州西部）兵，从牂柯江（今广西西南部之北盘江）而下，各路大军会聚于番禺县（今广东广州）。

九月，列侯因进献奠祭宗庙的黄金成色、分量不够的罪名，被削爵为民的达一百零六人，丞相赵周入狱死亡。乐通侯栾大因欺君罔上之罪被腰斩。

西羌兵众十万人造反，与匈奴联络，攻打故安县（当作“安故”，在今甘肃临洮南），包围枹罕县（在今甘肃临夏东）。匈奴侵入五原郡，杀死太守。

六年冬十月，发陇西、天水、安定骑士及中尉，河南、河内卒十万人，遣将军李息、郎中令徐自为征西羌，平之。

行东，将幸缑氏，至左邑桐乡，闻南越破，以为闻喜县。春，至汲新中乡，得吕嘉首，以为获嘉县。驰义侯遗兵未及下，上便令征西南夷，平之。遂定越地，以为南海、苍梧、郁林、合浦、交阯、九真、日南、珠厓、儋耳郡。定西南夷，以为武都、牂柯、越巂、沈黎、文山郡。

秋，东越王馀善反，攻杀汉将吏。遣横海将军韩说、中尉王温舒出会稽，楼船将军杨仆出豫章击之。又遣浮沮将军公孙贺出九原，匈河将军赵破奴出令居，皆二千余里，不见虏而还。乃分武威、酒泉地置张掖、敦煌郡，徙民以实之。

译文

元鼎六年冬十月，征发陇西郡（郡治平襄，在今甘肃通渭西）、天水郡（郡治高平，今宁夏固原）、安定各郡县骑兵及中尉，河南郡（郡治洛阳，在今河南洛阳东北）、河内郡（郡治怀县，在今河南武陟西南）两郡的兵卒十万人，派遣将军李息、郎中令徐自为征讨西羌，平息了叛乱。

武帝东巡，将要驾临缑氏县（在今河南偃师东南），到左邑县（今山西闻喜县）桐乡（原在左邑县中）时，闻报南越叛兵已被打败，就改此地为“闻喜县”。春天，驾至汲县（在今河南汲县西）新中乡（原在汲县中），得到越叛相吕嘉的首级，就改此地为“获嘉县”（在今河南新乡西）。驰义侯遗带兵尚未撤回，皇帝即命令他移师征讨西南夷，平定了越地。于是划定南越区域，设置南海（郡治在今广东广州）、苍梧（郡治在今广西梧州）、郁林（郡治在今广西桂平西）、合浦（郡治在今广西合浦东北）、交阯（郡治在今越南河内）、九真（郡治在今越南清化西北）、日南（郡治在今越南广治西北）、珠厓（郡治在今海南海口南）、儋耳（郡治在今海南儋县西北）九郡。西南夷平定后，划分为武都（郡治在今甘肃武都北）、牂柯（郡治在今贵州贵定东北）、越巂

（郡治在今四川西昌县东）、沈黎（郡治在今四川汉源东北）、文山（郡治在今四川茂汶羌族自治县）五郡。

秋，东越王馀善反叛，攻杀汉朝将吏。汉朝派遣横海将军韩说、中尉王温舒带兵从会稽出发，及楼船将军杨仆带兵出豫章共同攻击东越王。又派遣浮沮将军公孙贺带兵从九原郡出发，匈河将军赵破奴率兵从令居县（县治在今甘肃永登西北）出发，都远征两千余里，不见匈奴兵马而回师。于是分武威、酒泉两郡的部分地区设置张掖（郡治在今甘肃张掖西北）、敦煌（郡治在今甘肃敦煌西）两郡，并迁徙内地的人民充实这两郡。

后元元年春正月，行幸甘泉，郊泰畤，遂幸安定。

昌邑王髆薨。

二月，诏曰：『朕郊见上帝，巡于北边，见群鹤留止，以不罗罔[1]，靡所获献。荐于泰畤，光景并见。其赦天下。』

夏六月，御史大夫商丘成[2]有罪自杀。侍中仆射莽何罗与弟重合侯通谋反，侍中驸马都尉金日磾、奉车都尉霍光、骑都尉上官桀讨之。

秋七月，地震，往往涌泉出。

注释

1 罔：同“网”。

2 商丘成：复姓商丘，名成。

译文

后元元年（前八十八年）春正月，巡幸至甘泉，祭祀太一神庙，然后驾临安定郡。

昌邑王刘髆去世。

二月，武帝下诏说：“朕祭祀天神时见到神，在北边巡狩时，见群鹤栖息停留，当时不是网罗捕杀之期，就没有进行射猎。祭祀太一神庙时，灵光与神影同时出现。因此大赦天下。”

夏六月，御史大夫商丘成自杀。侍中仆射莽何罗与弟重合侯马通谋反，侍中驸马都尉金日磾、奉车都尉霍光、骑都尉上官桀合兵攻讨。

秋七月，地震，常有岩浆涌出。

二年春正月，朝诸侯王于甘泉宫，赐宗室。

二月，行幸盩厔五柞宫[1]。乙丑，立皇子弗陵为皇太子。丁卯，帝崩于五柞宫，入殡于未央宫前殿。三月甲申，葬茂陵。

注释

1 盩厔：县名，现写作“周至”，属陕西。五柞宫：汉离宫名，在周至县东南。

译文

（后元）二年春正月，在甘泉宫朝见各诸侯王，赏赐宗室。

二月，驾临盩厔县五柞宫。乙丑，立皇子刘弗陵为皇太子。丁卯，武帝驾崩于五柞宫，在未央宫前殿入殡。三月甲申，安葬在茂陵。

赞曰[1]：汉承百王之弊，高祖拨乱反正，文景务在养民，至于稽古礼文之事，犹多阙焉。孝武初立，卓然罢黜百家，表章《六经》[2]。遂畴咨海内[3]，举其俊茂，与之立功。兴太学，修郊祀，改正朔，定历数，协音律，作诗乐，建封禅，礼百神，绍周后，号令文章，焕焉可述。后嗣得遵洪业，而有三代之风。如武帝之雄材大略，不改文景之恭俭以济斯民，虽《诗》《书》所称，何有加焉！

注释

1 赞曰：作者班固的论赞之语，与《史记》中的“太史公曰”同类。

2《六经》：《易》、《诗》、《书》、《春秋》、《礼》、《乐》。

3 畴：谁。咨：访问、访求。

译文

赞曰：汉承接百王弊政之后，高祖拨乱反正，文帝、景帝重视养民，对于稽考古代礼乐制度方面，还很缺乏。孝武帝初即位，远见卓识地罢黜百家，表彰《六经》。于是谁能为天下谋策，就举荐为贤才，给他们建功立业的机会。兴太学，修郊祀，改正朔，定历数，协调音律，作诗乐，建封禅，礼百神，继承周朝传统，号令制度，焕然可述。后继者能遵循此伟业，而有夏、商、周三代之风。以武帝这样的雄才大略，如能不改文帝、景帝时恭俭以救助百姓的政策，虽是《诗》、《书》上所称道的帝王也是不能超过他的！

春

春

表

异姓诸侯王表（序）

本篇导读

此表以时间为经，以王国为纬，立了汉、楚、衡山等二十栏，列述了汉元年一月至文帝后元七年项羽所封十八王和刘邦所封异姓八王的置废兴亡。表的格式及内容都袭取《史记》的《秦楚之际月表》及《汉兴以来诸侯王年表》。也是以汉五年刘邦称帝为分界，分前、后两部分。前部分按月记事，由其按月分栏、记事内容；后部分按年记事，自汉元年至文帝后元七年长沙国除为止，续记异姓诸侯王的置废兴亡。这里所选表序中，简要地说明立表宗旨及本表主要内容。

昔《诗》、《书》述虞夏之际，舜禹受禟[1]，积德累功，洽于百姓，摄位行政，考之于天，经数十年，然后在位。殷周之王，乃繇禼[2]稷，修仁行义，历十余世，至于汤武，然后放杀。秦起襄公，章文、缪，献、孝、昭、严，稍蚕食六国，百有余载，至始皇，乃并天下。以德若彼，用力如此其鬒[3]难也。

注释

1 禟：“禅”的古字。

2 禼：“契”的古字。传说中的商代始祖。

3 鬒：“艰” 的古字。

译文

从前《诗经》、《尚书》里叙述了虞舜、夏禹交替之际：舜、禹接受禅让，积累功德，使百姓和睦，代理君主之位执行政务，以此接受天意的考验，经过数十年，然后夏禹得以即位。殷、周之王，起自于禼、稷，修行仁义，历经十余代，到了成汤、周武，然后有了流放夏桀王，弑杀殷纣王之举。秦起自于襄公，文公、缪公时期兴盛，献公、孝公、昭公、严公时期逐渐蚕食六国，历经百余年，到了秦始皇，终于兼并天下。像前者那样以道德，像后者这样用暴力，都应该是很艰难的。

秦既称帝，患周之败，以为起于处士[1]横议，诸侯力争，四夷交侵，以弱见夺。于是削去五等[2]，堕城销刃，箝语烧书，内锄雄俊，外攘胡粤[3]，用壹威权，为万世安。然十余年间，猛敌横发乎不虞，适戍强于五伯，闾阎[4]偪于戎狄，向应瘠于谤议，奋臂威于甲兵。乡秦之禁，适所以资豪桀而速自毙也。是以汉亡尺土之阶，繇一剑之任，五载而成帝业。书传所记，未尝有焉。何则？古世相革，皆承圣王之烈，今汉独收孤秦之弊。镌金石者难为功，摧枯朽者易为力，其势然也。故据汉受命，谱十八王，月而列之，天下一统，乃以年数。讫于孝文，异姓尽矣。

注释

1 处士：本义指有才德而隐居不仕的人，亦泛指未做过官的士人。

2 五等：周制的公、侯、伯、子、男五等爵位。

3 粤：“越”的古字。

4 闾阎（lǘ yán）：“闾”是里之门，“阎”是里之内门。

译文

秦既已称帝，又担心周之败亡的重演，认为周之败亡起因于士人的恣意议论、诸侯的暴力争夺、四方夷族的迭相入侵，由于衰弱而被夺走了天下。于是削去五等爵位，堕毁城界，销毁兵刃，限制言论，焚烧书籍，对内剪除英雄豪杰，对外抵御胡人、粤人，专心致力威势与权力，为的是万世的安宁。然而十余年之间，凶猛的敌人突发于不料之间，贬谪戍边的陈胜、吴广之辈比五霸更为强大，闾巷之民比戎狄还要逼迫，响应之声比谤议的后果更为惨痛，奋起的臂膀比甲兵更有威力。以往秦之禁令，恰恰助长了豪杰而加速了自身的灭亡。所以汉无尺土之凭借，仅凭一柄剑之威力，五年而建立帝业。可谓典籍记录所未曾有过的。为何如此呢？自古世代的相互变革，都是继承圣王之功业，而今汉却独自收拾一意孤行之秦的余弊。镌刻金石的人很难成功，摧枯拉朽的人容易形成力量，那是时势所造就的。所以，自汉受天命起，为十八王作谱系，按月排序；天下一统之后，就依照年份排列。至于孝文帝时，异姓就没有了。

诸侯王表（序）

本篇导读

本表记载的是西汉二百年间刘姓诸侯王的置废兴衰。表的形式及内容都与《史记》的表有很大不同。《史记》表以时间为经，以王国为纬，按年代记汉兴至太初百年间刘氏政权所封异姓和同姓诸侯王盛衰递变的情况。本表只摘取《史记》表有关同姓诸侯王的内容，而增加了汉至汉末有关刘姓诸侯王的情况；特别是它以诸侯王为经，以诸侯王的世系为纬。立了号谥、属、始封、子、孙、曾孙、玄孙、六世、七世等栏，以记刘姓诸侯王的世系及其存亡继绝，这与《史记》表是大异其趣的。此所选表序，总结汉代分封诸侯的历史经验，认为汉初分封同姓诸侯以代替异姓诸侯很有必要，只是矫枉过正，藩国自大，于是要削藩；但削藩也过了头，以至“本末俱微”，被王莽篡权亡汉。作为史家，他指出“是以究其终始强弱之变”，是为了“明监（鉴）戒”的道理。

昔周监于二代，三圣制法，立爵五等，封国八百，同姓五十有余。周公、康叔建于鲁、卫，各数百里；太公于齐，亦五侯九伯之地。《诗》载其制曰：『介人惟藩，大师惟垣。大邦惟屏，大宗惟翰。怀德惟宁，宗子惟城。毋俾城坏，毋独斯畏。』[1]所以亲亲贤贤，褒表功德，关诸盛衰，深根固本，为不可拔者也。故盛则周、邵相其治，致刑错[2]；衰则五伯[3]扶其弱，与共守。自幽、平之后，日以陵夷[4]，至虖陪隔[5]河洛之间，分为二周，有逃责之台[6]，被窃铁[7]之言。然天下谓之共主，强大弗之敢倾。历载八百余年，数极德尽，既于王赧，降为庶人，用天年终[8]。号位已绝于天下，尚犹枝叶相持，莫得居其虚位，海内无主，三十余年。

注释

1 介：“善”之意。藩：“篱”之意。屏：“蔽”之意。垣：“墙”之意。翰：“干”之意。怀：“和”之意。俾：“使”之意。大宗：宗法分封制以嫡系长房为“大宗”，余子为“小宗”。

2 错：通“措”，舍弃；置而不用。

3 伯：古通“霸”，古代诸侯联盟的首领。五霸，一说指齐桓公、晋文公、楚庄王、吴王阖闾、越王勾践（《荀子·王霸篇》）。也有列入宋襄公、秦穆公、吴王夫差等人的说法。

4 陵夷：由盛到衰，衰颓，衰落。言如山陵之渐平。

5 陪：狭窄；隔：崎岖。

6 逃责之台：洛阳南宫的誃台。周赧王负债，无以偿还，为躲债逃至此台而得名。责，古通“债”。

7 铁：与“斧”为同音通假字。《列子·说符》：“人有亡铁者，意其邻之子。”斧钺是王权的象征。被：古通“披”，覆盖。窃铁，即窃取王权。

8 用：通“以”。天年：自然的寿数。

译文

从前周鉴于夏、商二代兴亡的教训，文王、武王、周公制定法令，确立公、侯、伯、子、男五等爵位，封八百诸侯国，其中与周室同姓的有五十余国。周公、康叔受封建国于鲁地、卫地，领地方圆各数百里；太公受封于齐地，亦有五等诸侯、九州之长的领地。《诗经》记载其制说："以善人为藩篱，以大师为垣墙。大国为屏蔽，大宗为主干。感念恩德为安宁，分封宗子为城防。城不可堕坏，宗不可单独。单独、堕坏，则畏惧将至。"所以，亲近亲族，尊重贤能，褒奖功德，事关盛衰，乃深扎根基、巩固基础的大计，是不可改变的。因此，兴盛时期则周公、邵公辅佐统治，以致置刑法而不用；衰落时期则有五霸扶持其微弱，与之共同守护。自幽王、平王之后，日渐衰落，以至迁到狭小、危险的河洛地方，分裂为东西二周，甚至有逃债之台，披着窃取王权的流言。然而天下仍称之为共同的君主，强大的诸侯也不敢将其灭亡。历经八百余年，命数已至极端，德行也到了尽头，终结于周赧王，他沦为庶人，寿终而亡。王号、王位已断绝于天下，毕竟尚有枝叶相互扶持，无人得以居其虚位，海内无君主的情况，延续了三十余年。

秦据势胜之地，骋狙诈之兵，蚕食山东，壹切取胜。因矜其所习，自任私知，姗[1]笑三代，荡灭古法，窃自号为皇帝，而子弟为匹夫，内亡骨肉本根之辅，外亡尺土藩翼之卫。陈、吴奋其白挺，刘、项随而毙之。故曰，周过其历，秦不及期，国势然也。

注释

1 姗：古“讪”字，讥笑。

译文

秦占据着形胜之地，驰骋狡诈之兵，蚕食山东六国，权且一概取得了胜利。因而以自己的日常所为骄傲，任凭一己私见，讥笑三代的败亡，洗涤毁灭古法，擅自号为皇帝。然而子弟多为有勇无谋之辈，在内丧失同族骨肉的辅佐，在外没有分封诸侯的屏障守卫。陈胜、吴广奋其巨杖，刘邦、项羽追随其后而灭秦。所以说：周的寿命超过其计算的历法，秦朝则不及预想的万世之期，这是国势所造成的结果。

汉兴之初，海内新定，同姓寡少，惩戒亡秦孤立之败，于是剖裂疆土，立二等之爵[1]。功臣侯者百有余邑，尊王子弟，大启九国。自雁门以东，尽辽阳，为燕、代。常山以南，太行左转，度河、济，渐于海，为齐、赵。谷、泗以往，奄有龟、蒙[2]，为梁、楚。东带江、湖，薄会稽，为荆吴[3]。北界淮濒，略庐、衡，为淮南。波汉之阳，亘九嶷[4]，为长沙。诸侯比境，周匝三垂，外接胡越。天子自有三河、东郡、颍川、南阳，自江陵以西至巴蜀，北自云中至陇西，与京师内史凡十五郡，公主、列侯颇邑其中。而藩国大者夸州兼郡，连城数十，宫室百官同制京师，可谓挢枉过其正[5]矣。虽然，高祖创业，日不暇给，孝惠享国又浅，高后女主摄位，而海内晏如，亡狂狡之忧，卒折诸吕之难，成太宗之业者，亦赖之于诸侯也。

注释

1 二等之爵：汉朝分封功臣，大功封王，小功封侯。

2 奄：覆盖。龟、蒙：二山名。

3 荆吴：国名。高帝六年为“荆国”，十年更名为“吴国”。

4 波：通“陂”，沿。阳：河川的北岸。亘：穷尽。

5 挢枉过其正：矫枉过正。是说欲矫正秦孤立之败而大封子弟，过于强盛，有失中庸之道。

译文

汉朝兴起之初，海内刚刚平定，由于皇室同姓很少，惩戒亡秦孤立之灭亡的教训，于是分割国土，建立二等之爵位。以功臣受封的侯占有百余城邑，尊崇王的子弟，规模大的封立了九个王国：自雁门以东，至辽阳全境，称为燕国、代国。常山以南，至太行左转，渡黄河、济水，扩展至大海，为齐国、赵国。过了谷水、泗水，进入龟山、蒙山地区，为梁国、楚国。东含江、湖，迫近会稽之地，为荆吴国。北方以淮河岸边为界，经略庐山、衡山地区，为淮南国。沿汉水北岸，直至九嶷山，为长沙国。诸侯国境界比邻，环绕于北、东、南三边，外接北胡、南越。天子自身拥有三河、东郡、颍川、南阳，从江陵往西至巴蜀，北方自云中至陇西，与京师内史共计十五郡，其中又往往有公主、列侯的城邑。大的藩国跨越州际，兼有数郡，连接数十城，宫室、百官与京师同制，可谓矫枉过正了。虽然如此，高祖创业之时，无一日闲暇，孝惠在位短暂，高后以女主摄政，而海内安然无恙，没有叛乱之忧，最终摧毁诸吕之祸难，成就文帝之帝业的，还是依赖于诸侯之力。

然诸侯原本以大，末流滥以致溢，小者淫荒越法，大者睽孤横逆，以害身丧国。故文帝采贾生之议分齐、赵，景帝用晁错之计削吴、楚。武帝施主父之册，下推恩之令[1]，使诸侯王得分户邑以封子弟，不行黜陟，而藩国自析。自此以来，齐分为七，赵分为六，梁分为五，淮南分为三。皇子始立者，大国不过十余城。长沙、燕、代虽有旧名，皆亡南北边矣。景遭七国之难，抑损诸侯，减黜其官。武有衡山、淮南之谋，作左官[2]之律，设附益[3]之法，诸侯惟得衣食税租，不与政事。

注释

1 推恩之令：汉武帝颁布的允许诸侯王分户邑以封子弟的法令。名义上是施恩惠，实际上达到了剖分其国以削弱诸侯王势力的目的。

2 左官：将在诸侯国为官者称为低于朝官的“左官”（汉代仍尊右贬左），限制他们提升甚至居住的规定为“左官之律”。

3 附益：诸侯越制过限叫作“附益”，对此予以限制的规定为“附益之法”。

译文

然而，诸侯由于本源很大，所以末流泛滥以致溢满，小者也荒淫过度，大者更乖戾横暴，以致害身丧国。因此，文帝采纳贾生之议，分割齐国、赵国；景帝使用晁错之计削弱吴国、楚国；武帝实施主父偃之策，下达推恩之令，使诸侯王得以剖分户邑以封子弟，由此达到不行赏罚，而藩国自行瓦解的目的。自此以后，齐国一分为七，赵国一分为六，梁国一分为五，淮南国一分为三。皇子开始立为国者，即使大国也不过十余城邑。长沙、燕、代等国虽有旧名，但都丧失了南北边境。景帝遭受七国之难，于是抑制、削弱诸侯，减少、罢黜各国官吏。武帝时有衡山、淮南二王的谋反，制定左官之律，设立附益之法，诸侯仅能得到衣食税租，不得参与政事。

至于哀、平之际，皆继体苗裔，亲属疏远，生于帷墙之中，不为士民所尊，势与富室亡异。而本朝短世，国统三绝，是故王莽知汉中外殚微，本末俱弱，亡所忌惮，生其奸心；因母后之权，假伊周之称，颛作威福庙堂之上，不降阶序而运天下。诈谋既成，遂据南面之尊，分遣五威之吏，驰传天下，班行符命。汉诸侯王厥角䶬首[1]，奉上玺韨[2]，惟恐在后，或乃称美颂德，以求容媚，岂不哀哉！是以究其终始强弱之变，明监戒焉。

注释

1 厥：顿。角：额角。䶬首：稽首，叩首至地。

2 韨（fú）：印绶。

译文

至于哀帝、平帝之际，诸侯都已是继位先祖的后裔，所以作为亲属与天子关系愈加疏远，生长于深宫内院，不为士人、百姓所尊重，其势与富家没有区别。而当朝天子又都早逝，成、哀、平三世国统无子嗣，因此王莽知汉朝内外衰微，本末俱弱，所以无所忌惮，心生奸意；凭借姑母太后之权威，假借伊尹、周公之称号，一味作威作福于庙堂之上，不下殿堂之阶而能运作天下。诡计既已成功，就篡夺了皇帝的尊位，分别派遣五威之吏，驰骋驿传于天下，颁行符命。汉朝的诸侯王皆俯首叩拜，奉还侯王的玺、韨，争先恐后，有人竟歌功颂德，献媚取宠，岂不可悲！因此要究其终始强弱之变迁，明确地以此鉴察往事，警戒将来。

王子侯表（序）

本篇导读

《王子侯表》分为上下两表，这是班固的特意编排。由于西汉元帝在位的十六年间未封王子侯，所以《汉书》将此后的情况列为《王子侯表下》，以此提示读者西汉分封诸侯的制度已经衰微。“居摄”，即因皇帝年幼不能亲政，由大臣代居其位处理政务。作者出于正统论的立场，“弗录”王莽代行皇权的“居摄”三年（公元六至八）之间所封的王子侯，因而人为地造成史料的空白，甚为可惜！

大哉，圣祖之建业也！后嗣承序，以广亲亲。至于孝武，以诸侯王畺土过制，或替[1]差失轨，而子弟为匹夫，轻重不相准，于是制诏御史：『诸侯王或欲推私恩分子弟邑者，令各条上，朕且临定其号名。』自是支庶毕侯矣。《诗》云『文王孙子，本支百世』，信矣哉！

注释

1 替：通“僭”字。

译文

圣明祖先之建业，是多么的伟大呀！后嗣继承其统序，以此广充着对亲族的亲善。至武帝之时，由于诸侯王的疆土超越了制度，有人僭越失度，而子弟沦为匹夫，轻重失去平衡，于是对御史颁诏曰：“诸侯王中如有人欲推私恩将城邑分予子弟的，让他们奏报上来，朕将亲自确定其名号。”自此支系庶子也都封侯了。《诗》云“文王的孙子，本支百世”，的确可信呀！

孝元之世，亡王子侯者，盛衰终始，岂非命哉！元始[1]之际，王莽擅朝，伪褒宗室，侯及王之孙焉；居摄[2]而愈多，非其正，故弗录。旋踵亦绝，悲夫！

注释

1 元始：西汉平帝刘衎的年号（公元一至五）。

2 居摄：西汉皇帝孺子婴的第一个年号，共计三年（公元六至八）。这时王莽摄政，代行皇权。

译文

孝元之时，没有王子封侯的，盛衰与终始，难道不是天命吗！元始之际，王莽专权朝廷，虚伪褒奖宗室，侯及王之孙辈亦得以封侯；至居摄年间所封更多，因其非正统分封，所以不录于此。所封者转瞬间也就灭绝了，可悲呀！

志

志

志

地理志

本篇导读

文人读此篇可知古代人文分布，商人读此篇可知当年天下之物流，百姓读此篇可知家乡之远古风土。正如学界所公认的那样，这是中国第一部以“地理”命名的地理著作。它对西汉郡县封国的建置，以及各地的山川、户口、物产、风俗和文化等作了综述，保存了汉代及其以前的许多珍贵的地理资料。它不但是中国地理学史上一部具有划时代意义的著作，而且开创了历代正史都以疆域政区为主体、分录各区山川物产疆域地理和沿革地理的体例。这里仅选录了其中记载西汉疆域、耕地以及各地物产分布的段落以飨读者。

（秦）分天下作三十六郡。汉兴，以其郡太大，稍复开置，又立诸侯王国。武帝开广三边。故自高祖增二十六，文、景各六，武帝二十八，昭帝一，讫于孝平，凡郡国一百三，县邑千三百一十四，道三十二，侯国二百四十一。地东西九千三百二里，南北万三千三百六十八里。提封[1]田一万万四千五百一十三万六千四百五顷，其一万万二百五十二万八千八百八十九顷，邑居道路，山川林泽，群不可垦，其三千二百二十九万九百四十七顷，可垦不可垦，定垦田八百二十七万五百三十六顷。民户千二百二十三万三千六十二，口五千九百五十九万四千九百七十八。汉极盛矣。

注释

1 提封：通共，大凡。

译文

（秦）把天下分为三十六郡。汉朝建立后，由于秦朝郡太大，而逐渐予以重新开设，又建立诸侯王国。武帝时开拓扩展三边。所以自高祖起增设了二十六个郡，文帝、景帝各增加了六郡，武帝时增加了二十八郡，昭帝时增加了一郡，至于孝平时，共有郡国一百零三个，县邑一千三百一十四个，道三十二个，侯国二百四十一个。土地东西向九千三百零二里，南北向一万三千三百六十八里。总共有田地一亿四千五百一十三万六千四百五顷，其中一亿二百五十二万八千八百八十九顷是居邑、道路、山林、川泽，大都不可开垦；其中三千二百二十九万九百四十七顷，有可垦也有不可垦，确定开垦田地八百二十七万五百三十六顷。有民户千二百二十三万三千六十二，人口五千九百五十九万四千九百七十八。汉朝达到了极盛。

凡民函五常之性，而其刚柔缓急，音声不同，系水土之风气，故谓之风；好恶取舍，动静亡常，随君上之情欲，故谓之俗。孔子曰：『移风易俗，莫善于乐。』言圣王在上，统理人伦，必移其本，而易其末，此混同天下一之虖中和，然后王教成也。汉承百王之末，国土变改，民人迁徙，成帝时刘向略言其地分，丞相张禹使属颍川朱赣条其风俗，犹未宣究1，故辑而论之，终其本末著于篇。

注释

1 宣究：完备；详尽。

译文

大凡百姓都具有五常之本性，而人们的刚柔缓急、音声又有所不同，这是由于水土之风气不同所致，所以谓之为风；人们的好恶取舍、动静没有常态，则是跟随君上之情欲变化的，所以称之为俗。孔子曰："移风易俗，没有比音乐更好的了。"是说圣王在上位，统一治理人间伦理，必定改其本性，而变其末节，这是把天下混同为一，予以中和，然后君王的教化可以成功。汉朝继承百王之末端，国土变改了，人民迁徙了，成帝时刘向大致说到汉朝土地的划分，丞相张禹派遣部属颍川朱赣分条陈述汉朝的风俗，尚未详备，所以汇总而论述，穷究其本末而写成篇章。

赏析与点评

孔子提倡"移风易俗"之后，历代学者对所谓"风俗"的含义多所阐发，东汉应劭还专题撰写了《风俗通义》。《汉书·王吉传》称"百里不同风，千里不同俗"，这是浑言"风俗"即习俗之意。然而，析而言之，究竟何谓"风"，何谓"俗"呢？这里有说"系水土之风气，故谓之风；好恶取舍，动静亡常，随君上之情欲，故谓之俗。"但元朝李果《风俗通义》题词中则说："上行下效谓之风，众心安定谓之俗。"二者之间差异明显，为有心的读者留下一个小小的疑问。

秦地，于天官[1]东井、舆鬼之分壄也[2]。其界自弘农故关以西，有京兆、扶风、冯翊、北地、上郡、西河、安定、天水、陇西，南有巴、蜀、广汉、犍为、武都，西有金城、武威、张掖、酒泉、敦煌，又西南有牂柯、越巂、益州，皆宜属焉。

秦之先曰柏益，出自帝颛顼，尧时助禹治水，为舜朕虞[3]，养育草木鸟兽，赐姓嬴氏，历夏、殷为诸侯。至周有造父，善驭习马，得华骝、绿耳[4]之乘，幸于穆王，封于赵城，故更为赵氏。后有非子，为周孝王养马汧、渭之间。孝王曰：『昔伯益知禽兽，子孙不绝。』乃封为附庸，邑之于秦，今陇西秦亭秦谷是也。至玄孙，氏[5]为庄公，破西戎，有其地。子襄公时，幽王为犬戎所败，平王东迁雒邑。襄公将兵救周有功，赐受郊[6]、酆之地，列为诸侯。后八世，穆公称伯，以河为竟[7]。十余世，孝公用商君，制辕田，开仟伯[8]，东雄诸侯。子惠公初称王，得上郡、西河。孙昭王开巴蜀，灭周，取九鼎。昭王曾孙政并六国，称皇帝，负力怙威，燔书坑儒，自任私智。至子胡亥，天下畔之。

注释

1 天官：天文；天象。

2 东井：星宿名。即井宿，二十八宿之一。因在玉井之东，故称。舆鬼：即鬼宿。二十八宿中南方七宿之一。壄："野"的异体字。指分界，界限。

3 朕虞：古时管理山泽的职官。

4 华駵、绿耳：周穆王的骏马。华駵，毛色如花之赤色。绿耳，耳朵为绿色。

5 氏：与"是"同，古通假字。

6 郊：岐。

7 伯：霸。竟：境。

8 辕田：更易土地分配的方法。仟伯：田间小道。也作"阡陌"。

译文

秦国土地，在天官的东井宿、属于舆鬼宿的分野。其疆界自弘农郡旧函谷关以西，有京兆、扶风郡、冯翊郡、北地郡、上郡、西河郡、安定郡、天水郡、陇西郡，南有巴郡、蜀郡、广汉郡、犍为郡、武都郡，西有金城郡、武威郡、张掖郡、酒泉郡、敦煌郡，又西南有牂柯郡、越巂郡、益州郡，皆应属于此分野。

秦的祖先叫柏益（即下文的"伯益"），出自帝颛顼一族，尧时帮助大禹治水，是舜帝的朕虞官，养育草木鸟兽，赐姓为嬴氏，经历夏、殷二朝时为诸侯。至周朝有造父，善于驾驭训练马匹，得到华駵、绿耳等骏马，受宠于周穆王，被封于赵城，所以改姓为赵氏。后来有非子，为周孝王在汧河、渭河之间的地方养马。孝王说："昔日伯益了解禽兽，其子孙至今繁衍不绝。"于是封非子为附庸之国，建食邑于秦地，即今日陇西郡秦亭、秦谷（皆位于今甘肃、天水）之地。至玄孙，即庄公时，打败西戎，占有其地。至庄公之子襄公时，幽王被犬戎打败，平王东迁至雒邑。襄公率兵救周朝有功，被赐给郊、酆的土地，列为诸侯。八代之后，穆公称霸，以黄河作为边境。又经过十几代，孝公任用商君，制定辕田，开辟阡陌，向东称雄诸侯。儿子惠公刚刚称王，就得到上郡、西河。孙子昭王开拓巴、蜀，灭掉周室，取得九鼎。昭王曾孙嬴政兼并六国，称皇帝，依仗威力，焚书坑儒，一意孤行。至儿子胡亥时，天下反叛了秦朝。

故秦地于禹贡时跨雍、梁二州，诗风兼秦、豳两国。昔后稷封斄，公刘处豳，大王徙郊，文王作酆，武王治镐，其民有先王遗风，好稼穑，务本业[1]，故豳诗言农桑衣食之本甚备。有鄠、杜竹林，南山檀柘，号称陆海[2]，为九州岛膏腴[3]。始皇之初，郑国穿渠，引泾水溉田，沃野千里，民以富饶。汉兴，立都长安，徙齐诸田，楚昭、屈、景及诸功臣家于长陵。后世世徙吏二千石、高訾[4]富人及豪桀并兼之家于诸陵。盖亦以强干弱支，非独为奉山园也。是故五方杂厝，风俗不纯。其世家则好礼文，富人则商贾为利，豪桀则游侠通奸。濒南山，近夏阳，多阻险轻薄，易为盗贼，常为天下剧。又郡国辐凑[5]，浮食者多，民去本就末，列侯贵人车服僭上，众庶放效，羞不相及，嫁娶尤崇侈靡，送死过度。

注释

1 本业：农业。

2 陆海：陆，高出水面的土地；海，巨大的。比喻其地高物产富饶之地。

3 膏腴：谓（土地）肥沃。

4 高訾：即高赀。资财雄厚。

5 辐凑：即辐辏，形容人或物聚集像车辅集中于车毂一样。

译文

原来的秦地在《尚书·禹贡》所记载的时代横跨雍、梁二州，《诗·风》中兼有秦、豳两国。以前后稷被分封于斄，公刘居于豳，大王迁徙到郊，文王建造酆，武王治理镐，他们的百姓有先王的遗风，喜好稼穑，致力本业，所以《诗经·豳风》上说农桑衣食之根本相当完备。有鄠、杜的竹林，南山的檀木、柘木，号称陆海，是九州岛的肥沃之地。秦始皇之初，郑国开通沟渠，引泾水溉田，上千里土地成为沃野，百姓因此富饶。汉朝兴起，建都长安，迁徙齐国诸多田姓，楚昭、屈、景等姓以及诸多功臣家族到了长陵。后来世世代代迁徙二千石官吏、资财雄厚的富人以及豪强和兼并弱者的大族到各陵。大概也是为了强干弱支，并非单独为了事奉山地园陵。由此五方错杂，风俗不纯。世家喜好礼仪文章，富人以商贾为利，豪强则与游侠通奸。临近南山，靠近夏阳，地势多险阻，人情轻薄，容易产生盗贼，常成为天下动荡之地。又有郡国聚集于此，不事耕作而食者众多，百姓脱离本业而趋向末业，列侯贵人车服僭越君上，众多庶民仿效他们，耻于追赶不上，嫁娶之事更是崇尚奢靡，丧葬之事过度操办。

天水、陇西，山多林木，民以板为室屋。及安定、北地、上郡、西河，皆迫近戎狄，修习战备，高上气力，以射猎为先。故秦诗曰『在其板屋』；又曰『王于兴师，修我甲兵，与子偕行』。及车辚、四载、小戎之篇，皆言车马田狩之事。汉兴，六郡[1]良家子选给羽林、期门[2]，以材力为官，名将多出焉。孔子曰：『君子有勇而亡谊则为乱，小人有勇而亡谊则为盗。』故此数郡，民俗质木，不耻寇盗。

注释

1 六郡：指陇西、天水、安定、北地、上郡、西河。

2 羽林、期门：禁卫军名。

译文

天水、陇西地区，山中多产林木，百姓以木板造室屋。至于安定、北地、上郡、西河，都靠近戎狄，总是演习备战，崇尚气力，以射猎为首要。所以《诗经·秦风》说“在他们的板屋里”；又说“君王起兵，我整备铠甲、兵器，与子弟同行”。以及《车辚》、《四载》、《小戎》等篇，都说到车马狩猎之事。汉朝兴起，六郡良家子弟被选送至羽林、期门军，以才能、力气为官，名将多数出自于此。孔子说：“君子有勇力而无义气则将会作乱，小人有勇力而无义气就会成为盗贼。”所以这些郡的人，民俗质朴，不以作盗贼为耻。

自武威以西，本匈奴昆邪王、休屠王地，武帝时攘[1]之，初置四郡，以通西域，鬲[2]绝南羌、匈奴。其民或以关东下贫，或以报怨过当，或以誖逆亡道，家属徙焉。习俗颇殊，地广民稀，水屮[3]宜畜牧，故凉州之畜为天下饶。保边塞，二千石治之，咸以兵马为务；酒礼之会，上下通焉，吏民相亲。是以其俗风雨时节，谷籴常贱，少盗贼，有和气之应，贤于内郡。此政宽厚，吏不苛刻之所致也。

注释

1 攘：侵夺，排斥。

2 鬲：与“隔”同。

3 屮：古“草”字。

译文

自武威以西，本是匈奴昆邪王、休屠王的地方，武帝时侵夺了这里，开始设置四郡，以此联通了西域，隔绝了南羌与匈奴。这里的百姓有的因为在关东时地位贫贱，有的是因为报仇雪恨过当，有的是因为叛逆无道，携家属迁徙至此的。习俗相差颇为悬殊，地广民稀，水草适宜畜牧，所以凉州之畜产为天下第一。保卫边塞之事，由二千石官治理，所以官员都以管理兵器、马匹为要务；经常举办礼节性酒会，于是上下得以沟通，官民互相亲近。所以这里的习俗：风雨合于时节，谷价通常低贱，少有盗贼，相应而生的是和谐气氛，人情比内地各郡贤惠。这是政令宽厚，官吏不苛刻所致。

巴、蜀、广汉本南夷，秦并以为郡，土地肥美，有江水沃野，山林竹木疏食果实之饶。南贾滇[1]、僰[2]僮，西近邛[3]、莋[4]马旄牛。民食稻鱼，亡凶年忧，俗不愁苦，而轻易淫泆，柔弱褊阸。景、武间，文翁[5]为蜀守，教民读书法令，未能笃信道德，反以好文刺讥，贵慕权势。及司马相如游宦京师诸侯，以文辞显于世，乡党慕循其迹。后有王褒、严遵、扬雄之徒，文章冠天下。繇文翁倡其教，相如为之师，故孔子曰：『有教亡类。』

注释

1 滇：古族名，在今中国云南省东部滇池附近地区。

2 僰（bó）：西南越族的一支。

3 邛（qióng）：古地名，在今中国四川省西昌市。

4 莋：古县名，在今中国四川省汉源县。

5 文翁：姓文，名党，字翁仲。西汉教育家。景帝时任蜀郡太守，在任期间，倡导教化，教民读书懂法，选拔郡县小吏十余人到京都学习儒学，在成都设立学校，选官吏子弟入学。成为当时以及后世地方官吏的模范人物。

译文

巴郡、蜀郡、广汉郡本是南夷，秦朝将其吞并作为郡，土地肥美，有江水灌溉田野，有山林竹木疏食果实的富饶。南面滇、僰多出僮仆，西面邛、莋多产马和旄牛。百姓以稻、鱼为食物，没有灾年之忧，习俗不为苦难发愁，因而容易荒淫放纵，体格柔弱，心胸狭窄。景帝、武帝之间，文翁为蜀郡太守，教导百姓读书、懂法令，未能做到笃信道德，反而喜好以文章进行讽谏，崇尚羡慕权势。到司马相如出游在京师和诸侯那里为官时，他以文章辞令显著于当世，乡里尊慕而追循他的事迹。后来有王褒、严遵、扬雄等人，文章是天下一流。这是出于文翁倡导教育，司马相如做出表率所致，所以孔子说："施教不分对象。"

武都地杂氐、羌，及犍为、牂柯、越巂，皆西南外夷，武帝初开置。民俗略与巴、蜀同，而武都近天水，俗颇似焉。

故秦地天下三分之一，而人众不过什三，然量其富居什六。吴札[1]观乐，为之歌秦，曰：『此之谓夏[2]声。夫能夏则大，大之至也，其周旧乎？』

自井十度至柳三度，谓之鹑首[3]之次，秦之分也。

注释

1 吴札：吴王寿梦子。

2 夏：中国，中原。

3 鹑首：星次名。指朱鸟七宿中的井宿和鬼宿。为秦之分野，指秦地。

译文

武都郡之地杂居着氐人、羌人，以及犍为郡、牂柯郡、越巂郡，都居住着西南的外部夷族，武帝开始在此开发置郡。民俗大致与巴、蜀相同，而武都郡靠近天水郡，民俗颇为类似。

所以秦地占天下三分之一，而人口不过天下的十分之三，计算其财富竟占十分之六。吴国公子季札（在鲁）观赏（周朝）音乐，听到《秦风》说：“这就叫作夏的音乐！能诵唱夏歌的国家则能盛大，盛大至极致，这大概就是周朝的本来面貌吧！”

从井十度到柳三度，是鹑首星宿的位置，其分野为秦。

魏地，觜觿[1]、参之分野也。其界自高陵以东，尽河东、河内，南有陈留及汝南之召陵、强、新汲、西华、长平，颍川之舞阳、郾、许、傿陵，河南之开封、中牟、阳武、酸枣、卷，皆魏分也。

注释

1 觜觿：星座名。二十八宿之一。

译文

魏地，是觜觿星、参星的分野。其疆界自高陵以东，一直至河东、河内的尽头，南面有陈留及汝南的召陵、强、新汲、西华、长平，颍川的舞阳、郾、许、傿陵，河南的开封、中牟、阳武、酸枣、卷，其分野为魏国。

河内本殷之旧都，周既灭殷，分其畿内为三国，诗风邶、庸、卫国是也。鄁，以封纣子武庚；庸，管叔尹之；卫，蔡叔[1]尹之：以监殷民，谓之三监。故书序曰『武王崩，三监畔』，周公诛之，尽以其地封弟康叔，号曰孟侯[2]，以夹辅周室；迁邶、庸之民于雒邑，故邶、庸、卫三国之诗相与同风。邶诗曰『在浚之下』，庸曰『在浚之郊』；邶又曰『亦流于淇』，『河水洋洋』，庸曰『送我淇上』，『在彼中河』，卫曰『瞻彼淇奥』，『河水洋洋』。故吴公子札聘鲁观周乐，闻邶、庸、卫之歌，曰：『美哉渊乎！吾闻康叔之德如是，是其卫风乎？』至十六世，懿公亡道，为狄所灭。齐桓公帅诸侯伐狄，而更封卫于河南曹、楚丘，是为文公。而河内殷虚，更属于晋。康叔之风既歇，而纣之化犹存，故俗刚强，多豪桀侵夺，薄恩礼，好生分[3]。

注释

1 武庚：即禄父也。尹：主也。管叔、蔡叔：皆武王之弟。

2 康叔：武王弟也。孟：长也。言为诸侯之长。

3 生分：父母生存时兄弟就分家分财产。

译文

河内本来是商朝的旧都，周灭商之后，将原来的京畿地区分为三国，即《诗·风》中的邶国、庸国、卫国。鄁国，是分封给纣王儿子武庚的；庸国，由管叔管理；卫，由蔡叔管理：作用在于监视商朝遗民，称之为三监。所以《书》序说“武王崩，三监反叛”，周公诛杀了他们，将其地都封给了周公的弟弟康叔，号为孟侯，让他从旁辅佐周室；将邶国、庸国的百姓迁至雒邑，所以邶、庸、卫三国的诗歌风格相同。《邶风》说“在浚之下”，《庸风》说“在浚之郊”；《邶风》又说“亦流于淇”，“河水洋洋”，《庸风》说“送我淇上”，“在彼中河”，《卫风》说“瞻彼淇奥”，“河水洋洋”。所以吴公子札应邀赴鲁国观赏周乐时，听到邶、庸、卫之歌，说：“太美太深奥了！我听说康叔之德就是这样，这是《卫风》吗？”至十六代，懿公无道，被狄所灭。齐桓公率领诸侯伐狄人，而将卫改封至河南的曹、楚丘，这是文公。而河内的殷虚，改封属于晋国。康叔之风范既已停息，而纣王的教化犹存，所以民俗刚强，多出现豪强侵夺现象，缺少恩惠、礼仪，喜好生分。

河东土地平易，有盐铁之饶，本唐尧所居，诗风唐、魏之国也。周武王子唐叔在母未生，武王梦帝谓己曰：『余名而子曰虞，将与之唐，属之参。』及生，名之曰虞。至成王灭唐，而封叔虞。唐有晋水，及叔虞子燮为晋侯云，故参为晋星。其民有先王遗教，君子深思，小人俭陋。故唐诗蟋蟀、山枢、葛生之篇曰『今我不乐，日月其迈[1]』；『宛其死矣，它人是媮[2]』；『百岁之后，归于其居[3]』。皆思奢俭之中，念死生之虑。吴札闻唐之歌，曰：『思深哉！其有陶唐氏之遗民乎？』

注释

1 迈：行也。

2 媮：同“愉”，乐。说自己俭吝，死亡之后当为他人所乐也。

3 居：坟墓。说死后回归坟墓，再不能欢乐。

译文

河东土地平坦，有丰富的盐铁，本来是唐尧居住的地方，是《诗·风》中的唐国、魏国。周武王的儿子唐叔在母亲怀孕未生时，武王梦见上帝对自己说：“我给你儿子取名叫虞，将唐这片土地给他，属于参星。”等他出生时，就取名叫虞。到成王灭掉唐时，将唐地封给了叔虞。唐地有晋水，到叔虞之子燮成为晋侯，所以参星就成为了晋星。那里的百姓有先王遗留的教化，君子深思熟虑，小人俭朴粗陋。所以《唐风》中的《蟋蟀》、《山枢》、《葛生》各篇说“如今我不行乐，日月也行将老死”；“若是死了，它人欢愉”；“百年之后，回归墓穴”。都思考奢俭适中，思量死生的忧虑。吴札听到唐国的歌谣，说：“思想深刻呀！难道是陶唐氏之遗民吗？”

魏国，亦姬姓也，在晋之南河曲，故其诗曰『彼汾一曲』；『寘[1]诸河之侧』。自唐叔十六世至献公，灭魏以封大夫毕万[2]，灭耿以封大夫赵夙[3]，及大夫韩武子[4]食采于韩原，晋于是始大。至于文公，伯诸侯，尊周室，始有河内之土。吴札闻魏之歌，曰：『美哉沨沨[5]乎！以德辅此，则明主也。』文公后十六世为韩、魏、赵所灭，三家皆自立为诸侯，是为三晋。赵与秦同祖，韩、赵皆姬姓也。自毕万后十世称侯，至孙称王，徙都大梁，故魏一号为梁，七世为秦所灭。

注释

1 寘：置。

2 毕万：毕公高之后，魏犨的祖父。

3 赵夙：赵衰之兄。

4 韩武子：韩厥之曾祖也，本与周同姓，食采于韩，更为韩氏。

5 沨沨（fēng）：漂浮的样子。此形容中庸的状态，可以为善也可以为恶。

译文

魏国，也是姬姓，在晋国之南的黄河转弯处，所以诗上说“那是汾水的一处河湾”；“置之于黄河之侧”。自唐叔十六世到献公，灭掉魏国用来分封大夫毕万，灭掉耿用来分封大夫赵夙，等到大夫韩武子分封到韩国的平原，晋国于是开始壮大。到了文公时，称霸诸侯，尊崇周室，开始有河内的土地。吴札听到《魏》歌，说：“太美了！曲调委婉悠扬！以德为辅佐的，这就是明主。”文公之后十六代被韩、魏、赵所灭，三家都自立为诸侯，这就是三晋。赵国与秦国为同一祖先，韩、赵都是姬姓。从毕万之后十代称侯，再至孙子时称王，迁都大梁，所以魏国也称为梁国，七代之后被秦国所灭。

周地，柳、七星、张之分野也。今之河南雒阳、谷成、平阴、偃师、巩、缑氏，是其分也。

昔周公营雒邑，以为在于土中，诸侯蕃屏[1]四方，故立京师。至幽王淫褒姒，以灭宗周，子平王东居雒邑。其后五伯更帅诸侯以尊周室，故周于三代最为长久。八百余年至于赧王，乃为秦所兼。初雒邑与宗周[2]通封畿，东西长而南北短，短长相覆为千里。至襄王以河内赐晋文公，又为诸侯所侵，故其分墬[3]小。

周人之失，巧伪趋利，贵财贱义，高富下贫，憙为商贾，不好仕宦。

注释

1 蕃屏：藩屏。

2 雒邑：成周。宗周：镐京。

3 墬：古“地”字。

译文

周地，是柳星、七星、张星的分野。现在的河南雒阳、谷成、平阴、偃师、巩、缑氏，属于这一分野。

以前周公营造雒邑，认为雒邑在土地中央，四面有诸侯护卫，所以建立京师。至幽王与褒姒淫乱时，导致宗周灭亡，儿子周平王东迁居住到了雒邑。这以后五霸更替率领诸侯尊崇周室，所以周朝在三代之中最为长久。八百余年到赧王时，就被秦国所吞兼。当初雒邑与宗周的京畿相通，东西长而南北短，短和长复合为千里。到襄王时以河内赏赐给晋文公，又被诸侯所侵吞，所以其分地缩小。

周人的过失，在于取巧诈伪，趋赴利益，重视财富，鄙视义理，抬高富人，贬低穷人，喜欢经商，不好做官。

自柳三度至张十二度，谓之鹑火之次，周之分也。

韩地，角、亢、氐之分野也。韩分晋得南阳郡及颍川之父城、定陵、襄城、颍阳、颍阴、长社、阳翟、郏，东接汝南，西接弘农得新安、宜阳，皆韩分也。及诗风陈、郑之国，与韩同星分焉。

译文

自柳星三度至张星十二度，称为鹑火的位置，是周朝的分野。

韩地，是角星、亢星、氐星的分野。韩星分得晋国的南阳郡和颍川之父城、定陵、襄城、颍阳、颍阴、长社、阳翟、郏，东面与汝南接壤，西面连接弘农，又得到新安、宜阳，是分属于韩国的地区。而且《诗·风》中的陈国、郑国，与韩国属于同一个星座分野。

郑国，今河南之新郑，本高辛氏火正祝融之虚也。及成皋、荥阳，颍川之崇高、阳城，皆郑分也。本周宣王弟友为周司徒，食采于宗周畿内，是为郑。郑桓公问于史伯曰：『王室多故，何所可以逃死？』史伯曰：『四方之国，非王母弟甥舅则夷狄，不可入也，其济、洛、河、颍之间乎！子男之国，虢、会为大，恃势与险，崈[1]侈贪冒，君若寄帑[2]与贿，周乱而敝，必将背君；君以成周之众，奉辞伐罪，亡不克矣。』公曰：『南方不可乎？』对曰：『夫楚，重黎之后也，黎为高辛氏火正，昭显天地，以生柔嘉之材。姜、嬴、荆、芈，实与诸姬代相干[3]也。姜，伯夷之后也；嬴，伯益之后也。伯夷能礼于神以佐尧，伯益能仪[4]百物以佐舜，其后皆不失祠，而未有兴者，周衰将起，不可偪也。』桓公从其言，乃东寄帑与贿，虢、会受之。后三年，幽王败，桓公死，其子武公与平王东迁，卒定虢、会之地，右雒左泲，食溱、洧焉。土陿而险，山居谷汲，男女亟[5]聚会，故其俗淫。郑诗曰：『出其东门，有女如云。』又曰：『溱与洧方灌灌兮，士与女方秉菅兮。』『恂盱且乐，惟士与女，伊其相谑。』[6]此其风也。吴札闻郑之歌，曰：『美哉！其细已甚，民弗堪也。是其先亡乎？』自武公后二十三世，为韩所灭。

注释

1 宧：古“崇”字。

2 寄：托付。帑：即孥，指妻子儿女。

3 代：传递。干：侵犯。

4 仪：与“宜”同。宜，安定。

5 亟：屡。

6 灌灌：水的流势很盛的样子。菅：兰花。恂：信任。盱：大。伊：惟。谑：戏言。

译文

郑国，即现在河南的新郑，本来是高辛氏的火正官祝融的废墟。直至成皋、荥阳，颍川的崇高、阳城，都属于郑国的分野。本来周宣王的弟弟友为周朝的司徒，分封在宗周的京畿内，就是郑。郑桓公问史伯说：“王室多变故，什么地方可以逃避一死呢？”史伯说：“四方的封国，不是王、母、弟、甥、舅的地盘就是夷狄的地方，不可进入，济水、洛水、黄河、颍水之间可以！子爵和男爵的封国之中，虢国、会国为大国，倚仗地势与险阻，喜欢奢侈，贪图钱财，您若将妻子儿女、财产托付给他们，周朝动乱而凋敝时，必将背叛您；您以成周的大军，奉旨伐罪的话，没有不能战胜的。”桓公说：“南方不可以吗？”答道：“楚国，是重黎的后代，重黎为高辛氏的火正官，光照天地，由此产生出柔和而嘉好的人才。姜、嬴、荆、芈，实事上与诸姬代代相互冲突。姜，是伯夷的后代；嬴，是伯益的后代。伯夷能以敬神之礼辅佐尧，伯益能以安顿百物辅佐舜，他们的后代都能不失祭祀，而没有兴盛的情况，周朝的衰微即将出现，不可以催逼它。”郑桓公听从了史伯的话，就把妻子儿女与钱财托付到东方，虢国、会国予以接受。三年后，幽王衰败，桓公死了，他儿子武公与平王向东迁徙，最终安定于虢国、会国之地，西边有雒水，东边有泲水，食封溱水、洧水地区。土地狭窄险阻，居于山中，汲水峡谷，男女常聚会，所以风俗淫荡。《郑风》说：“出郑国东门，有女多如云。”又说：“溱水、洧水浩浩荡荡，男士、女子秉持兰花。”“互赠互信，男士、女子，彼此戏谑。”这是他们的风俗。吴札听到郑之歌，说：“太美了！细弱过甚，百姓不能忍受。这是它将灭亡的先兆吗？”自武公二十三代之后，被韩国所灭。

陈国，今淮阳之地。陈本太昊之虚，周武王封舜后妫满于陈，是为胡公，妻以元女大姬。妇人尊贵，好祭祀，用史巫，故其俗巫鬼。陈诗曰：『坎其击鼓，宛丘之下，亡冬亡夏，值其鹭羽。』[1]又曰：『东门之枌，宛丘之栩，子仲之子，婆娑其下。』此其风也。吴札闻陈之歌，曰：『国亡主，其能久乎！』自胡公后二十三世为楚所灭。陈虽属楚，于天文自若其故。

注释

1 值：立。树立鹭鸟之羽所作的翿，用以祭祀鬼神也。

译文

陈国，是现在淮阳之地。陈国本是太昊之废墟，周武王把舜的后代妫满封于陈国，就是胡公，将长女大姬作为他的妻子。妇人受尊敬，喜好祭祀，任用史官、巫官，所以其风俗崇尚巫鬼。《陈风》说："铿锵击鼓于宛丘之下，无冬无夏树立鹭羽。"又说："东门有白榆，宛丘有栩树，陈国大夫子仲的儿子，在树下婆娑起舞。"这是那里的风俗。吴札听了陈之歌，说："国无君主，能长久吗？"自胡公二十三代之后，陈被楚国所灭。陈国虽属于楚国了，但在天文上仍延续旧样。

颍川、南阳，本夏禹之国。夏人上忠，其敝鄙朴。韩自武子后七世称侯，六世称王，五世而为秦所灭。秦既灭韩，徙天下不轨之民于南阳，故其俗夸奢，上气力，好商贾渔猎，藏匿难制御也。宛，西通武关，东受江、淮，一都之会也。宣帝时郑弘、召信臣为南阳太守，治皆见纪。信臣劝民农桑，去末归本，郡以殷富。颍川，韩都。士有申子、韩非，刻害余烈[1]，高仕宦，好文法，民以贪遴[2]争讼生分为失。韩延寿为太守，先之以敬让；黄霸继之，教化大行，狱或八年亡重罪囚。南阳好商贾，召父富以本业；颍川好争讼分异，黄、韩化以笃厚。『君子之德风也，小人之德草也』，信矣。

注释

1 烈：业。

2 遴：吝啬。

译文

颍川、南阳，本是夏禹的国家。夏人崇尚忠诚，其弊端在于粗俗质朴。韩国自武子之后第七代称侯，又过了六代称王，五代之后被秦所灭。秦既已灭韩，迁徙天下不守法之民到南阳，所以那里的风俗喜欢炫耀奢侈，崇尚气力，喜好商贾和渔猎，善于藏匿而难以控制。宛，西面通武关，东面承受江水、淮水，是一个都会。宣帝时郑弘、召信臣为南阳太守，治理的功绩都见于记载。召信臣勉励百姓从事农桑，离开末业，回归本业，南阳郡因此富裕。颍川，是韩国的都城。士人中有申不害、韩非，他们留下了刻薄厉害的余业，使人崇尚仕宦，喜好文法，百姓迷失于贪吝、争讼、分家之中。韩延寿为太守，先倡导尊敬与谦让；黄霸予以继承，使得教化大行，牢狱曾有过八年无重罪囚犯的情况。南阳喜好商贾，召信臣倡导本业使其致富；颍川喜好争讼、离异，黄霸、韩延寿用笃厚使百姓能够得以教化。“君子之德行像风，小人的德行像草”，的确如此。

自东井六度至亢六度，谓之寿星之次，郑之分野，与韩同分。

赵地，昴、毕之分壄。赵分晋，得赵国。北有信都、真定、常山、中山，又得涿郡之高阳、鄚、州乡；东有广平、巨鹿、清河、河间，又得渤海郡之东平舒、中邑、文安、束州、成平、章武，河以北也；南至浮水、繁阳、内黄、斥丘；西有太原、定襄、云中、五原、上党。上党，本韩之别郡也，远韩近赵，后卒降赵，皆赵分也。

译文

自东井六度至亢六度，称为寿星的位置，是郑国的分野，与韩为同一分野。

赵地，是昴星、毕星的分野。赵分晋，得到赵国。北面有信都、真定、常山、中山，又得到涿郡的高阳、鄚、州乡；东面有广平、巨鹿、清河、河间，又得到渤海郡的东平舒、中邑、文安、束州、成平、章武，在黄河以北；向南至浮水、繁阳、内黄、斥丘；西面有太原、定襄、云中、五原、上党。上党，本是韩国的别郡，远离韩国而接近赵国，后来终于投降了赵国，都是赵国分野的地方。

赵、中山地薄人众，犹有沙丘纣淫乱余民。丈夫相聚游戏，悲歌忼慨，起则椎剽掘冢，作奸巧，多弄物，为倡优。女子弹弦跕躧[1]，游媚富贵，偏诸侯之后宫。

邯郸北通燕、涿，南有郑、卫，漳、河之间一都会也。其土广俗杂，大率精急，高气势，轻为奸。

太原、上党又多晋公族子孙，以诈力相倾，矜夸功名，报仇过直，嫁取送死奢靡。汉兴，号为难治，常择严猛之将，或任杀伐为威。父兄被诛，子弟怨愤，至告讦[2]刺史二千石，或报杀其亲属。

锺、代、石、北，迫近胡寇，民俗懻忮[3]，好气为奸，不事农商，自全晋时，已患其剽悍[4]，而武灵王又益厉之。故冀州之部，盗贼常为它州剧。

定襄、云中、五原，本戎狄地，颇有赵、齐、卫、楚之徙。其民鄙朴，少礼文，好射猎。雁门亦同俗，于天文别属燕。

注释

1 躧：即屣，谓小履之无跟者也。跕：谓轻蹑之也。

2 讦：当面斥责罪行。

3 懻：坚强。忮：仇恨。

4 剽：急。悍：勇也。

译文

赵国、中山国地少人多，又有沙丘的纣王淫乱留下的遗民。男子相聚游戏，慷慨悲歌，动则杀人越货，掘墓盗冢，奸诈取巧，多好摆弄玩物，好为歌舞艺人。女子弹琴跳舞，出游献媚，取悦富贵，遍布于诸侯的后宫。

邯郸北面与燕、涿相通，南面有郑、卫，是漳、河之间的一个都会。那里土地广阔，风俗混杂，大体是专精而急躁，重视气势，轻视奸滑。

太原、上党地区又多有晋国公族的子孙，以欺诈和暴力相互倾轧，自夸功名，报仇过当，嫁娶送葬奢侈浪费。汉朝建立后，这里号称难以治理，经常选派严厉威猛的将领，有的任意杀伐建立威严。父兄被杀，子弟怨愤，竟至告发刺史二千石高官，有的还报复杀死他们亲属。

锺地、代地、石地、北地，靠近胡敌，民俗强直刚愎，喜好气节，多行奸诈，不从事农商，自晋国统一时，已视其轻捷骁勇为忧患，而武灵王时又越发厉害。所以冀州地区，盗贼往往较其他州更严重。

定襄、云中、五原，本来是戎狄之地，经常有赵国、齐国、卫国、楚国人迁徙这里。这里的百姓纯朴，缺少礼仪文采，喜好射猎。雁门地区也是同样的风俗，但在天文上另属于燕的分野。

燕地，尾、箕分壄也。武王定殷，封召公于燕，其后三十六世与六国俱称王。东有渔阳、右北平、辽西，辽东，西有上谷、代郡、雁门，南得涿郡之易、容城、范阳、北新城、故安、涿县、良乡、新昌，及勃海之安次，皆燕分也。乐浪、玄菟，亦宜属焉。

燕称王十世，秦欲灭六国，燕王太子丹遣勇士荆轲西刺秦王，不成而诛，秦遂举兵灭燕。

蓟[1]，南通齐、赵，勃、碣之间一都会也。初太子丹宾养勇士，不爱后宫美女，民化以为俗，至今犹然。宾客相过，以妇侍宿，嫁取之夕，男女无别，反以为荣。后稍颇止，然终未改。其俗愚悍少虑，轻薄无威，亦有所长，敢于急人，燕丹遗风也。

注释

1 蓟：燕国首都。

译文

燕地，是尾星、箕星的分野。武王平定殷之后，将召公封于燕国，此后三十六代与六国一同称王。东面有渔阳、右北平、辽西，辽东，西面有上谷、代郡、雁门，南面得到涿郡的易、容城、范阳、北新城、故安、涿县、良乡、新昌，以及渤海的安次，都是燕国分野。乐浪、玄菟，也应该属于此分野。

燕国称王十代，秦国想歼灭六国，燕王太子丹派遣勇士荆轲西行去暗杀秦王，没有成功而被杀，秦国于是举兵灭掉燕国。

蓟地，南面与齐、赵相通，是渤海与碣石山之间一个都会。当初太子丹以宾客之礼培养勇士，不喜爱后宫美女，百姓受感化以此为风俗，至今依然未改。宾客相互过往，以妇人服侍住宿，嫁娶的晚上，男女不加区别，反以为荣。后来逐渐停止，然而最终未能改变。其风俗愚昧悍勇，缺乏思考，轻浮刻薄，没有威严，也有长处，敢于急人所急，是燕丹的遗风。

上谷至辽东，地广民希，数被胡寇，俗与赵、代相类，有鱼盐枣栗之饶。北隙[1]乌丸、夫余，东贾真番[2]之利。

玄菟、乐浪，武帝时置，皆朝鲜、濊貉、句骊蛮夷。殷道衰，箕子去之朝鲜，教其民以礼义，田蚕织作。乐浪朝鲜民犯禁八条：相杀以当时偿杀；相伤以谷偿；相盗者男没入为其家奴，女子为婢，欲自赎者，人五十万。虽免为民，俗犹羞之，嫁取无所雠，是以其民终不相盗，无门户之闭，妇人贞信不淫辟。其田民饮食以笾豆[3]，都邑颇放效吏及内郡贾人，往往以杯器食。郡初取吏于辽东，吏见民无闭臧，及贾人往者，夜则为盗，俗稍益薄。今于犯禁多，至六十余条。可贵哉，仁贤之化也！然东夷天性柔顺，异于三方之外，故孔子悼道不行，设浮于海，欲居九夷，有以也夫！[4]乐浪海中有倭人，分为百余国，以岁时来献见云。

注释

1 隙：际也。

2 真番：古地名。一说在朝鲜之南；一说在鸭绿江、佟佳江流域；一说在黑龙江地区。武帝时设郡。

3 笾（biān）豆：古代食器，竹制为笾，木制为豆。

4《论语》：“道不行，乘桴浮于海，从我者其由也欤！”说自己想要乘筏至东夷，因为那些国家有仁贤之化，可以行道也。

译文

从上谷至辽东，地广人稀，屡被胡寇侵扰，其风俗与赵国、代国相似，有鱼盐枣栗等丰富资源。北面接乌丸、夫余，东面与真番通商获利。

玄菟郡、乐浪郡，为武帝时所置，都是朝鲜、濊貉、句骊蛮夷。殷道衰微，箕子离开商朝到了朝鲜，以礼仪、仁义教化其民，耕田、养蚕、织作。乐浪朝鲜人规定有禁令八条：杀人者当时就被杀偿命；伤人者以谷物偿罪；盗窃者男子被没入为被盗者的家奴，女子为婢女，想要自己赎罪者，一人五十万钱。虽然免罪为平民，民俗仍为其感到羞耻，嫁娶无需财礼，所以那里的百姓始终不相盗窃，无须关门闭户，妇人贞洁诚信，不淫荡邪恶。那里的种田人用笾豆饮食，都邑中的人仿效官吏以及内郡的商人，往往用杯器进食。郡中当初在辽东录用官吏时，官吏看到民无所关闭隐藏，等到商人去了那里，夜晚就进行盗窃，民俗日渐轻薄。如今防犯的禁令多至六十余条。可贵啊，仁贤的教化！然而东夷天性柔顺，区别于南、西、北三方之外，所以孔子哀叹道不能实行，假设乘船渡海，想移居九夷，是有道理的呀！乐浪海中有倭人，分为一百多国家，在每年来进贡时才出现。

自危四度至斗六度，谓之析木之次，燕之分也。

齐地，虚、危之分壄也。东有甾川、东莱、琅邪、高密、胶东，南有泰山、城阳，北有千乘，清河以南，勃海之高乐、高城、重合、阳信，西有济南、平原，皆齐分也。

少昊之世有爽鸠氏，虞、夏时有季崱，汤时有逢公柏陵，殷末有薄姑氏，皆为诸侯，国此地。至周成王时，薄姑氏与四国共作乱，成王灭之，以封师尚父，是为太公。诗风齐国是也。临甾名营丘，故齐诗曰：『子之营兮，遭我虖嶩[1]之间兮。』又曰：『竢我于著乎而。』[2]此亦其舒缓之体也。吴札闻齐之歌，曰：『泱泱乎，大风也哉！其太公乎？国未可量也。』

注释

1 嶩：山名。

2 著：地名，即济南郡著县。乎而：语助词。

译文

自危四度至斗六度，称为析木的位置，是燕的分野。

齐地，是虚星、危星的分野。东面有甾川、东莱、琅邪、高密、胶东，南面有泰山、城阳，北面有千乘，清河以南，是渤海的高乐、高城、重合、阳信，西面有济南、平原，都是齐的分野。

少昊时代有爽鸠氏，虞、夏的时代有季崱，汤的时代有逢公柏陵，殷代末年有薄姑氏，都是诸侯，在此地立国。至周成王时，薄姑氏与四国共同作乱，成王灭掉他们，将此地封给师尚父，就是太公。《诗风》中的齐国即是。临甾名叫营丘，所以《齐风》说："你到营丘，与我相遇在嶩山的山间。"又说："在著地等我啊。"这也是其舒缓的风格。吴札听到齐之歌，说："盛大啊，简直是大风！难道是太公吗？国家不可估量。"

古有分土，亡分民[1]。太公以齐地负海舄卤[2]，少五谷而人民寡，乃劝以女工之业，通鱼盐之利，而人物辐凑。后十四世，桓公用管仲，设轻重[3]以富国，合诸侯成伯功，身在陪臣而取三归[4]。故其俗弥侈，织作冰纨绮绣纯丽之物[5]，号为冠带衣履天下。

注释

1 分土：分封土地，划定疆界。分民：分封土地，其地居民随同划归受封者管辖。

2 舄卤（xì lǔ）：亦作“潟卤”。含有过多盐碱成分不适于耕种的土地。

3 轻重：增减。

4 三归：三姓之女。

5 冰：形容布帛之细致，色彩如冰一样的鲜洁。纨：素。绮：文缯，细绫。

译文

古代有分土，没有分民。太公因为齐地背海有盐碱地，缺少五谷而人口稀少，于是鼓励以女工之业，开通鱼盐的利益，使人、物像辐辏那样聚集。后经十四代，齐桓公任用管仲，设立轻重以富国，联合诸侯成就霸业，身为陪臣而娶三姓女子。所以这里民俗愈加奢侈，织作出质地犹如冰一样洁白和华丽的丝绸，号称冠、带、衣、履为天下所敬仰。

初太公治齐，修道术，尊贤智，赏有功，故至今其士多好经术，矜功名，舒缓阔达而足智。其失夸奢朋党，言与行缪，虚诈不情，急之则离散，缓之则放纵。始桓公兄襄公淫乱，姑姊妹不嫁，于是令国中民家长女不得嫁，名曰『巫儿』[1]，为家主祠，嫁者不利其家，民至今以为俗。痛乎，道[2]民之道，可不慎哉！

昔太公始封，周公问『何以治齐？』太公曰：『举贤而上功。』周公曰：『后世必有篡杀之臣。』其后二十九世为强臣田和所灭，而和自立为齐侯。初，和之先陈公子完有罪来奔齐，齐桓公以为大夫，更称田氏。九世至和而篡齐，至孙威王称王，五世为秦所灭。

临甾，海、岱之间一都会也，其中具五民[3]云。

注释

1 巫儿：女巫。

2 道：导。

3 五民：一说即士、农、工、商、贾五种人；一说来自四方的游民乐不思归，他们与本地人合为五方之人。

译文

当初太公治理齐国，培养道德学术，尊重贤才智者，奖赏有功者，所以至今其地大多喜好经术，以功名为自豪，舒缓阔达而且足智多谋。其缺点是讲求奢侈，结为朋党，言行不符，虚诈矫情，危急时就离散，和缓时则放纵。开始时齐桓公的兄长襄公淫乱，姑和姊妹不出嫁，于是命令国中的百姓家的长女不得出嫁，取名“巫儿”，为家中主持祭祀，出嫁的对家中不利，百姓至今仍以为风俗。悲痛啊，引导人民的方向，真是不能不谨慎啊！

以前太公开始受封时，周公问：“用什么治理齐国？”太公说：“推举贤人而尊重功劳。”周公说：“后代必有篡夺国家的臣子。”此后二十九代齐被强臣田和所灭，田和自立为齐侯。当初，田和的先祖陈公子完因有罪来投奔齐，齐桓公任他为大夫，改称田氏。至第九代田和而篡夺齐国，到孙子威王时称王，五代之后被秦国消灭。

临甾，是东海郡、泰山郡之间的一个都会，这里五方的人民俱在。

鲁地，奎、娄之分壄也。东至东海，南有泗水，至淮，得临淮之下相、睢陵、僮、取虑，皆鲁分也。

周兴，以少昊之虚曲阜封周公子伯禽为鲁侯，以为周公主。其民有圣人之教化，故孔子曰『齐一变至于鲁，鲁一变至于道』，言近正也。濒洙泗之水，其民涉度，幼者扶老而代其任。俗既益薄，长老不自安，与幼少相让，故曰：『鲁道衰，洙泗之间断断[1]如也。』孔子闵王道将废，乃修六经，以述唐虞三代之道，弟子受业而通者七十有七人。是以其民好学，上礼义，重廉耻。周公始封，太公问『何以治鲁？』周公曰：『尊尊而亲亲。』太公曰：『后世寖弱[2]矣。』故鲁自文公以后，禄去公室，政在大夫，季氏逐昭公，陵夷微弱，三十四世而为楚所灭。然本大国，故自为分壄。

今去圣久远，周公遗化销微，孔氏庠序[3]衰坏。地陿民众，颇有桑麻之业，亡林泽之饶。俗俭啬爱财，趋商贾，好訾毁[4]，多巧伪，丧祭之礼文备实寡，然其好学犹愈于它俗。

汉兴以来，鲁东海多至卿相。

注释

1 齗齗（yín）：分辨之意。

2 寖弱：逐渐微弱之意。

3 庠序（xiáng xù）：学校。商代叫庠，周代叫序。

4 訾毁：亦作“毁疵”。非议诋毁。

译文

鲁地，是奎宿、娄宿的分野。东至东海，南有泗水，直至淮水，得到临淮的下相、睢陵、僮、取虑各县，皆为这一分野的鲁地。

周朝兴起，以少昊的旧址曲阜封给周公之子伯禽作为鲁侯，让他执掌周公的祭祀。那里的人民有圣人的教化，故孔子曰“齐国一变到了鲁国，鲁国一变至于道”，是说鲁国接近正道。其地濒于洙水、泗水，那里的百姓涉水渡河，年轻人扶助老者而替他们拿东西。民俗已经日益薄情，长老自身感到不安，与年轻人相互争吵，所以说：“鲁道衰败，洙水、泗水之间相互争辩。”孔子哀痛王道将废，就撰修六经，以记述唐、虞、三代之道，弟子接受讲学，而能精通学业的人有七十七位。因此那里的人民好学，崇尚礼义，看重廉耻。周公开始受封时，太公问：“怎样治理鲁国？”周公说：“尊重尊贵而亲近亲人。”太公说：“后代将逐渐变弱。”因此鲁国自文公以后，天禄离开公室，政权握转于大夫，季氏驱逐了昭公，逐渐微弱，过了三十四代而被楚国所灭。然而本来是大国，因此自成一个分野。

现在离圣人已经久远，周公遗留的教化微弱消亡，孔氏的学校业已衰坏。土地狭小，人口众多，多种植桑麻，没有森林湖泽的丰饶。民俗俭啬爱财，奔忙于经商，好非议诋毁，多虚伪奸诈，丧祭之礼节纹饰齐备而缺乏实质，然而好学的风气还是胜于其他风俗。

汉朝兴起以来，鲁国、东海郡多人成为公卿宰相。

宋地，房、心之分壄也。今之沛、梁、楚、山阳、济阴、东平及东郡之须昌、寿张，皆宋分也。

周封微子于宋，今之睢阳是也，本陶唐氏火正[1]阏伯之虚也。济阴定陶，诗风曹国也。武王封弟叔振铎于曹，其后稍大，得山阳、陈留，二十余世为宋所灭。

昔尧作游成阳[2]，舜渔靁[3]泽，汤止于亳，故其民犹有先王遗风，重厚多君子，好稼穑，恶衣食，以致畜藏。

注释

1 陶唐氏：即唐尧帝喾之子，姓伊祁，名放勋。初封于陶，后徙于唐。火正：火官。负责祭祀火星。

2 成阳：古地名。在今山东菏泽的定陶。

3 靁：古“雷”字。

译文

宋地，是房宿、心宿之分野。现在的沛、梁、楚、山阳、济阴、东平诸郡国以及东郡的须昌、寿张二县，都是此分野的宋地。

周王将微子封于宋，即现在的睢阳，本来是陶唐氏的火正阏伯的旧址。济阴的定陶，是《诗·风》中的曹国。武王将弟弟叔振铎分封于曹，那以后逐渐壮大，得到山阳、陈留二郡之地，二十余代被宋国所灭。

以前尧帝在成阳建起宫苑游玩，舜帝在雷泽捕鱼，汤王在亳停歇，所以那里的人民仍有先王的遗风，人品厚重多出君子，喜好农业，不讲究衣食，致力于蓄积收藏。

宋自微子二十余世，至景公灭曹，灭曹后五世亦为齐、楚、魏所灭，参分其地。魏得其梁、陈留，齐得其济阴、东平，楚得其沛。故今之楚彭城，本宋也，春秋经曰『围宋彭城』。宋虽灭，本大国，故自为分野。

沛楚之失，急疾颛[1]己，地薄民贫，而山阳好为奸盗。

注释

1 颛：与“专”同。

译文

宋国自微子二十余代之后，至景公时歼灭了曹国，灭曹之后五代也被齐国、楚国、魏国所灭，土地被分为三份。魏国得到梁、陈留，齐国得到济阴、东平，楚国得到沛。所以现在的楚国彭城，本来是宋国的地方，《春秋经》说“围宋彭城”。宋国虽被消灭，但它本是大国，所以自成分野。

沛和楚人的短处，性格狭隘而专横，土地贫瘠，人民贫困，而山阳人喜好作奸行盗。

卫地，营室、东壁之分壄也。今之东郡及魏郡黎阳，河内之野王、朝歌，皆卫分也。

卫本国既为狄所灭，文公徙封楚丘，三十余年，子成公徙于帝丘。故春秋经曰『卫䙴于帝丘』，今之濮阳是也。本颛顼之虚，故谓之帝丘。夏后之世，昆吾氏居之。成公后十余世，为韩、魏所侵，尽亡其旁邑，独有濮阳。后秦灭濮阳，置东郡，徙之于野王。始皇既并天下，犹独置卫君，二世时乃废为庶人。凡四十世，九百年，最后绝，故独为分野。

卫地有桑间濮上之阻[1]，男女亦亟聚会，声色生焉，故俗称郑卫之音。周末有子路、夏育[2]，民人慕之，故其俗刚武，上气力。汉兴，二千石治者亦以杀戮为威。宣帝时韩延寿为东郡太守，承圣恩，崇礼义，尊谏争，至今东郡号善为吏，延寿之化也。其失颇奢靡，嫁取送死过度，而野王好气任侠，有濮上风。

注释

1 濮上：濮水之滨。阻：地势高低不平，阻隔，隐蔽。

2 子路：孔子弟子仲由，性情刚勇。夏育：古代壮士。二人都是卫人。

译文

卫地，是营室宿、东壁宿的分野。现在的东郡及魏郡的黎阳县，河内郡的野王、朝歌二县，都是属于这一分野的卫地。

卫本国为狄所灭之后，文公时徙封至楚丘（河南滑县东），三十余年后，儿子成公迁徙至帝丘（河南濮阳西南）。所以《春秋经》上说：“卫迁于帝丘”，即今天的濮阳。因为本是颛顼的旧址，所以称做帝丘。夏后时代，昆吾氏居住在那里。成公之后十余代，被韩国、魏国所侵犯，全部失去了近旁的邑城，仅剩有濮阳。后来秦国灭掉濮阳，设置东郡，将卫君迁至野王。始皇兼并天下之后，还单独安置了卫君，秦二世时就将其废为了庶民。共四十代，九百年，最后灭绝，所以单独为一个分野。

卫地有桑林之间、濮水之滨等隐蔽之地，男女也就频繁聚会，声乐情色由此而生，因而俗称为郑卫之音。周朝末年这里出了子路、夏育等勇士，人民敬慕他们，所以那里的风俗刚毅威武，崇尚气力。汉朝兴起之后，二千石的统治者也以杀戮为威猛。宣帝时韩延寿出任东郡太守，秉承圣恩，崇尚礼义，尊重谏争，至今东郡仍号称官吏能够出色为政，这是韩延寿的感化。风俗的弊端在于太奢靡，嫁娶送葬的消费过度，但野王地方崇尚气节的任侠，则有濮上之风范。

赏析与点评

自古所谓“郑卫之音，有靡靡之音的恶名，《地理志》将其归结为“桑间濮上之阻”的地理原因；《礼记·乐记》甚至说：“桑间濮上之音，亡国之音也。”不论观点正确与否，读者至少可以由此悟出些许古人的人文地理见识。古时男女多选择桑林或河畔为约会的地点，不也足以令关在都市“牢笼”里的现代人羡慕吗？

楚地，翼、轸之分壄也。今之南郡、江夏、零陵、桂阳、武陵、长沙及汉中、汝南郡，尽楚分也。

周成王时，封文、武先师鬻熊之曾孙熊绎于荆蛮，为楚子，居丹阳。后十余世至熊达，是为武王，寖以强大。后五世至严王，总帅诸侯，观兵周室，并吞江、汉之间，内灭陈、鲁之国。后十余世，顷襄王东徙于陈。

楚有江汉川泽山林之饶；江南地广，或火耕水耨。民食鱼稻，以渔猎山伐为业，果蓏蠃[1]蛤，食物常足。故呰窳媮[2]生，而亡积聚，饮食还给，不忧冻饿，亦亡千金之家。信巫鬼，重淫祀[3]。而汉中淫失枝柱[4]，与巴蜀同俗。汝南之别，皆急疾有气势。江陵，故郢都，西通巫、巴，东有云梦之饶，亦一都会也。

注释

1 蓏（luǒ）：草本植物的果实。蠃（luǒ）：螺的一种。

2 呰：弱，劣。窳（yǔ）：恶劣，怠惰。媮：同“偷”。

3 淫祀：不合礼制的祭祀，过度的祭祀。

4 失：同“佚”，淫佚。枝柱：抵触，不顺从。

译文

楚地，翼宿、轸宿的分野。今天的南郡、江夏、零陵、桂阳、武陵、长沙及汉中、汝南诸郡国，尽在楚地的分野。

周成王时，将文王、武王的先师鬻熊之曾孙熊绎封于荆蛮，封为楚子，居住在丹阳（一说在河南淅川；另有湖北秭归等说法）。十余代之后至熊达，就是武王，逐渐强大。五代之后到了严王，他统率诸侯，在周室阅兵，吞并了长江、汉水之间，内部消灭了陈国、鲁国。十余代之后，顷襄王向东迁徙至陈国。

楚地有长江、汉水、川泽山林之丰饶；江南地域土地广阔，有的地方火耕水耨。百姓以鱼、稻为食，以渔猎及山林采伐为业，草木果实蓏、水产螺蛤等日常食物充足。所以那里的人力弱才疏苟且偷生，没有积蓄也能饮食自给，不怕冻饿，也没有千金之富家。迷信巫鬼，重视淫祀。而汉中淫佚枝柱，与巴蜀风俗相同。汝南郡与此有别，都是性急而有气势。江陵是原先的郢都，向西通巫山、巴郡，东有云梦泽之丰饶，也是一个都会。

吴地，斗分野也。今之会稽、九江、丹阳、豫章、庐江、广陵、六安、临淮郡，尽吴分也。

殷道既衰，周大王亶父兴郊梁之地，长子大伯，次曰仲雍，少曰公季。公季有圣子昌，大王欲传国焉。大伯、仲雍辞行采药，遂奔荆蛮。公季嗣位，至昌为西伯，受命而王。故孔子美而称曰：『大伯，可谓至德也已矣！三以天下让，民无得而称焉。』谓『虞仲夷逸，隐居放言[1]，身中清，废中权。』大伯初奔荆蛮，荆蛮归之，号曰句[2]吴。大伯卒，仲雍立，至曾孙周章，而武王克殷，因而封之。又封周章弟中于河北，是为北吴，后世谓之虞，十二世为晋所灭。后二世而荆蛮之吴子寿梦盛大称王。其少子则季札，有贤材。兄弟欲传国，札让而不受。自寿梦称王六世，阖庐举伍子胥、孙武为将，战胜攻取，兴伯名于诸侯。至子夫差，诛子胥，用宰嚭，为粤王勾践所灭。

注释

1 放言：即放置不言。也可解释为放肆直言。

2 句：亦作"勾"，是吴国俚语的发声词。"勾吴"即"吴"，犹如"越"，俚语称为"于越"。

译文

吴地，是斗宿的分野。现在的会稽、九江、丹阳、豫章、庐江、广陵、六安、临淮郡，都在吴的分野。

殷朝的政道衰败，周大王亶父兴起于地、梁地（岐山、梁山之地），长子大伯，次子仲雍，少子公季。公季有一称为圣子的儿子昌，周大王想要把国家传给他。大伯、仲雍借口去采药而告辞，于是投奔了荆蛮。公季继位，到昌的时候成为西伯，受天命而称王。所以孔子赞美地称："大伯，可谓至德之人了！虽三次以天下相让，百姓却不知道而不能称颂。"说："虞仲逃隐到蛮夷，隐居而不言，身心清洁，所废弃的程度正合乎权道。"大伯当初投奔荆蛮，荆蛮归顺于他，号曰句吴。大伯卒后，仲雍立位，至曾孙周章时，而武王战胜殷，因而将周章封于此。又将周章的弟弟周中封于河北，这就是北吴，后世称之为虞，过了十二代被晋所灭。两代之后，荆蛮的吴子寿梦强盛壮大而称王。他的小儿子就是季札，有贤才。兄弟们想要他传承国位，季札辞让而不受。自寿梦称王起六代，阖庐推举伍子胥、孙武为将帅，作战则胜，攻掠则取，建霸名于诸侯之间。到儿子夫差时，诛杀子胥，任用宰嚭，被粤王勾践所灭。

吴、粤之君皆好勇，故其民至今好用剑，轻死易发。

粤既并吴，后六世为楚所灭。后秦又击楚，徙寿春，至子为秦所灭。

寿春、合肥受南北湖皮革、鲍、木之输，亦一都会也。始楚贤臣屈原被谗放流，作离骚诸赋以自伤悼。后有宋玉、唐勒之属慕而述之，皆以显名。汉兴，高祖王兄子濞于吴，招致天下之娱游子弟，枚乘、邹阳、严夫子之徒兴于文、景之际。而淮南王安亦都寿春，招宾客著书。而吴有严助、朱买臣，贵显汉朝，文辞并发，故世传楚辞。其失巧而少信。初淮南王异[1]国中民家有女者，以待游士而妻之，故至今多女而少男。本吴粤与楚接比，数相并兼，故民俗略同。

吴东有海盐章山之铜，三江五湖之利，亦江东之一都会也。豫章出黄金，然堇堇[2]物之所有，取之不足以更[3]费。江南卑湿，丈夫多夭。

会稽海外有东鳀[4]人，分为二十余国，以岁时来献见云。

注释

1 异：特别优待。

2 堇堇：即仅仅，言其极少。

3 更：偿还，抵偿。

4 东鳀（tí）：古国名。指台湾。一说指日本。

译文

吴、粤的君主都喜好勇武，所以那里的人民至今喜好用剑，轻死而易冲动。

粤既已吞并吴，过了六代被楚所灭。后来秦又击楚，楚迁徙至寿春（今安徽寿县），到儿子的时候被秦所灭。

寿春、合肥接受南北湖泊所产皮革、鲍鱼、木材之输给，也是一个都会。开始时楚国贤臣屈原遭谗言被放流，作《离骚》诸赋借以抒发自己伤痛。后有宋玉、唐勒之辈思慕而追述他，都因此而著名。汉朝兴立，高祖王兄的儿子刘濞在吴国，招致天下的娱乐游玩子弟，枚乘、邹阳、严夫子之徒兴起于文、景之际。淮南王刘安亦定都寿春，招聘宾客著书。吴国有严助、朱买臣，以富贵显名于汉朝，文章辞令都得以发扬，所以世间流传《楚辞》。那里的不足在于奸巧而缺乏诚信。当初淮南王优待国中有女儿的民家，作为礼遇将女儿们嫁予游士为妻，所以至今那里多女而少男。本来吴、粤与楚接壤比邻，屡屡相互吞兼，所以民俗略同。

吴国东面有海盐和章山之铜，有三江、五湖之利，也是江东一个都会。豫章出产黄金，然而储量极少，开采价值不足以抵偿费用。江南低洼潮湿，男子大多早夭。

会稽海外有东鳀人，分为二十余国，据说每年来进贡时才出现。

粤地，牵牛、婺女之分野也。今之苍梧、郁林、合浦、交址、九真、南海、日南，皆粤分也。其君禹后，帝少康之庶子云，封于会稽，文身断发[1]，以避蛟龙之害。后二十世，至勾践称王，与吴王阖庐战，败之隽李。夫差立，勾践乘胜复伐吴，吴大破之，栖会稽，臣服请平。后用范蠡、大夫种计，遂伐灭吴，兼并其地。度淮与齐、晋诸侯会，致贡于周。周元王使使赐命为伯，诸侯毕贺。后五世为楚所灭，子孙分散，君服于楚。后十世，至闽君摇，佐诸侯平秦。汉兴，复立摇为越王。是时，秦南海尉赵佗亦自王，传国至武帝时，尽灭以为郡云。

注释

1 文身断发：身上刺花纹，剪短头发，使身体与龙相似。

译文

粤地，是牵牛宿、婺女宿的分野。现在的苍梧、郁林、合浦、交址、九真、南海、日南各郡，尽在粤地的分野。

其君主是大禹的后代，帝少康的庶子，分封于会稽，文身断发，以便躲避蛟龙之害。过了二十代，至勾践时候称王，与吴王阖庐作战，在隽李地方将其打败。夫差登基之后，勾践乘胜再次讨伐吴国，吴国大败勾践，勾践栖身会稽，称臣屈服，请求和平。后来勾践采用范蠡、大夫种的计谋，便讨伐灭掉了吴国，兼并了其土地。渡过淮水与齐国、晋国等诸侯会盟，向周朝进贡。周元王派遣使者赐命勾践为霸王，诸侯都来庆贺。过了五代被楚所灭，子孙分散，臣服于楚。过了十代，到了闽君摇，辅佐诸侯平定了秦国。汉朝兴起，重新立闽君摇为越王。这时，秦南海尉赵佗也自称为王，王国延续至武帝时，终被歼灭成为了郡。

处近海，多犀、象、毒冒、珠玑、银、铜、果、布之凑，中国往商贾者多取富焉。番禺，其一都会也。

自合浦徐闻南入海，得大州，东西南北方千里，武帝元封元年略以为儋耳、珠厓郡。民皆服布如单被，穿中央为贯头。男子耕农，种禾稻纻麻，女子桑蚕织绩。亡马与虎，民有五畜，山多麈麖[1]。兵则矛、盾、刀，木弓弩，竹矢，或骨为镞。自初为郡县，吏卒中国人多侵陵之，故率数岁壹反。元帝时，遂罢弃之。

自日南障塞、徐闻、合浦船行可五月，有都元国；又船行可四月，有邑卢没国；又船行可二十余日，有谌离国；步行可十余日，有夫甘都卢国。自夫甘都卢国船行可二月余，有黄支国，民俗略与珠厓相类。其州广大，户口多，多异物，自武帝以来皆献见。有译长，属黄门，与应募者俱入海市明珠、璧流离、奇石异物，赍黄金杂缯而往。所至国皆禀食为耦[2]，蛮夷贾船，转送致之。亦利交易，剽[3]杀人。又苦逢风波溺死，不者数年来还。大珠至围二寸以下。平帝元始中，王莽辅政，欲耀威德，厚遗黄支王，令遣使献生犀牛。自黄支船行可八月，到皮宗；船行可二月，到日南、象林界云。黄支之南，有已程不国，汉之译使自此还矣。

注释

1 麈（zhǔ）：鹿类，亦名驼鹿。俗称四不像。麖：马鹿，体形高大。

2 禀：给予。耦：同“偶”，相伴而行。

3 剽：劫持。

译文

地方靠近大海，犀、象、玳瑁、珠玑、银、铜、果、布的贸易多集中于此，从中原去那里经商的多谋取财富。番禺是一个都会。

从合浦的徐闻（位于中国内地的最南端，广东省西南部）向南入海，有一大岛，东西南北方圆千里，武帝元封元年攻取那里，设立儋耳、珠厓二郡。百姓穿衣都只是披一块布，布中央穿洞露出头。男子耕作务农，种植禾稻、纻麻，女子采桑养蚕，织布、绩麻。没有马与虎，百姓饲养牛、羊、猪、鸡、犬五畜，山中多麈麖。兵器则有矛、盾、刀，木弓弩，竹矢，或骨制箭头。自开始设立郡县，官吏士兵以及中原人多侵凌他们，所以一般几年就会有一次反叛。元帝时，就罢弃了这里。

从日南郡的障塞徐闻县、合浦郡乘船南行五个月，有都元国；再船行四个月，有邑卢没国；再船行二十余日，有谌离国；步行十余日，有夫甘都卢国。从夫甘都卢国船行两个多月，有黄支国，那里的民俗大致与珠厓郡相类。那个州面积广大，户口众多，多有奇异之物，从武帝以来都进贡过。有翻译的长官，隶属于黄门，与应募者一同出海购买明珠、璧流离、奇石等珍奇物品，带上黄金、杂缯前往。所到之国都供给食物并与之同行，蛮夷的商船，辗转相送。也有为了交易牟利，而杀人越货的。又有遭遇风暴溺死之苦，幸免者数年才得返回。大珠有的围长近二寸。平帝元始中，王莽辅政，欲炫耀威德，赠黄支王厚礼，令其派遣使者献上活犀牛。从黄支乘船行程约八个月，到达皮宗；船行约两个月，到日南郡、象林县界内。黄支国的南面，有已程不国，汉朝的翻译使者从这里就返回了。

传

传

传

苏武传

本篇导读

《苏武传》节选自《汉书·李广苏建传》，传主为李广与其孙李陵、苏建及其子苏武四人，班固将汉朝四位对匈奴战争中的重要人物合为一传，其褒贬之意明显。即认为李陵被捕而投降匈奴是可耻行为。苏武未屈服单于，被流放于北海无人之地，仍持汉皇帝信节牧羊而得到赞扬。同样是记述西汉的历史，班固与司马迁的价值观之不同，如实反映了东汉儒者崇尚名节的时代风气。

本篇讲述了苏武在汉武帝天汉元年（前一〇〇年）奉帝命出使匈奴，被匈奴扣留十九年，持节不屈的艰辛经历。

武字子卿，少以父任[1]，兄弟并为郎，稍迁至栘中厩监[2]。时汉连伐胡，数通使相窥观，匈奴留汉使郭吉、路充国等，前后十余辈。匈奴使来，汉亦留之以相当。天汉元年，且鞮侯单于[3]初立，恐汉袭之，乃曰：『汉天子我丈人行[4]也。』尽归汉使路充国等。武帝嘉其义，乃遣武以中郎将使持节[5]送匈奴使留在汉者，因厚赂单于，答其善意。武与副中郎将张胜及假吏常惠等募士斥候[6]百余人俱。既至匈奴，置币遗单于。单于益骄，非汉所望也。

注释

1 以父任：因父亲的职位被保任为官。汉制，官俸二千石以上的官员，任满三年，其子弟可保任郎官。

2 栘中厩（jiù）监：栘园中掌管鞍马鹰犬等射猎工具的官。栘，指汉宫廷中的栘园。厩，马棚。监，管理厩的官。

3 且鞮（jū dī）侯单于：匈奴王，前一〇〇年继位。

4 丈人：父辈，长辈。行：并列。

5 节：使臣所持的信物，亦称旄节，以竹为杆，柄长八尺，其上缀旄牛尾，共三层。

6 假吏：临时充任的官。斥候：侦察人员。

译文

苏武，字子卿，年轻时因父亲的官位被任职，兄弟（苏嘉、苏武、苏贤）都任职为郎官，苏武逐渐迁升为栘中厩监。当时汉朝不断讨伐匈奴，双方多次派遣使者侦探对方情况，匈奴先后扣留了郭吉、路充国等十几批汉使。匈奴使者来汉，汉朝也扣留以相抵偿。天汉元年，且鞮侯单于刚刚即位，害怕汉朝袭击，就说：“汉朝皇帝是我的长辈。”全部送还被扣留的汉使路充国等人。汉武帝很赞赏他深明大义，于是派遣苏武以中郎将的名号手持使节，护送扣留在汉朝的匈奴使者回国，并赠送给单于丰礼，以答谢他的好意。苏武与副中郎将张胜以及假吏常惠、招募兵士、斥候百余人同行。到匈奴后，摆放礼物送给了单于。单于更加骄横，不像汉朝所希望的那样。

方欲发使送武等，会缑王[1]与长水虞常等谋反匈奴中。缑王者，昆邪王[2]姊子也，与昆邪王俱降汉，后随浞野侯[3]没胡中。及卫律[4]所将降者，阴相与谋劫单于母阏氏[5]归汉。会武等至匈奴，虞常在汉时素与副张胜相知，私候胜曰：『闻汉天子甚怨卫律，常能为汉伏弩射杀之。吾母与弟在汉，幸蒙其赏赐。』张胜许之，以货物与常。后月余，单于出猎，独阏氏子弟在。虞常等七十余人欲发，其一人夜亡，告之。单于子弟发兵与战。缑王等皆死，虞常生得。

注释

1 缑（gōu）王：匈奴贵族。

2 昆邪王：匈奴贵族，于武帝元狩二年（前一二一年）降汉。

3 浞（zhuó）野侯：汉将赵破奴的封号。

4 卫律：其父是长水胡人，卫律生长于汉，任汉使，后投降匈奴，被封为丁零王。

5 阏氏（yān zhī）：匈奴王后的称号。

译文

匈奴正要派使者护送苏武等人回国，遇上缑王与原长水校尉虞常等人在匈奴谋反。缑王是昆邪王姐姐的儿子，曾与昆邪王一起投降汉朝，后来随同汉浞野侯赵破奴出征匈奴，兵败投降匈奴。他们与随同卫律投降匈奴的人暗中策划劫持单于的母亲阏氏返回汉朝，遇上苏武等出使匈奴，虞常在汉朝时与副使张胜熟识，私下拜访张胜说："听说汉朝皇帝很怨恨卫律，我能为汉朝效力，用暗箭射杀他。我母亲和弟弟在汉朝，希望朝廷能赏赐他们。"张胜表示赞许，还送财物给虞常。一个多月后，单于出去打猎，只有阏氏及单于子弟留守。虞常等七十多人想趁机发难，但其中一人夜里逃跑，告发了此事。单于子弟发兵与他们战斗，缑王等人都战死，虞常被活捉。

单于使卫律治其事。张胜闻之，恐前语发，以状语武。武曰：『事如此，此必及我。见犯乃死，重负国。』欲自杀，胜、惠共止之。虞常果引张胜。单于怒，召诸贵人议，欲杀汉使者。左伊秩訾[1]曰：『即谋单于，何以复加？宜皆降之。』单于使卫律召武受辞，武谓惠等：『屈节辱命，虽生，何面目以归汉！』引佩刀自刺。卫律惊，自抱持武，驰召毉。凿地为坎[2]，置煴火[3]，覆武其上，蹈[4]其背以出血。武气绝，半日复息。惠等哭，舆归营。单于壮其节，朝夕遣人候问武，而收系张胜。

注释

1 左伊秩訾：匈奴王号。匈奴王号有左、右之分。

2 坎：坑穴。

3 煴火：微弱无焰的火。

4 蹈：通“搯”，叩，轻敲。

译文

单于让卫律处理此事。张胜闻讯，害怕此前的事由败露，就将事情告诉了苏武。苏武说：“事已至此，必牵连于我。受到侮辱后而死，就更对不起国家。”于是想要自杀，被张胜、常惠一起劝止。虞常果然牵扯出张胜。单于发怒，召集贵族商议，要杀汉朝使者。左伊秩訾说：“（谋杀卫律就处死的话）如果谋杀单于，该怎样加重处罚呢？不如让他们全部投降。”于是单于派卫律招来苏武受审，苏武对常惠等人说：“丧失气节辱没使命，即使活着，又有何脸面回汉朝！”拔出佩刀自杀。卫律大惊，亲自抱住苏武，并派人骑马去请医生。在地上挖一个坑，放进煴火，把苏武放在上面，敲击苏武背部使淤血流出。苏武气绝，半天才苏醒过来。常惠等人痛哭，用车载苏武回营帐。单于赞赏苏武的气节，早晚派人问候苏武，并拘捕了张胜。

武益愈。单于使使晓武[1]，会论虞常，欲因此时降武。剑斩虞常已，律曰：『汉使张胜谋杀单于近臣，当死，单于募降者赦罪。』举剑欲击之，胜请降。律谓武曰：『副有罪，当相坐[2]。』武曰：『本无谋，又非亲属，何谓相坐？』复举剑拟[3]之，武不动。律曰：『苏君，律前负汉归匈奴，幸蒙大恩，赐号称王，拥众数万，马畜弥山，富贵如此。苏君今日降，明日复然。空以身膏草野，谁复知之！』武不应。律曰：『君因我降，与君为兄弟，今不听吾计，后虽欲复见我，尚可得乎？』武骂律曰：『女[4]为人臣子，不顾恩义，畔[5]主背亲，为降虏于蛮夷，何以女为见？且单于信女，使决人死生，不平心持正，反欲斗两主，观祸败。南越杀汉使者，屠为九郡；宛王杀汉使者，头县北阙；朝鲜杀汉使者，即时诛灭。独匈奴未耳。若[6]知我不降明，欲令两国相攻，匈奴之祸从我始矣。』

注释

1 使使：派遣使者。前一"使"字为动词，后一"使"字为名词。晓：通知。

2 相坐：相连坐。古代法律，凡犯谋反等大罪者，其亲属也要连同治罪，称为连坐。

3 拟：比划。此指用剑做出杀的样子。

4 女：通"汝"，你。

5 畔：通"叛"，背叛。

6 若：你。

译文

苏武的伤渐渐好转。单于派使者劝说苏武。适逢审判虞常，想借此机会使苏武投降。用剑杀死虞常后，卫律说："汉朝使者张胜谋杀单于的近臣，罪当处死，但单于招募降者，赦免其罪。"说完，举剑要杀张胜，张胜请求投降。卫律对苏武说："副使有罪，你也应该连坐。"苏武说："我本未参与密谋，又非亲属关系，为何连坐呢？"卫律又举起剑做出砍杀的样子，苏武毫不动摇。卫律说："苏君，我以前背叛汉朝归附匈奴，有幸得到单于的大恩，赐我王号，使我拥有几万部众，马畜漫山遍野，富贵如此。您今日归降，明天也会这样。否则被杀，白白葬身于荒野，谁又会知道您呢？"苏武不予理睬。卫律又说："您凭借我归降，我与您结拜为兄弟，今天您不听我的计策，以后想再见到我，还可能吗？"苏武骂卫律说："你本为汉朝的臣子，不顾恩义，背叛君主和亲人，甘作蛮夷俘虏，为何要见你？况且单于信任你，让你裁决人的生死，你不以公平主持正义，反而想挑拨两国君主，以便旁观祸败。南越曾经杀汉朝使者，结果被汉朝消灭，划为九郡；大宛王杀了汉朝使者，后来也遭诛杀，头颅悬挂在汉宫的北阙；朝鲜杀了汉朝使者，也很快被汉朝诛灭。如今只有匈奴尚未如此。你明知我不会投降，想要两国互相攻击的话，匈奴的灾祸已经从我开始了。"

律知武终不可胁，白[1]单于。单于愈益欲降之，乃幽武置大窖中，绝不饮食。天雨雪[2]，武卧啮雪与旃[3]毛并咽之，数日不死，匈奴以为神。乃徙武北海[4]上无人处，使牧羝[5]，羝乳[6]乃得归。别其官属常惠等，各置他所。

注释

1 白：下对上陈述。

2 雨雪：下雪。雨，作动词用。

3 啮（niè）：咬。旃：通“毡”，毛织物。

4 北海：当时匈奴的北界，即今俄罗斯的贝加尔湖。

5 羝：公羊。

6 乳：生育。

译文

卫律知道苏武最终不会因威胁而投降，就报告了单于。单于越发想招降苏武，于是把苏武囚禁在大窖中，断绝他的饮食。天降大雪，苏武卧于地上，嚼吞雪与毡毛，数日不死。匈奴以为他是神人，于是把他流放到北海荒无人烟的地方，让他放牧公羊，声言待公羊生育后才得归还。把他与属吏常惠等人分开，分别置于不同的地方。

武既至海上，廪食不至[1]，掘野鼠去中实而食之。杖汉节牧羊，卧起操持，节旄尽落。积五六年，单于弟于靬王弋射海上。武能网纺缴，檠弓弩[2]，于靬王爱之，给其衣食。三岁余，王病，赐武马畜服匿穹庐[3]。王死后，人众徙去。其冬，丁令[4]盗武牛羊，武复穷厄。

注释

1 廪（lǐn）食：官方供给的粮食。

2 檠（qíng）：矫正弓弩的器具。这里作动词用，指以檠矫正弓弩。

3 服匿：匈奴人盛酒酪的器皿，小口，大腹，方底。穹庐：大型的圆顶帐篷。

4 丁令：即丁零，匈奴族的别支。当时卫律为丁零王，丁零盗苏武牛羊，应是卫律主使。

译文

苏武到了北海之后，由于断绝了粮食供应，他挖野鼠所遗弃的草籽充饥。他每天持汉朝的旄节牧羊，早晚不离手，连旄节上的旄尾都脱落了。过了五六年，单于的弟弟于靬王到北海边射猎。因为苏武能织网纺系箭丝绳，还善于矫正弓弩，于靬王很喜欢他，就供给他衣食。过了三年多，于靬王病重，赏赐给苏武一些马畜、陶罐和帐篷等。于靬王死后，他的部下也纷纷迁移离开北海。那年冬天，丁令部落盗走了苏武的牛羊，苏武重陷穷困。

初，武与李陵[1]俱为侍中，武使匈奴明年，陵降，不敢求武。久之，单于使陵至海上，为武置酒设乐，因谓武曰：『单于闻陵与子卿素厚，故使陵来说足下[2]，虚心欲相待。终不得归汉，空自苦亡人之地，信义安所见乎？前长君[3]为奉车，从至雍棫阳宫，扶辇下除[4]，触柱折辕，劾大不敬，伏剑自刎，赐钱二百万以葬。孺卿[5]从祠河东后土，宦骑与黄门驸马争船，推堕驸马河中溺死，宦骑亡，诏使孺卿逐捕不得，惶恐饮药而死。来时，大夫人[6]已不幸，陵送葬至阳陵[7]。子卿妇年少，闻已更嫁矣。独有女弟二人，两女一男，今复十余年，存亡不可知。人生如朝露，何久自苦如此！陵始降时，忽忽如狂，自痛负汉，加以老母系保宫，子卿不欲降，何以过陵？且陛下春秋高，法令亡常，大臣亡罪夷灭者数十家，安危不可知，子卿尚复谁为乎？愿听陵计，勿复有云。』武曰：『武父子亡功德，皆为陛下所成就，位列将，爵通侯，兄弟亲近，常愿肝脑涂地。今得杀身自效，虽蒙斧钺汤镬[8]，诚甘乐之。臣事君，犹子事父也，子为父死亡所恨。愿勿复再言。』陵与武饮数日，复曰：『子卿壹听陵言。』武曰：『自分已死久矣[9]！王必欲降武[10]，请毕今日之欢，效死于前！』陵见其至诚，喟然叹曰：『嗟乎，义士！陵与卫律之罪上通于天。』因泣下沾衿，与武决去。

注释

1 李陵：李广孙，字少卿。武帝天汉二年（前九十九年）以骑都尉统兵五千出击匈奴，杀伤匈奴兵甚多，因无接应，力竭而降。

2 足下：同辈相称的敬辞。

3 长君：指苏武兄苏嘉。

4 辇：皇帝乘坐的车。除：台阶，又说为门与屏风之间。

5 孺卿：苏武的弟弟苏贤。

6 大夫人：指苏武母亲。

7 阳陵：地名，汉时有阳陵县，在今陕西咸阳东。

8 斧钺汤镬（huò）：古时两种残酷的极刑。钺，大斧。镬，大锅。

9 分：料定。自分：自料，自以为。

10 王：指李陵，匈奴封李陵为右校王。

译文

当初，苏武与李陵都在汉朝任侍中，苏武出使匈奴的第二年，李陵投降了匈奴，不敢求见苏武。过了很久，单于派李陵到北海，置办酒宴、陈设乐舞款待苏武，并对苏武说："单于听说我与子卿您交情深厚，所以叫我来劝您，单于诚心相待。您终究也回不了汉朝，白白地在这荒芜之地自讨苦吃，您所守的信义又在何处体现呢？从前，您哥哥做奉车都尉，跟随皇帝到雍城的棫阳宫，扶辇下殿阶时，撞在柱子上折断了车辕，被弹劾指控犯了大不敬之罪，拔剑自杀了，赐钱二百万安葬了。您的弟弟跟随皇帝到河东郡祭祀后土神，宦骑和黄门驸马争夺船只，驸马被推入河淹死，宦骑逃亡，皇帝令苏贤去追捕，没有捕获，苏贤惶恐害怕，饮药自杀。我领兵来的时候，您母亲也已去世，我送葬到阳陵。您妻子年轻，听说已经改嫁。只剩下您的两个妹妹、两个女儿、一个儿子，如今又过了十多年，也不知是死是活。人生就像早晨的露水那样短促，何必这样长久折磨自己呢！我刚投降时，恍惚若狂，因背叛汉朝而自责痛苦，加上老母亲被囚禁在保宫，您不想投降的心情怎能超得过我呢？况且皇帝年老了，法令无常规，大臣无罪而被诛灭的有几十家，安危难以预料，您还为谁守节呢？希望听从我的劝告，不要再说什么了。”苏武说：“我们父子素无功德，都靠皇帝提拔，才位至将军，被封为通侯，兄弟三人也都亲近于陛下，常愿为此肝脑涂地。现在如果能杀身报答的话，即使遭受斧钺之诛、汤镬之刑，也心甘情愿。大臣侍奉君王，犹如儿子侍奉父亲，儿子为父亲去死，没有什么可遗憾的。希望你不要再说了。”李陵陪苏武喝了几天酒，又对苏武说：“您一定要听我的劝说呀。”苏武说：“我自以为已经死了很久了！右校王一定要让我投降，就请结束今天的欢宴，让我死在你的面前吧！”李陵见苏武一片赤诚，长叹说：“唉，真是义士啊！我与卫律罪恶滔天。”因而泪湿衣襟，与苏武告别离去。

陵恶[1]自赐武，使其妻赐武牛羊数十头。后陵复至北海上，语武：『区脱[2]捕得云中生口，言太守以下吏民皆白服，曰上崩。』武闻之，南乡号哭，欧血，旦夕临[3]。

注释

1 恶：羞愧。

2 区（ōu）脱：匈奴语，指汉时与匈奴连界的边塞土堡哨所。

3 临：哭吊。

译文

李陵羞于亲自馈赠苏武财物，让妻子送给苏武几十头牛羊。后来，李陵又到北海，告诉苏武：“在边界捉到云中郡的俘虏，说太守以下的官民都穿白色丧服，说是皇帝驾崩了。”苏武听到这个消息，面向南方痛哭，以致吐血，每天早晚都哭吊武帝。

数月，昭帝即位。数年，匈奴与汉和亲。汉求武等，匈奴诡言武死。后汉使复至匈奴，常惠请其守者与俱，得夜见汉使，具自陈道。教使者谓单于，言天子射上林中，得雁，足有系帛书，言武等在某泽中。使者大喜，如惠语以让单于。单于视左右而惊，谢汉使曰：『武等实在。』于是李陵置酒贺武曰：『今足下还归，扬名于匈奴，功显于汉室，虽古竹帛所载，丹青所画，何以过子卿！陵虽驽怯，令汉且贳[1]陵罪，全其老母，使得奋大辱之积志，庶几乎曹柯之盟[2]，此陵宿昔[3]之所不忘也。收族陵家，为世大戮，陵尚复何顾乎？已矣！令子卿知吾心耳。异域之人，壹别长绝！』陵起舞，歌曰：『径万里兮度沙幕，为君将兮奋匈奴。路穷绝兮矢刃摧，士众灭兮名已隤。老母已死，虽欲报恩将安归！』陵泣下数行，因与武决。单于召会武官属，前以降及物故[4]，凡随武还者九人。

注释

1 贳（shì）：赦免、宽恕。

2 曹柯之盟：指曹沫劫齐桓公之事。曹沫，春秋时鲁人，为鲁庄公将。他与齐盟于柯地时持匕首劫持齐桓公，迫使桓公归还所侵之地。

3 宿昔：以前。

4 物故：死亡。

译文

几个月之后，昭帝继位。过了几年，匈奴与汉朝结亲和好。汉朝寻求苏武等人，匈奴谎称苏武死了。后来汉朝使者又到了匈奴，常惠请求其看守一起夜里去见汉使，把全部情况向汉使陈述。常惠教汉使对单于说，皇上在上林苑中射猎，射下一只雁，脚上系着帛书，说苏武在某荒泽中。汉使很高兴，就按照常惠教的话责问单于。单于看着左右的人，感到很吃惊，向汉使道歉说："苏武确实还活着。"于是李陵备办酒宴贺喜苏武，说："如今您返回汉朝，威名扬于匈奴，功勋显赫于汉室，即使是古代史书上记载的、图画上画的，又有谁能超过您呢？我李陵虽无能懦弱，假使当年汉朝廷姑且宽恕我的罪行，保全我老母，若能让我把在奇耻大辱处境中所蓄积的志向施展出来，也许我能像曹沫在柯邑结盟时一样有所作为，这正是我往日不忘怀的想法啊。但是汉朝廷收捕、族灭了我全家，乃世间奇耻大辱，我李陵还有什么留恋的呢？就这样吧！我向您诉说，只是让您了解我的内心罢了。从此，你我各处异国，今日一别就是永别了！”李陵起身舞蹈，唱道：“行万里啊渡沙漠，为君将啊奋匈奴。路穷绝啊刀剑摧，士捐躯啊我节已毁。老母已死，虽欲报恩安得归！”李陵声泪俱下，与苏武诀别。单于召集苏武的随从，除了已经投降和死去的，随苏武回国的一共九人。

武以始元六年春至京师。诏武奉一太牢[1]谒武帝园庙，拜为典属国[2]，秩中二千石，赐钱二百万，公田二顷，宅一区。常惠、徐圣、赵终根皆拜为中郎，赐帛各二百匹。其余六人老归家，赐钱人十万，复[3]终身。常惠后至右将军，封列侯，自有传。武留匈奴凡十九岁，始以强壮出，及还，须发尽白。

注释

1 太牢：以一牛、一猪、一羊三牲为祭品的祭祀称太牢。

2 典属国：官名，掌管归附的少数民族事务。

3 复：免除徭役。

译文

苏武在昭帝始元六年（前八十一年）春天回到京师。昭帝命令苏武供奉太牢祭品谒拜武帝陵庙，并任命苏武做了典属国，俸禄中二千石，赏赐钱二百万，公田二顷，住宅一区。常惠、徐圣、赵终根都被任命为中郎，各赐帛二百匹。其余六个人年老返乡，各赐钱十万，终生免除徭役。常惠后来官至右将军，封为列侯，《汉书》另有他的传记。苏武在匈奴被扣留共十九年，出使时年轻力壮，返回时，胡须和头发已经全都白了。

董仲舒传

本篇导读

汉武帝是一位通晓经学的皇帝，即位时年轻有为，不满足于汉初清静无为的统治方式，而起用了一批好儒的大臣，创造了前所未有的“隆儒”局面。当此之时，为了全面开拓大一统新局面，汉武帝急需寻求理论依据。建元元年（前一四〇年）武帝下令荐举“贤良方正、直言极谏之士”，表明他对人才的渴望。经学大师董仲舒正是在这时献上著名的“天人三策”，从而一举成为后代儒者所尊仰的“儒宗”。《董仲舒传》即为后人留下“天人三策”的第一手材料，故摘录于此以飨读者。欲知中国传统社会“罢黜百家，独尊儒术”形成之缘由者，《汉书》此篇是绝对不可不读的！

董仲舒，广川人也。少治春秋，孝景时为博士。下帷讲诵，弟子传以久次相授业，或莫见其面。盖三年不窥园，其精如此。进退容止，非礼不行，学士皆师尊之。

武帝即位，举贤良文学[1]之士前后百数，而仲舒以贤良对策[2]焉。

注释

1 贤良文学：汉代选拔官吏的科目之一。贤良，指品貌端正、道德高尚之人；文学，指精通儒家经典之人。

2 对策：汉代出现的察举制度的一种考试形式，因为是就政事、经意等设问，由应试者对答，故称。亦称“策试”。

译文

董仲舒，广川人。年轻时研究《春秋》，汉景帝时为博士。放下帷帐讲授、诵读，弟子之间先入学者辗转向后入学者传授学业，有人甚至没有见过业师的面。他大约三年不曾去看过自己的园圃，精心治学竟至如此地步。他进退仪容举止，不合乎礼仪的不做，学士们皆尊他为师。

汉武帝即位之后，举贤良文学之士先后一百多位，而董仲舒也以贤良的身份回答了皇帝的策问。

制曰[1]：朕获承至尊休[2]德，传之亡穷，而施之罔极[3]，任大而守重，是以夙夜不皇康宁[4]，永惟万事之统[5]，犹惧有阙。故广延四方之豪儁，郡国诸侯公选[6]贤良修絜博习之士，欲闻大道之要，至论之极[7]。今子[8]大夫褎然为举首，朕甚嘉之。子大夫其精心致思，朕垂听而问焉。

注释

1 制曰：敕命文书的开头语。制，帝王的命令。

2 休：美也。

3 罔：无。极：尽。

4 皇：暇也。康：乐。

5 永：深。惟：思。统：绪。

6 公选：以公正之道选士，无所偏袒。

7 极：中。

8 子：男子的美称。

译文

制曰：朕继承了至尊之位和至美的道德，将此传之于无穷，而施之于无尽，任务巨大而职守重要，所以朝夕无暇享乐，深思万事之纲纪，唯恐有欠缺。所以广泛邀请四方之豪杰俊才，郡守、国王、诸侯公正推选来高洁、贤良、博学之士，想要知道大道之纲要，至论之中正。现在大夫们卓然成为首选，朕甚是欢欣。大夫们要精心思考，朕要倾听而发问如下。

盖闻五帝三王之道，改制作乐而天下洽和，百王同之。当虞氏之乐莫盛于韶，于周莫盛于勺。圣王已没，钟鼓筦弦之声未衰，而大道微缺，陵夷[1]至虖桀纣之行，王道大坏矣。夫五百年之间，守文之君，当涂[2]之士，欲则先王之法以戴翼[3]其世者甚众，然犹不能反，日以仆灭[4]，至后王而后止，岂其所持操或誖缪而失其统与？固天降命不可复反，必推之于大衰而后息与？乌虖！凡所为屑屑[5]，夙兴夜寐，务法上古者，又将无补与？三代受命，其符[6]安在？灾异之变，何缘而起？性命之情，或夭或寿，或仁或鄙，习闻其号，未烛[7]厥理。伊[8]欲风流而令行，刑轻而奸改，百姓和乐，政事宣昭，何修何饬而膏露降，百谷登，德润四海，泽臻屮[9]木，三光全，寒暑平，受天之祜，享鬼神之灵，德泽洋溢，施虖方外，延及群生？

注释

1 陵夷：逐渐衰败。

2 当涂：当道，执政。

3 戴翼：匡济。翼，助。

4 仆：倒毙。

5 屑屑：劳瘁匆迫的样子。

6 符：凭信。

7 烛：照明。

8 伊：惟。

9 臻：至。屮：古“草”字。

译文

听闻五帝三王之道，在于改革制度，创作礼乐而使天下洽和，百王协同。虞舜氏之乐没有比《韶》更盛大的，周朝没有比《勺》更盛大的。圣王已经去世，钟鼓管弦之声并未衰灭，而大道却衰微缺失，逐渐颓废以至有了桀纣之暴行，王道受到极大的破坏。那周的五百年之间，保守先王法度之君主，当权执政之士，欲以先王之法为准则以匡世救俗者甚多，然而仍不能返回正道，日趋倾倒而灭亡，直至后来的秦始皇才制止了衰败，难道是他们信奉的错误而失去了统绪吗？本来天命一旦降临不可逆反，必推进至于大衰而后才能停止吗？唉！所有的匆匆劳作，夙兴夜寐，力求效法上古的努力，也都于事无补吗？夏商周三代君主承受天命，他们的凭信在哪里？灾害、怪异之变故，因何原因而起？性命的情况，有的早夭有的长寿，有的仁义有的鄙陋，闻惯了这些名目，却不明白其中的道理。希望世风畅流而政令实行，刑罚轻而能使奸邪改正，让百姓和乐，政事开明，如何整饬政务而能使甘露降临，百谷丰登，德润至四海，恩泽达草木，日月星辰三光完全而无侵蚀，寒暑季节正常平稳，承受上天保佑，享受鬼神之灵验，德泽洋溢，施于境外，延及至所有生命呢？

子大夫明先圣之业，习俗化之变，终始之序，讲闻高谊之日久矣，其明以谕[1]朕。科别其条，勿猥勿并，取之于术，慎其所出。乃其不正不直，不忠不极，枉于执事，书之不泄，兴于朕躬，毋悼后害。子大夫其尽心，靡有所隐，朕将亲览焉。

注释

1 谕：告知。

译文

大夫们通晓先圣的事业，熟悉风俗教化之变化，了解事物终始之顺序，讲授、研究高深义理已很长久了，希望你们明白地回答朕。要梳理条目，不得琐碎，勿要笼统，论点要取之于经术，谨慎选择出典。总之，将那些公卿中不正直、不忠实而阿枉的执政行为都写出来，不会泄漏的，朕将亲自拆阅，不要有后顾之忧。大夫们尽心写来，不要隐瞒，朕将亲自阅览。

仲舒对曰：

臣谨案春秋谓一元之意，一者万物之所从始也，元者辞之所谓大也[1]。谓一为元者，视[2]大始而欲正本也。春秋深探其本，而反自贵者始。故为人君者，正心以正朝廷，正朝廷以正百官，正百官以正万民，正万民以正四方。四方正，远近莫敢不壹于正，而亡有邪气奸[3]其间者。是以阴阳调而风雨时，群生和而万民殖，五谷孰而中木茂，天地之间被润泽而大丰美，四海之内闻盛德而皆徕臣，诸福之物，可致之祥，莫不毕至，而王道终矣。

注释

1《周易》：“元者，善之长也。”《辞》：“元，大也。”

2 视：同“示”。

3 奸：侵犯。

译文

仲舒对这一策问回答曰：

臣谨考察《春秋》所谓“一元”之意，“一”乃万物之开始，“元”即《易辞》之所谓“大”。所谓“一”即“元”，显示了重视开始而要正本之意。《春秋》深刻地探索本源的所在，所以要返回自贵重之处开始。因此，作为国君，正心可以正朝廷，正朝廷可以正百官，正百官可以正万民，正万民可以正四方。四方正了，远近没有敢不一致于正的，于是其间没有了邪气的侵犯。所以阴阳协调而风雨适时，众生和谐而万民繁衍，五谷成熟而草木茂盛，天地之间被覆润泽从而盛大丰美，四海之内闻听盛德而都来臣服，各种幸福之物，可以到来的祥瑞，无不毕至，由此王道得以完成。

赏析与点评

自古君王始即位不称“一年”而称“元年”，这是为什么呢？董仲舒引经据典，从《春秋》讲到《周易》，道出的关键一句话，即“正本清源”才是“元”的本意。按今天的说法就是：笼统地讲“一”与“元”的确是同义词，但“一”毕竟是数字，“元”则上升为哲学，有着万物之始，世界本源的意思。后者的寓意更深厚。的确，现实生活中有说“庆祝元旦”的，未听说有“庆祝一旦”的，个中道理两千年前的董大学者早有高论。

圣王之继乱世也，埽除其迹而悉去之，复修教化而崇起之。教化已明，习俗已成，子孙循之，行五六百岁尚未败也。至周之末世，大为亡道，以失天下。秦继其后，独不能改，又益甚之，重禁文学，不得挟书，弃捐礼谊而恶闻之，其心欲尽灭先王之道，而颛为自恣苟简之治[1]，故立为天子十四岁而国破亡矣。自古以倈，未尝有以乱济[2]乱，大败天下之民如秦者也。其遗毒余烈，至今未灭，使习俗薄恶，人民嚚顽，抵冒殊扞[3]，孰烂如此之甚者也。孔子曰：『腐朽之木不可雕也，粪土之墙不可圬[4]也。』今汉继秦之后，如朽木粪墙矣，虽欲善治之，亡可奈何。法出而奸生，令下而诈起，如以汤止沸，抱薪救火，愈甚亡益也。窃譬之琴瑟不调，甚者必解而更张之，乃可鼓[5]也；为政而不行，甚者必变而更化之，乃可理也。当更张而不更张，虽有良工不能善调也；当更化而不更化，虽有大贤不能善治也。故汉得天下以来，常欲善治而至今不可善治者，失之于当更化而不更化也。古人有言曰：『临渊羡鱼，不如退而结网。』今临政而愿治七十余岁矣，不如退而更化；更化则可善治，善治则灾害日去，福禄日来。诗云：『宜民宜人，受禄于天。』为政而宜于民者，固当受禄于天。夫仁谊礼知信五常之道，王者所当修饬也；五者修饬，故受天之佑，而享鬼神之灵，德施于方外，延及群生也。

注释

1 颛：同“专”。苟：贪图权利。简：简化仁义。

2 济：补益。

3 嚚：嚣张，轻薄。顽：愚顽、凶恶。殊：断绝。扞：同“捍”，抵御。

4 圬：同“杇”，本意为抹子，涂抹墙壁的工具。此用于动词：涂抹墙壁，粉刷。

5 鼓：敲击或弹奏（乐器）。

译文

周代的圣王承继乱世，将乱世的遗留都扫除掉，重修教化，并予以推崇。教化已明确，习俗已形成，子孙予以遵循，实行了五六百年仍未败亡。周朝到了末世，无道大行，以致失去天下。秦继其后，不单不能更改，比周末更加无道，严禁文学，不许藏书，摒弃礼义而厌恶听闻礼义，想要将先王之道全部消灭，一意孤行地实行放肆、苟且、简陋的政治，所以立为天子十四年而国家灭亡了。自古以来，未尝有秦朝这样以乱救乱，严重危害天下之民的。秦的遗毒余害，至今没有绝灭，它使得习俗薄恶，人民欺诈顽劣，抵触抗拒，混乱到了非常严重的地步。孔子说：“腐朽之木不能雕琢啊，秽土之墙不能涂饰啊。”现在汉朝继秦朝之后，犹如面对朽木粪墙，虽然想要从善治理，却无可奈何。法律推出而奸邪产生，命令下达而诈伪兴起，犹如用热汤去制止沸腾，抱着薪木柴去救火，结果更糟而没有裨益。臣私下将此比喻为琴瑟的音不协调，严重者必须改弦更张（重新张设琴弦），方可弹奏；政治也一样不得实行时，严重者必将其改变而更新教化，方可治理。应当更张而不更张的话，虽有优良的技工也不能很好地调节琴瑟；应当更化而不更化的话，虽有大贤人也不能很好地治理国家。所以汉朝得天下以来，经常希望好好地治理而至今不能治理好，其失误就在于当改革而不改革。古人有言道：“临渊羡鱼，不如退而结网。”现在汉朝执政而且希望治理好国家已经七十余年了，不如退而搞改革；改革则可好好地治理，治理好了则灾害就一天天地消除，福禄也会一天天地到来。《诗》说：“适宜于民，适宜于人，受福禄于天。”为政而适宜于民的，本应当受福禄于天。仁、义、礼、智、信是五种恒常不变的道，是王者所应当整治的；五者整治，就受到天的保佑，而享受鬼神之灵验，恩德施行于国外，延及众生。

天子览其对而异焉，乃复册之曰：

制曰：盖闻虞舜之时，游于岩郎之上，垂拱无为，而天下太平。周文王至于日昃不暇食，而宇内亦治。夫帝王之道，岂不同条共贯与？何逸劳之殊也？

盖俭者不造玄黄旌旗之饰。及至周室，设两观，乘大路，朱干玉戚，八佾陈于庭[1]，而颂声兴。夫帝王之道岂异指哉？或曰良玉不瑑，又曰非文无以辅德，二端异焉。

殷人执五刑以督奸，伤肌肤以惩恶[2]。成康不式[3]，四十余年天下不犯，囹圄空虚。秦国用之，死者甚众，刑者相望，秏[4]矣哀哉！

注释

1 观：阙。大路：车名。干：盾牌。戚：钺。佾：舞者的行列。一列八人，八列六十四人的乐舞是天子使用的规模。

2 督：监视并责罚。惩：制止。

3 式：使用。

4 秏：同“耗”，消耗。一说：同“眊”，混乱。

译文

天子披阅此对策认为很不寻常，就再下策问：

制曰：听说虞舜之时，君王游憩于高廊之上，垂衣拱手无所作为，而天下太平。周文王至于日暮忙得没有时间进食，天下也很太平。帝王之道，难道没有共同的条理而贯穿其中吗？怎么有着安逸与劳苦之差别呢？

想来，俭朴的君王是不制作玄黄旌旗之类色彩鲜艳装饰的。但是到周王室时，建造两观之宫阙，乘坐大路之车，使用朱红的盾牌和玉柄的斧钺，八佾乐舞演奏于朝廷，而且对此赞颂之声四起。帝王之道难道旨趣不同？有人说良玉不须雕琢，有人说没有文采就无法辅助德行，两种主张差别悬殊。

殷朝人执行五刑以责罚奸人，以损伤肌肤的做法惩办恶人。周成王、康王不用刑罚，四十余年天下没有犯法的人，监狱空荡无人。秦国使用刑罚，由此死者甚众，受刑者到处可见，天下消耗殆尽，悲哀呀！

乌虖[1]！朕夙寤[2]晨兴，惟前帝王之宪[3]，永思所以奉至尊，章洪业[4]，皆在力本任贤。今朕亲耕藉田以为农先，劝孝弟，崇有德，使者冠盖相望，问勤劳，恤孤独，尽思极神，功烈休德未始云获也。今阴阳错缪，氛[5]气充塞，群生寡遂[6]，黎民未济，廉耻贸乱，贤不肖浑淆[7]，未得其真，故详延特起之士，庶几乎！今子大夫待诏百有余人，或道世务而未济，稽诸上古之不同，考之于今而难行，毋乃牵于文系而不得骋与？将所繇异术，所闻殊方与？各悉对，着于篇，毋讳有司。明其指略，切磋究之，以称朕意。

注释

1 乌虖：呜呼。

2 夙：早也。寤：睡醒。

3 宪：法令。

4 永：深。章：明也。洪：大。

5 氛：恶气也。

6 遂：成。

7 贸：交互，错杂。浑淆：即混淆，使界限不清。

译文

唉！朕清晨早起，思考从前帝王的大法，深思他们所以能够奉行至尊、彰显洪业的理由，都在于能够力行以农业为本，任用贤人。现在，朕亲自耕种藉田以农业为先行，鼓励孝悌之道，尊重有德之人，达到了使者的冠帽、车盖相互可以望见的程度，频繁地派遣使者慰问勤耕劳作者，抚恤无父母、无子女的孤独之人，如此竭尽心思，尚不能说已经开始收获功业和美德了。现在阴阳错乱，恶气弥漫，群生很少能够顺利成长，黎民百姓未得到救济，清廉与耻辱交杂错乱，贤人与不肖相互混淆，未能得到真正的人才，所以要尽量邀请特殊之士，也许能够如愿以偿吧！现在大夫待诏的有百余人，有的人谈论当世时务而未中要害，考核其议论的话对上古也不一样，以其议论考察当今政务又难以实行，莫非是惧怕文吏之法而不得自由思考吗？还是由于学派不同，所依据的见解各异呢？你们各自畅所欲言地对答，写成文章，不要顾忌主管官吏。阐明你们的宗旨、方略，切磋斟酌自己的观点，以符合朕意。

仲舒对曰：

臣闻制度文采玄黄之饰，所以明尊卑，异贵贱，而劝有德也。故春秋受命所先制者，改正朔，易服色，所以应天也。然则宫室旌旗之制，有法而然者也。故孔子曰：『奢则不逊，俭则固。』俭非圣人之中制也。臣闻良玉不瑑，资质润美，不待刻瑑，此亡异于达巷党人[1]不学而自知也。然则常玉不瑑，不成文章；君子不学，不成其德。

注释

1 达巷党人：指七岁而为孔子师的项橐。达巷，党（五百家的村落）名；在山东滋阳。

译文

仲舒对策曰：

臣听说制度文采和黑色、黄色之装饰，是用来标明尊卑，区别贵贱，从而鼓励有德的。所以《春秋》说：受天命者所首先要制订的，是改换历法的正朔，改变服色，为的是以此顺应天意。那么，宫室、旌旗之制，是按照法则而形成事物。所以孔子说：“奢侈则不谦逊，俭约则简陋。”节俭并非圣人的中庸之制。臣听说良玉不雕琢，是因为其资质润美，不须雕饰，如同达巷党人项橐那样，可以不学而自知一样。然而普通的玉不雕琢，就不能形成美丽花纹；君子不学习，就不能成就美德。

臣闻圣王之治天下也，少则习之学，长则材诸位，爵禄以养其德，刑罚以威[1]其恶，故民晓于礼谊而耻犯其上。武王行大谊，平残贼，周公作礼乐以文之，至于成康之隆，囹圄空虚四十余年，此亦教化之渐而仁谊之流，非独伤肌肤之效也。至秦则不然。师申商之法，行韩非之说，憎帝王之道，以贪狼为俗，非有文德以教训于下也。诛[2]名而不察实，为善者不必免，而犯恶者未必刑也。是以百官皆饰虚辞而不顾实，外有事君之礼，内有背上之心，造伪饰诈，趣利无耻；又好用憯[3]酷之吏，赋敛亡度，竭民财力，百姓散亡，不得从耕织之业，群盗并起。是以刑者甚众，死者相望，而奸不息，俗化使然也。故孔子曰『导之以政，齐之以刑，民免而无耻』，此之谓也。

注释

1 威：震慑。使知畏惧而服从。

2 诛：责。

3 憯：痛。

译文

臣听说圣王治理天下，年轻时培养其好学的习惯，年长之后则授予职位来检测其能力，用爵位、俸禄来培养其德行，用刑罚来震慑其恶行，所以人民懂得礼仪而耻于犯上。周武王施行大义，平定残贼，周公作礼乐予以修饰周政，到了成王、康王的盛世，监狱空虚了四十余年，此亦教化之渗透、仁义之流行的现象，并非仅仅是损伤肌肤的刑罚之效果。到了秦则不然。效法申不害、商鞅之法律，实行韩非之学说，憎恶帝王之道，形成狼一样贪婪的世俗，并非以文德来教训天下。斥责名目而不察实质，行善的人不一定免罪，而犯罪的人又未必受到惩罚。所以百官都巧饰空言虚辞而不顾事实，表面有事君之礼节，内心想的是背叛上司，弄虚作假，无耻地获取利益；又喜好任用残酷的官吏，没有节制地征收赋税，耗竭人民的财力，使百姓离散逃亡，以致无法从事农耕、纺织之业，群盗并起。所以受刑者甚多，死者到处可见，而奸恶不止，这是风俗教化所造成的。所以孔子说：“以政治为指导，以刑罚为制裁的话，人民能免于犯罪而不知道羞耻”，此话说的就是这一层意思。

今陛下并有天下，海内莫不率服，广览兼听，极群下之知，尽天下之美，至德昭然，施于方外。夜郎、康居，殊方万里[1]，说德归谊[2]，此太平之致也。然而功不加于百姓者，殆[3]王心未加焉。曾子[4]曰：『尊其所闻，则高明矣；行其所知，则光大矣。高明光大，不在于它，在乎加之意而已。』愿陛下因用所闻，设诚于内而致行之，则三王何异哉！

注释

1 夜郎：西南夷之国。康居：西域之国。殊方：远方，异域。

2 说：同“悦”。谊：同“义”。

3 殆：大概，几乎。

4 曾子：曾参。

译文

现在，陛下统一了天下，四海之内没有不顺服的，您广泛阅览，兼听各种意见，最大限度地汇集下级的智慧，极尽天下之美，崇高的德行昭然于世，施行于国外。夜郎、康居，虽远在万里之外，也能因爱慕陛下的德行而归顺于大义，这是太平的极致。然而，功德不加于百姓，恐怕是王的心意尚未加于百姓。曾子说：“遵循所听到的，则高明；奉行所知道的，则光大。高明与光大，不在于别的，仅在于加上自己的心意而已。”愿陛下遵循、应用所闻，内心抱有诚意而致力于施行所闻的道理，那样的话又与三王有何不同呢！

陛下亲耕藉田以为农先，夙寤晨兴，忧劳万民，思惟往古，而务以求贤，此亦尧舜之用心也，然而未云获者，士素不厉也。夫不素养士而欲求贤，譬犹不琢玉而求文采也。故养士之大者，莫大虖太学；太学者，贤士之所关[1]也，教化之本原也。今以一郡一国之众，对亡应书[2]者，是王道往往[3]而绝也。臣愿陛下兴太学，置明师，以养天下之士，数考问以尽其材，则英俊宜可得矣。今之郡守、县令，民之师帅，所使承流而宣化也；故师帅不贤，则主德不宣，恩泽不流。今吏既亡教训于下，或不承用主上之法，暴虐百姓，与奸为市，贫穷孤弱，冤苦失职，甚不称陛下之意。是以阴阳错缪，氛气充塞，群生寡遂，黎民未济，皆长吏不明，使至于此也。

注释

1 关：经由，通过。

2 书：指举贤良文学之诏书。

3 往往：纷纷，处处。

译文

陛下亲自耕种藉田以此倡导农业，清晨早起，为万民担忧，思考往古，致力于寻求贤人，这也是尧舜所注意的，然而未获得功业和美德，是由于士人平素不努力的原因。平日不养士而要求得贤人，就好像不雕琢玉石而希望得到花纹绚丽的玉器。所以养士之最重要的事，莫过于兴建太学；太学，是贤士的来源，教化的根本。现在，让一郡一国的众人来对策，而没有能够符合诏书要求的人，这说明王道纷纷灭绝了。臣希望陛下兴建太学，配置明师，以便培养天下之士，经常考试以便学生全面展现才能，便可以得到英俊人才。现在的郡守、县令，是人民之表率，其职责在于上承恩泽而向下宣扬教化；所以，如果表率者不贤，则君主之德不能宣扬，恩泽不能流传。现在官吏已经不能教训民众，有的不实行君主的法则，残暴虐待百姓，与奸恶相勾结盈利，致使贫穷孤弱的人，含冤受苦，丧失生计，非常不称陛下的心意。所以阴阳错乱，邪气充塞，群生难以生存，黎民得不到救助，都是因为长官不贤明，致使如此的。

夫长吏多出于郎中、中郎，吏二千石子弟选郎吏，又以富訾[1]，未必贤也。且古所谓功者，以任官称职为差[2]，非谓积日絫久也。故小材虽絫日，不离于小官；贤材虽未久，不害[3]为辅佐。是以有司竭力尽知，务治其业而以赴功。今则不然。累日以取贵，积久以致官，是以廉耻贸乱，贤不肖浑殽，未得其真。臣愚以为使诸列侯、郡守、二千石各择其吏民之贤者，岁贡各二人以给宿卫，且以观大臣之能；所贡贤者有赏，所贡不肖者有罚。夫如是，诸侯、吏二千石皆尽心于求贤，天下之士可得而官使也。偏得天下之贤人，则三王之盛易为，而尧舜之名可及也。毋以日月为功，实试贤能为上，量材而授官，录[4]德而定位，则廉耻殊路，贤不肖异处矣。陛下加惠，宽臣之罪，令勿牵制于文，使得切磋究之，臣敢不尽愚！

注释

1 訾：与“资”同。

2 差：等次。

3 害：妨害。

4 录：省察，甄别。

译文

高官大多出自郎中、中郎，吏二千石子弟，选任郎官又以财富资产为条件，当选者未必是贤人。而且，古代所谓的“功”，是以任官是否称职做区别的，并不是指任职所累积的时间。因此，小材之人虽任职时间很长，仍做小官；贤才之人虽任职不久，也不妨碍做辅佐大臣。所以，官吏们都尽心竭力，专心于本职而建功立业。现在则不同了。积累时日就可以获取富贵，任职长久可以升官，所以廉洁与羞耻交相混杂，贤能与不肖彼此混淆，无法得到真正的人才。臣愚以为让诸列侯、郡守、二千石官秩的官员，各自从所管辖的官吏、百姓中选择贤能的人，每年向朝廷选送二人，让他们到宫中作宿卫，而且可以由此观察大臣的能力；所选送的人有贤才就给予赏赐，所选送的人不好的就予以惩罚。这样的话，诸侯和二千石高官都会尽心尽力地寻求贤才，天下的士人都可以成为官吏而任用。把天下之贤人都吸收到朝廷来的话，那么三代圣王的盛况就可以顺利形成，而尧舜之美名也可以企及。不以时日长短计算功劳，而以实际考察认定的贤能为上，量材而授予官职，省察德行而确定地位，就会把廉洁与羞耻、贤与不肖相互区别清楚了。陛下施恩惠于臣，宽恕臣的罪过，让臣不要害怕主管官吏，使臣得以切磋研究，臣怎敢不尽量表达愚见！

于是天子复册之。

制曰：盖闻『善言天者必有征于人，善言古者必有验于今』。故朕垂问乎天人之应，上嘉唐虞，下悼桀纣，寖[1]微寖灭寖明寖昌之道，虚心以改。今子大夫明于阴阳所以造化，习于先圣之道业，然而文采未极，岂惑虖当世之务哉？条贯靡竟，统纪[2]未终，意朕之不明与？听若眩[3]与？夫三王之教所祖[4]不同，而皆有失，或谓久而不易者道也，意岂异哉？今子大夫既已着大道之极，陈治乱之端矣，其悉之究之，孰之复之[5]。诗不云虖？『嗟尔君子，毋常安息，神之听之，介尔景福。』[6]朕将亲览焉，子大夫其茂[7]明之。

注释

1 寖：古“浸”字，逐渐之意。

2 统纪：头绪，条理。

3 眩：迷惑。

4 祖：开始。

5 悉：详尽。究：究竟。孰：同“熟”，程度深。复：反复重申。

6 安息：安处。介：帮助。景：大。

7 茂：努力。

译文

于是天子就再下策问：

制曰：听说“善言天的，必能找到人事来验证；善言古的，必能在现实中得到验证”。所以朕问一问天人之间的感应，对上嘉许唐尧、虞舜，对下哀悼夏桀、商纣，对于这些逐渐衰微以致灭亡，逐渐开明以致昌盛的道理，朕要虚心反省改正自身。现在，你们通晓阴阳可以造物教化的道理，熟悉先代圣王之道术、事业，然而你们的文采并未发挥极致，难道你们对当代政务有什么疑惑吗？你们所论述的，条理未能连贯，头绪不够完整，想来是朕看问题时眼睛不明吗？是朕听人论述时耳朵不聪吗？三代圣王之教化，最初各不相同，而且都有缺陷，有人说恒久而不变的才是道，可想一想道为何也有所不同呢？现在你们既已著述了大道的终极原理，陈述了治与乱的端绪，请叙述得更加详细、完整、深刻、周全。《诗》上不是说：“啊！君子，不要苟且安息，神在听你说，助你有大福。”朕要亲自阅览你们的对策，你们要努力阐明自己的见解。

仲舒复对曰：

册曰：『上嘉唐虞，下悼桀纣，寖微寖灭寖明寖昌之道，虚心以改。』臣闻众少成多，积小致巨[1]，故圣人莫不以晻[2]致明，以微致显。是以尧发于诸侯，舜兴虖深山，非一日而显也，盖有渐以致之矣。言出于己，不可塞也；行发于身，不可掩也。言行，治之大者，君子之所以动天地也。故尽小者大，慎微者著。诗云：『惟此文王，小心翼翼。』故尧兢兢日行其道，而舜业业日致其孝，善积而名显，德章而身尊，此其寖明寖昌之道也。积善在身，犹长日加益，而人不知也；积恶在身，犹火之销膏，而人不见也。非明虖情性察虖流俗者，孰能知之？此唐虞之所以得令名，而桀纣之可为悼惧者也。

注释

1 巨：大。

2 晻：与“暗”同。

译文

仲舒再次对策曰：

策问说：“对上嘉许唐尧、虞舜，对下哀悼夏桀、商纣，对于这些逐渐衰微以致灭亡，逐渐开明以致昌盛的道理，朕要虚心反省改正自身。”臣听说积少成多，积小成大，所以圣人没一个不是从暗淡到闪耀，从微弱到显赫的。所以尧起身于诸侯，舜兴起于深山，不是一日之间而突然显赫的，应该都是逐渐而有成就的。言语出于自己，不可阻塞；行为发于自身，无法遮掩。言语与行为，是治理国家的大事，君子凭此而感动天地。所以做好众多小事，则能成就大业；能够谨慎入微，则能著名于世。《诗经》上说：“文王啊，小心翼翼。”所以尧兢兢业业每日实行治国之道，而舜兢兢业业每日尽其孝道，积善就能名声显扬，积德就会身受尊敬，这就是那逐渐昌盛的道理。积善于自身，犹如人日渐长大，而自己并不觉察；积恶在自身，犹如灯火消耗油脂，而人是看不见的。不是明晓情性和洞察世俗的人，谁能知道其中的道理呢？这就是唐尧、虞舜之所以得到美名，而夏桀、商纣令人哀悼恐惧的原因。

册曰：『三王之教所祖不同，而皆有失，或谓久而不易者道也，意岂异哉？』臣闻夫乐而不乱复而不厌者谓之道；道者万世亡弊，弊者道之失也。先王之道必有偏而不起之处，故政有眊[1]而不行，举其偏者以补其弊而已矣。三王之道所祖不同，非其相反，将以捄溢扶衰，所遭之变然也。故孔子曰：『亡为而治者，其舜虖！』改正朔，易服色，以顺天命而已；其余尽循尧道，何更为哉！故王者有改制之名，亡变道之实。然夏上忠，殷上敬，周上文者，所继之捄[2]，当用此也。孔子曰：『殷因于夏礼，所损益可知也；周因于殷礼，所损益可知也；其或继周者，虽百世可知也。』此言百王之用，以此三者矣。夏因于虞，而独不言所损益者，其道如一而所上同也。道之大原出于天，天不变，道亦不变，是以禹继舜，舜继尧，三圣相受而守一道，亡救弊之政也，故不言其所损益也。繇是观之，继治世者其道同，继乱世者其道变。今汉继大乱之后，若宜少损周之文致[3]，用夏之忠者。

注释

1 眊：不明。

2 捄：古“救”字。

3 致：至极。

译文

册曰：“三代圣王之教化，最初各不相同，而且都有缺陷，有人说恒久而不变的才是道，可想一想道为何也有所不同呢？”臣听说快乐而不淫乱，反复实行而不厌倦的叫作道；遵循道行事，万世无弊害，产生弊害的一定是没有按照道行事所致。先王之行道必有偏颇而行不通之处，所以政治昏乱，政令不行，指出偏颇之处，由此弥补其弊端就行了。三王之道最初各自不同，但并非是相反的，都是为了补救过失，扶助衰败，是由于所遇到的情况有所变化造成的。所以孔子说：“无为而治的人，就是舜呀！”舜仅仅改变了历法，更换了服饰的颜色，以此顺应天命而已；其余的都遵循尧道，为何要更改呢！所以，王者有改革制度之名义，并没有改变治道之实质。然而，夏代推崇忠，殷代推崇敬，周代推崇文的原因，是因为都面临了前代遗留下的弊端，应当使用这些不同的做法。孔子说：“殷商继承于夏代的礼制，有所增减，这是可以知道的；周代继承殷商的礼制，有所增减，也是可以知道的；若有人继承周代，即便是一百代之后也是可以推知的。”这是说的百代君王所用的治国之道，也就是夏、商、周的忠、敬、文三者而已。夏代继承了虞舜，而孔子唯独不说有所增减，是因为二者的道是一样的，而且所推崇的原则相同。道的至大本原出自于天，天不变，道亦不变，所以禹继承了舜，舜继承了尧，三位圣王相互授受禅让天下，而遵循同一的治道，因此其间无须实行救弊之政，所以不言有所增减。由此看来，继承治世的，他们的道相同，继承乱世的，他们的道是要改变的。现在汉朝继大乱之后，应当稍减周朝之文，而用夏朝之忠。

春秋大一统[1]者，天地之常经，古今之通谊也。今师异道，人异论，百家殊方，指意不同，是以上亡以持一统；法制数变，下不知所守。臣愚以为诸不在六艺之科孔子之术者，皆绝其道，勿使并进。邪辟[2]之说灭息，然后统纪可一而法度可明，民知所从矣。

注释

1 大一统：万物之系统皆归于一。语出《春秋公羊传》："隐公元年，春王正月。何言乎王正月？大一统也。"是说诸侯都归天子统管，不得擅自专行。

2 辟：同"僻"。

译文

《春秋》推崇的天下一统，是天地之间永恒的原则，古往今来共通的道理。现在，经师传授的道彼此不同，论述因人而异，百家学术方向有别，旨趣不同，所以上面的君主无法掌握统一的标准；法令、制度多次变更，下面的臣民不知遵守什么。臣愚以为凡是不属于六艺科目和孔子学术的，都禁绝其理论，不许它们与儒学并进。邪僻之说消失，然后政令能够统一，法度可以严明，人民就知道应该遵守什么了。

自武帝初立，魏其、武安侯为相而隆儒矣。及仲舒对册，推明孔氏，罢黜百家。立学校之官，州郡举茂材孝廉，皆自仲舒发之。年老，以寿终于家。家徙茂陵，子及孙皆以学至大官。

仲舒所著，皆明经术之意，及上疏条教，凡百二十三篇。而说《春秋》事得失，《闻举》、《玉杯》、《蕃露》、《清明》、《竹林》之属，复数十篇，十余万言，皆传于后世。掇[1]其切当世施朝廷者著于篇。

注释

1 掇：摘取。

译文

从汉武帝初即位，魏其侯窦婴、武安侯田蚡先后做丞相，从此推崇儒学。到董仲舒对策，推尊孔子，抑黜百家。设立学校之教官，州郡举荐茂材孝廉，都是从董仲舒发起的。董仲舒年老在家寿终。后来他家迁至茂陵县，他儿子和孙子都凭学问做了大官。

董仲舒的著作，都是阐明儒家经学意旨的，连同上疏奏文，总共一百二十三篇。而解说《春秋》记事的得失，以及《闻举》、《玉杯》、《蕃露》、《清明》、《竹林》之类的著作，另有数十篇，十多万字，都流传于后世。我选出其中切合当今之世和朝廷的载本篇。

张骞传

本篇导读

张骞是我国古代外交史上的重要人物。在汉武帝对匈奴战争中，张骞两次奉命出使西域，肩负了联络西域各国共击匈奴的使命。第一次于建元二年（前一三九年）出使月氏，他冒险经匈奴被扣留十余年，后乘机西逃经大宛、康居，到达位于阿姆河上中游的大月氏和大夏，返归时又遭匈奴扣留。行程数万里，历时十三年，历尽艰险终于回到汉朝。第二次为元狩四年（前一一九年），张骞再次出使西域，他率领庞大的使团，携带价值数千万的财物，跋涉万里，抵达位于伊犁河流域的乌孙，然后又分别派出副使前往大宛、康居、月氏、大夏等国。张骞两次出使，加强了中原与西域各族的联系，发展了汉朝与中亚各国人民的友好关系，极大地促进了我国与西方的经济文化交流。

张骞，汉中人也，建元中为郎。时匈奴降者言匈奴破月氏王[1]，以其头为饮器，月氏遁而怨匈奴，无与共击之。汉方欲事灭胡[2]，闻此言，欲通使，道必更匈奴中，乃募能使者。骞以郎应募，使月氏，与堂邑氏奴甘父俱出陇西。径匈奴，匈奴得之，传诣[3]单于。单于曰：『月氏在吾北，汉何以得往使？吾欲使越，汉肯听我乎？』留骞十余岁，予妻，有子，然骞持汉节不失。

注释

1 月氏（zhī）：汉代西域国名。秦汉之际居敦煌与祁连间。

2 胡：古代对西方和北方各少数民族的泛称，此指匈奴。

3 诣：到，到达。

译文

张骞是汉中人，武帝建元年间为郎官。当时，投降汉朝的匈奴人说匈奴打败月氏王之后，拿他的头颅做饮酒器，月氏逃走并且怨恨匈奴，但无人援助他们共同打击匈奴。汉朝此时正打算消灭匈奴，听到这消息，想派人出使月氏，但出使月氏必经匈奴地区，便招募能胜任出使的人。当时张骞以郎官的身份应募。他出使月氏，与堂邑氏的家奴甘父一起从陇西出发。经过匈奴时，被匈奴人抓获，用传车送到单于那里。单于说："月氏在我们的北面，汉朝怎么能够前往通使呢？我想派人出使南越，汉朝肯任凭我的使者去吗？"于是把张骞扣留了十多年，还给他娶了妻子，有了孩子，但他始终保留着汉朝的使节，没有丢失。

居匈奴西，骞因与其属亡乡月氏，西走数十日至大宛[1]。大宛闻汉之饶财，欲通不得，见骞，喜，问欲何之。骞曰：『为汉使月氏而为匈奴所闭道，今亡，唯王使人道[2]送我。诚得至，反汉，汉之赂遗王财物不可胜言。』大宛以为然，遣骞，为发译道，抵康居[3]。康居传致大月氏。大月氏王已为胡所杀，立其夫人为王。既臣大夏[4]而君之，地肥饶，少寇，志安乐，又自以远远汉，殊无报胡之心。骞从月氏至大夏，竟不能得月氏要领。

注释

1 大宛（yuān）：古西域国名，西南与大月氏为邻，盛产名马。

2 道：同“导”，引导。

3 康居：古西域国名。东邻乌孙，西达奄蔡，南接大月氏，东南与大宛交界。

4 大夏：中亚细亚古国名，在今阿富汗北部一带。

译文

张骞住在匈奴西边，他乘机和部下朝月氏方向逃走，他们向西逃了几十天，到了大宛。大宛早就听说汉朝富庶，想与汉朝通使而未能做到。他们见到张骞，十分高兴，便问他们要去哪。张骞说：“我们为汉朝出使月氏，被匈奴所阻拦。现在逃了出来，希望大王派人引路，护送我们。如能到达月氏，等我们返回汉朝后，汉朝送给大王的财物是说不尽的。”大宛王认为张骞说得对，就遣送张骞出境，并派了翻译和向导，送到康居。康居人又把他们送到大月氏。此时，大月氏王已被匈奴所杀，他的夫人被立为王。大月氏征服了大夏，成为这里的君主，土地肥沃富饶，境内又少有盗寇，感到满足安乐，又自认为远离汉朝而不想亲近汉朝，根本就没有报复匈奴之心。张骞从月氏来到大夏，一直未能得知月氏意趣。

留岁余，还，并南山[1]，欲从羌中归，复为匈奴所得。留岁余，单于死，国内乱，骞与胡妻及堂邑父俱亡归汉。拜骞太中大夫，堂邑父为奉使君。

注释

1 并：挨着，靠近。

译文

张骞在那里逗留了一年多，回来时，沿着南山（昆仑山、阿尔金山、祁连山），想经由羌人地区返回，不料又被匈奴抓获。在匈奴被扣留了一年多，遇上单于去世，国内动乱，便带着匈奴妻子和堂邑父一同逃归汉朝。汉武帝任命他为太中大夫，封堂邑父为奉使君。

骞为人强力，宽大信人，蛮夷[1]爱之。堂邑父胡人，善射，穷急射禽兽给食。初，骞行时百余人，去十三岁，唯二人得还。

骞身所至者，大宛、大月氏、大夏、康居，而传闻其旁大国五六，具为天子言其地形，所有[2]。语皆在《西域传》。

注释

1 蛮夷：此为对西域各国各族的泛称。

2 所有：所生之物产。

译文

张骞为人坚强而又有毅力，宽厚有度量，真诚有信，西域人都喜爱他。堂邑父本是匈奴人，善于射猎，穷困窘迫时，就射捕禽兽来供给饮食。当初，张骞出发时有一百多人，出使在外十三年，只有他们二人得以返回。

张骞亲身到过的国家，有大宛、大月氏、大夏、康居，听说的还有与它们相接邻的五六个大国。他一一向武帝陈说了这些国家的地形、物产。所述内容都在《西域传》中。

骞曰：『臣在大夏时，见邛竹杖、蜀布，问安得此？大夏国人曰：「吾贾人往市之身毒国[1]。身毒国在大夏东南可数千里。其俗土著，与大夏同，而卑湿暑热。其民乘象以战。其国临大水焉。」以骞度[2]之，大夏去汉万二千里，居西南。今身毒又居大夏东南数千里，有蜀物，此其去蜀不远矣。今使大夏，从羌中，险，羌人恶之；少北，则为匈奴所得；从蜀，宜径，又无寇。』天子既闻大宛及大夏、安息[3]之属皆大国，多奇物，土著，颇与中国同俗，而兵弱，贵汉财物；其北则大月氏、康居之属，兵强，可以赂遗设利朝也。诚得而以义属之，则广地万里，重九译，致殊俗，威德遍于四海。天子欣欣以骞言为然。乃令因蜀犍为发间使，四道并出：出駹，出莋，出徙、邛，出僰[4]，皆各行一二千里。其北方闭氐、莋，南方闭嶲、昆明[5]。昆明之属无君长，善寇盗，辄杀略汉使，终莫得通。然闻其西可千余里，有乘象国，名滇越[6]，而蜀贾间出物者或至焉，于是汉以求大夏道始通滇国。初，汉欲通西南夷，费多，罢之。及骞言可以通大夏，及复事西南夷。

注释

1 贾人：商人。身毒：古印度的音译。

2 度：忖度，推测。

3 安息：伊朗高原古国名。

4 駹（máng）、莋、徙、邛、僰：均为古代西南夷族名。

5 氐：古民族名。秦汉时分布于今四川、陕西、甘肃等地区。嶲（xī）、昆明：我国西南古族名。

6 滇越：古部族名，分布于今云南腾冲一带。

译文

张骞说："我在大夏时，见到过邛地的竹杖和蜀地产的细布。我问他们是从哪得到这些东西的，大夏国人说：'是我国商人从身毒国贩运来的。身毒国在大夏东南，大约数千里。那里的风俗为定居生活，与大夏相同，但地势低洼，潮湿而炎热。那里的人骑大象打仗。国家面临大海。'据我推测，大夏离我汉朝约一万二千里，在汉朝的西南。现在身毒又在大夏东南几千里，有蜀地的产物，可见身毒距离蜀地不算远。现在出使大夏，要经过羌人的地方，有危险，羌人厌恶汉朝；稍稍往北，则会被匈奴抓获；从蜀地去，当是便捷的路径，又没有盗寇。"汉武帝听说大宛、大夏及安息等国都是大国，出产许多珍奇物品，人民定居，习俗与中国很相似，然而兵力薄弱，看重汉朝财物；它们的北面是大月氏、康居等国，兵力强大，可以用赠送财物、施之以利的办法让他们归附汉朝。若真能施以恩义，使他们归顺，汉朝就会扩展疆土万里，不同语言和习俗的各国就都会前来归附，这样，汉朝的威望和恩德就会遍及四海了。天子认为张骞的话很有道理，十分高兴，于是下令经由蜀郡和犍为郡（在今四川宜宾市西南）探路的使者，分四路同时出发：一路出駹，一路出莋都，一路出徙、邛，一路出僰，各有一二千里路程。可是往北的通路被氐族、莋都夷所阻塞，南去的通道被嶲、昆明部族阻拦。昆明各部当时都还没有君主，又好抢劫，每每杀害过往汉使，抢夺财物，这条道路始终没能打通。但听说昆明西边大约一千里的地方有骑象之国，名叫滇越，蜀地商人私自贩运货物的有人到过那里。于是汉朝为了探寻去大夏的通道，开始与滇国往来。当初，汉朝曾想与西南夷通使，因耗费巨大，停止实行了。直到张骞说从那里可以通往大夏，才又从事交通西南夷的活动。

骞以校尉从大将军击匈奴，知水草处，军得以不乏，乃封骞为博望侯。是岁元朔六年也。后二年，骞为卫尉，与李广俱出右北平击匈奴。匈奴围李将军，军失亡多，而骞后期当斩，赎为庶人。是岁骠骑将军破匈奴西边，杀数万人，至祁连山。其秋，浑邪王率众降汉，而金城、河西[1]并南山至盐泽，空无匈奴。匈奴时有候者到，而希矣。后二年，汉击走单于于幕北[2]。

注释

1 河西：指今甘肃、青海两省黄河以西，即河西走廊与湟水流域。

2 幕：通“漠”，沙漠。

译文

张骞以校尉的身份跟随大将军卫青出击匈奴，由于他熟悉水草的分布，军队能随时得到补给，于是封张骞为博望侯。这年是元朔六年。两年以后，张骞作为卫尉，与李广将军一起从右北平（郡名，在今河北东北部）出发出击匈奴。匈奴包围了李将军，汉军损失、逃亡众多，而张骞没能按期到达，依照法令本该斩首，交罚金赎罪贬为平民。这一年骠骑将军霍去病在西边大败匈奴，杀数万人，直至祁连山下。秋天，匈奴浑邪王率其部属投降汉朝，至此，从金城（县名，在今甘肃兰州西北）、河西走廊，沿南山（祁连山）直至盐泽（莆昌海，在今新疆罗布泊地区）一带空无匈奴。虽然匈奴不时派人来侦探，人数毕竟很少了。又过了两年，汉朝击败匈奴，把单于赶往漠北。

天子数问骞大夏之属。骞既失侯，因曰：『臣居匈奴中，闻乌孙王号昆莫。昆莫父难兜靡本与大月氏俱在祁连、敦煌间，小国也。大月氏攻杀难兜靡，夺其地，人民亡走匈奴。子昆莫新生，傅父布就翎侯抱亡置草中，为求食，还，见狼乳之，又乌衔肉翔其旁，以为神，遂持归匈奴，单于爱养之。及壮，以其父民众与昆莫，使将兵，数有功。时，月氏已为匈奴所破，西击塞王。塞王南走远徙，月氏居其地。昆莫既健，自请单于报父怨，遂西攻破大月氏。大月氏复西走，徙大夏地。昆莫略其众，因留居，兵稍强，会单于死，不肯复朝事匈奴。匈奴遣兵击之，不胜，益以为神而远之。今单于新困于汉，而昆莫地空。蛮夷恋故地，又贪汉物，诚以此时厚赂乌孙，招以东居故地，汉遣公主为夫人，结昆弟[1]，其势宜听，则是断匈奴右臂也。既连乌孙，自其西大夏之属皆可招来而为外臣。』天子以为然，拜骞为中郎将，将三百人，马各二匹，牛、羊以万数，赍[2]金币帛直数千巨万，多持节副使，道可便遣之旁国。骞既至乌孙，致赐谕指[3]，未能得其决。语在《西域传》。骞即分遣副使使大宛、康居、月氏、大夏。乌孙发译道送骞，与乌孙使数十人，马数十匹，报谢，因令窥汉，知其广大。

注释

1 昆弟：兄弟。

2 赍（jī）：带着。

3 谕：晓告。指：通“旨”，意旨。

译文

汉武帝多次向张骞询问关于大夏等国的情况。这时张骞已被免去侯爵，就说：“我在匈奴时，听说乌孙王名叫昆莫。昆莫的父亲叫难兜靡，本来和大月氏都是祁连与敦煌之间的小国。大月氏攻打乌孙，杀死难兜靡，侵占了他们的土地，乌孙人逃往匈奴去了。那时昆莫刚出生，昆莫的傅父布就（人名）翎侯（官名）抱着他逃走，把他放置到草丛中，独自去为昆莫寻找食物，回来时看见一头母狼在给昆莫喂奶，又见乌鸦叼着肉在他旁边飞翔，傅父认为孩子是神，就抱着他去投奔匈奴，单于很喜欢他，将他收养。等昆莫长大，单于就把昆莫父亲的民众交还给他，让他带兵打仗，结果屡建战功。那时，月氏已被匈奴打败，他们向西进攻塞（族名）王。塞王被迫南徙，迁往远方，月氏于是占领了塞王的国土。昆莫长大以后，自己向单于请求报杀父之仇，于是带兵西征，攻破大月氏。大月氏再次西迁，占据了大夏。昆莫把大月氏的民众掠为己有，就在那里屯扎下来，昆莫的兵力有所增强，又遇上单于去世，昆莫不再如朝侍奉匈奴。匈奴派兵攻打昆莫，不能取胜，更以为昆莫是神而远离他。现在单于刚被汉朝击败，昆莫原先的土地空了出来。蛮夷之人都依恋故土，又贪爱我汉朝的财物，若能乘此机会厚赠乌孙，用他们在东边居住过的地方招引他们，并遣送公主为其夫人，与乌孙结为兄弟，乌孙一定乐于听从我们，这样就切断了匈奴的右臂。联合了乌孙之后，乌孙以西的大夏等国，都可以招来成为汉朝的外臣。”汉武帝认为张骞的建议很好，就任命他为中郎将，率领三百人，每人配两匹马，赶着上万的牛羊，携带着价值数以万计的黄金和缯帛，还配置了多名持节的副使，出使乌孙。同时根据道路情况，派遣这些副使到附近的国家去。张骞到了乌孙，就交付了朝廷的赏赐并把皇帝的意旨明白地告诉了他们，却没得到乌孙方面确切的答复。此事详情记载在《西域传》中。张骞便向大宛、康居、月氏和大夏等国分别派出了副使。乌孙派遣译员和向导护送张骞回国。乌孙使者几十人相随同行，马几十匹至汉朝答谢，借此让他们察看汉朝情况，了解汉朝的广阔。

骞还，拜为大行[1]。岁余，骞卒。后岁余，其所遣副使通大夏之属者皆颇与其人俱来，于是西北国始通于汉矣。然骞凿空[2]，诸后使往者皆称博望侯，以为质[3]于外国，外国由是信之。其后，乌孙竟与汉结婚。

注释

1 大行：官名，即大行令，汉武帝太初元年改名大鸿胪，掌接待宾客等事。

2 凿空：开辟孔道。即开辟了交通。

3 质：诚信。

译文

张骞回到汉朝后，被任命为大行令。过了一年多，张骞去世。又过了一年多，张骞派往大夏等国去的那些副使，都同有关国家的使者一起返回，于是西北各国开始了与汉朝的通使交往。因张骞开辟了通西域的道路，后来许多使者出使国外也都称作博望侯，以此来取信于外国，外国人因此而信任他们。后来，乌孙终于与汉朝结成了姻亲。

初，天子发书《易》，曰『神马当从西北来』。得乌孙马好，名曰『天马』。及得宛汗血马，益壮，更名乌孙马曰『西极马』，宛马曰『天马』云。而汉始筑令居以西，初置酒泉郡，以通西北国。因益发使抵安息、奄蔡、犛靬、条支、身毒国。而天子好宛马，使者相望于道，一辈大者数百，少者百余人，所赍操，大放[1]博望侯时。其后益习而衰[2]少焉。汉率一岁中使者多者十余，少者五六辈，远者八九岁，近者数岁而反。

注释

1 放：仿照。

2 衰：依次递减。

译文

当初，汉武帝打开《易》书占卜，说："神马当从西北来。"得到乌孙马觉得好，就取名"天马"。等到又得了大宛的汗血马，更为健壮，就将乌孙马改名为"西极马"，称大宛马为"天马"。而且汉朝开始在令居县（今甘肃永登西）向西修筑边塞，新设了酒泉郡，以便通往西北诸国。汉朝由此增派更多使者到达安息、奄蔡（一作阖苏。约分布于今咸海至黑海一带）、犛靬（一作阖轩，即大秦国）、条支（在安息西界，临西海，即波斯湾，在今伊拉克境内）、身毒等国。且天子喜欢大宛马，出使者相望于道，多则一次就数百人，少的也有一百余人，他们携带的物品，大都仿效博望侯张骞时的规格。此后情况日益熟悉，每批使者的人数逐渐减少。汉朝大约每年派出的使者，多者十几批，少者五六批；路远的八九年，路近的也需几年才能往返。

是时，汉既灭越[1]，蜀所通西南夷皆震，请吏。置牂柯、越嶲、益州、沈黎、文山郡，欲地接以前通大夏。乃遣使岁十余辈，出此初郡，皆复闭昆明，为所杀，夺币物。于是汉发兵击昆明，斩首数万。后复遣使，竟不得通。语在《西南夷传》。

注释

1 越：即南越，也作“南粤”。古代南方越人的一支。秦末建南越国。公元前一一一年汉灭南越，设置南海、苍梧、郁林、合浦、交趾、九真、日南、珠厓、儋耳九郡。

译文

这时，汉朝已征服了南越，与蜀郡相通的西南夷都很震惊，纷纷请求汉朝派官员前去统辖。于是，汉朝在西南夷设置牂柯、越嶲、益州、沈黎、文山郡，想使地界相接，一直向前通往大夏。于是汉朝每年派遣使者十多批，从这些新设置的郡出发，可都再次被昆明夷阻拦，使者被杀害，财物被抢夺。汉朝发兵攻打昆明，斩首数万。后来又派使者，终究不能通过。详见《西南夷传》。

自骞开外国道以尊贵，其吏士争上书言外国奇怪利害，求使。天子为其绝远，非人所乐，听其言，予节，募吏民无问所从来，为具备人众遣之，以广其道。来还不能无侵盗币物，及使失指[1]，天子为其习之，辄覆按[2]致重罪，以激怒令赎，复求使。使端[3]无穷，而轻犯法。其吏卒亦辄复盛推外国所有，言大者予节，言小者为副，故妄言无行之徒皆争相效。其使皆私县官[4]赍物，欲贱市以私其利。外国亦厌汉使人人有言轻重，度汉兵远，不能至，而禁其食物，以苦汉使。汉使乏绝，责怨，至相攻击。楼兰、姑师小国，当空道[5]，攻劫汉使王恢等尤甚。而匈奴奇兵又时时遮[6]击之。使者争言外国利害，皆有城邑，兵弱易击。于是天子遣从票侯破奴将属国骑及郡兵数万以击胡，胡皆去。明年，击破姑师，虏楼兰王。酒泉列亭鄣至玉门矣[7]。

注释

1 失指：违背天子旨意。

2 覆按：反复审查。

3 端：事。

4 县官：朝廷。

5 空道：大道。空，同“孔”。

6 遮：阻拦。

7 亭鄣：边防地带所筑壁垒。

译文

自从张骞开辟通往外国的道路而获得尊贵的地位，那些官吏和军士都争相上书，谈论外国稀奇怪异的物产及通使往来的利害，请求出使。汉武帝认为那些国家路途遥远，人们不愿前往，因此同意他们的请求，授予使节，并招募官吏民众作为他们的随行。对于应募的人不论从什么地方来都录用，还为他们配备随从，遣送他们出使，以求广大出使者的来源。这些人归来时，难免有劫掠、侵盗的钱物，以及出使违背天子旨意之事。天子因为他们熟悉出使情况，常对他们审讯查问并判以重罪，以此激发他们立功赎罪，使他们再次请求出使。出使的事由无穷无尽，而且轻易犯法。那些吏卒也一再夸称外国的物产，夸口大的被授予使节为正使，夸口小的被任为副使。由此轻妄夸饰、品性不端的人都争相仿效。使者大都把朝廷交付携带的财物据为己有，并希望低价出售从中牟利。外国也厌恶汉朝使者各人所述轻重不一，认为汉军距此甚远，不能到来，便断绝汉使的食物，使他们陷于困苦。汉使食物匮乏，责怪怨恨，以致互相攻击。楼兰（在今新疆罗布泊西）、姑师（即车师）等小国，地处交通要道，攻击抢劫汉使王恢等尤其厉害。而匈奴的奇兵又常常截击使者。使者们竞相陈说征讨这些国家的利害，说那些国家都建有城邑，兵力薄弱，易于攻打。于是天子派遣从票侯赵破奴率领附属国的骑兵及郡兵几万人攻打胡人，胡人都逃遁而去。翌年，击败姑师，俘虏了楼兰王。汉朝从酒泉郡修筑亭鄣一直延至玉门关。

而大宛诸国发使随汉使来，观汉广大，以大鸟卵及犛靬眩[1]人献于汉，天子大说。而汉使穷河源[2]，其山多玉石，采来，天子案古图书，名河所出山曰昆仑云。

注释

1 眩：通“幻”。

2 穷：寻求到尽头。河：指黄河。

译文

大宛诸国派使者随同汉使来到汉朝，见到汉朝广大，他们献给汉朝鸵鸟蛋及犛靬国的魔术师，天子大喜。汉使的足迹深入到了黄河的源头，那里的山上多产玉石，汉使采来带给天子，武帝查考了古地图、书籍，将黄河发源之山命名为昆仑山。

是时，上方数巡狩海上，乃悉从外国客，大都多人则过之，散财帛赏赐，厚具饶给之，以览视汉富厚焉。大角氏[1]，出奇戏诸怪物，多聚观者，行赏赐，酒池肉林，令外国客遍观各仓库府臧[2]之积，欲以见[3]汉广大，倾骇之。及加其眩者之工，而角氏奇戏岁增变，其益兴，自此始。而外国使更来更去。大宛以西皆自恃远，尚骄恣，未可诎[4]以礼羁縻而使也。

注释

1 大角氏：即角力，类似于现代的摔跤。

2 臧：同“藏”，储藏。

3 见：同“现”，显示，显现。

4 诎（qū）：屈服。羁縻（jī mí）：笼络。

译文

这时，汉武帝正多次到沿海巡行视察，让所有外国使者随从而行，凡是大都会人口众多的就从那里经过，散发钱财布帛进行赏赐，拿丰厚的饮食供给他们，以示汉朝的财物丰厚富裕。使外国使者得以观览。表演角抵、奇戏等新奇的东西，引来众人围观；大行赏赐，酒池肉林，让外国客人遍观各仓库府藏的积蓄，想以此显示汉朝的广大，使他们感到惊骇。还增加了幻术师的技艺，角抵、奇戏年年增添和变换种类，这类娱乐的日益兴盛，就是从那时开始的。外国使者此来彼往，前后不绝。然而大宛以西的国家都自恃遥远，仍然骄慢无礼，不能用礼义加以笼络使他们屈服。

汉使往既多，其少从率进孰于天子，言大宛有善马在贰师城，匿不肯示汉使。天子既好宛马，闻之甘心，使壮士车令等持千金及金马以请宛王贰师城善马。宛国饶汉物，相与谋曰：『汉去我远，而盐水中数有败[1]，出其北有胡寇，出其南乏水草，又且往往而绝邑，乏食者多。汉使数百人为辈来，常乏食，死者过半，是安能致大军乎？且贰师马，宛宝马也。』遂不肯予汉使。汉使怒，妄言，椎[2]金马而去。宛中贵人怒曰[3]：『汉使至轻我！』遣汉使去，令其东边郁成王遮攻，杀汉使，取其财物。天子大怒。诸尝使宛姚定汉等言：『宛兵弱，诚以汉兵不过三千人，强弩射之，即破宛矣。』天子以尝使浞野侯攻楼兰，以七百骑先至，虏其王，以定汉等言为然，而欲侯宠姬李氏[4]，乃以李广利为将军，伐宛。

注释

1 盐水：指盐泽地区，为沙碛之地。在今罗布泊一带。数有败：言数有死亡。

2 椎：捶击。

3 中贵人：指宛王左右的近臣。

4 李氏：武帝宠妃李夫人，李广利之妹。

译文

汉朝的使者往来多了起来，那些随从前去的年轻人由于经常进言而与天子熟悉了，说大宛有好马在贰师城中，藏起来不让汉使看到。汉武帝喜欢宛马，听说后很想获得，就派壮士车令等人携带千金和金马去请求大宛王赠送贰师城（故址在今吉尔吉斯斯坦西南部地区）好马。大宛已有许多汉地的财物，他们的大臣商量道：“汉朝离我们很远，且人从盐泽之地经过常有死亡，经过盐泽以北有胡寇的侵掠；经过盐泽以南走又缺乏水、草，并且没有城邑人居，常常缺乏食物。汉朝的使者几百人一批而来，常因缺乏粮食，死者过半，这样又岂能派大军前来？况且贰师马是我国宝马。”终不肯给汉使。汉使大怒，口出妄言，捶碎金马离去。大宛贵臣愤怒地说：“汉使也太轻视我国了！”于是遣返汉使，又指使东边的郁成王拦截袭击，杀死了汉使，抢走了汉使的财物。汉武帝大怒。曾经出使大宛的姚定汉等人说：“大宛兵弱，只需不超过三千人的汉兵，用强弩射击，就能攻破大宛。”天子曾经派浞野侯赵破奴攻打过楼兰，让他以七百骑兵先至楼兰，俘虏了楼兰王，根据这一经验认为姚定汉等人的建议可行。为了能让受宠爱的李夫人的兄弟有机会得到封侯，天子就任命李广利为将军，征伐大宛。

骞孙猛，字子游，有俊才，元帝时为光禄大夫，使匈奴，给事中[1]，为石显所谮[2]，自杀。

注释

1 给事中：官名，为列侯、将军等的加官，常在皇帝左右侍从，备顾问应对等事。

2 谮（zèn）：诬陷，说人坏话。

译文

张骞的孙子名猛，字子游，颇有才能，元帝时任光禄大夫，出使过匈奴，加官给事中，遭石显诬陷而自杀。

朱买臣传

本篇导读

《汉书·朱买臣传》记载了朱买臣从一介砍柴樵夫，忍受贫寒甚至妻子离去的困厄，通过读书求取功名，最终取得荣华富贵的事迹。他的事迹后来被民间广泛流传，甚至演变为“负薪挂角”、“覆水难收”成语。如果读者有意识地结合前面的《武帝本纪》、《董仲舒传》一起阅读的话，一定会品味出这样一个道理：两千年前的秦汉帝国之所以能够成为人类文明史上的一座丰碑，人民地位的空前提升，无疑是这个时代的一大生命源泉。

朱买臣字翁子，吴人也。家贫，好读书，不治产业，常艾薪樵[1]，卖以给食，担束薪，行且诵书。其妻亦负戴相随[2]，数止买臣毋歌呕道中[3]。买臣愈益疾歌，妻羞之，求去。买臣笑曰：『我年五十当富贵，今已四十余矣。女苦日久[4]，待我富贵报女功。』妻恚怒曰[5]：『如公等，终饿死沟中耳，何能富贵？』买臣不能留，即听去。其后，买臣独行歌道中，负薪墓间。故妻与夫家俱上冢，见买臣饥寒，呼饭饮之[6]。

注释

1 艾：通“刈”，砍割。

2 负：背在背上。戴：顶在头上。

3 呕：通“讴”，歌唱。

4 女：通“汝”，你。

5 恚怒：生气，愤怒。

6 饭饮：给予饮食。

译文

朱买臣字翁子，吴县人。虽然家境贫寒，但是爱好读书。他不懂得治产业谋生，常常靠砍柴草变卖，维持生计。他背负木柴，还边走边读书。妻子背柴跟在后边，多次劝止，要他不要在路上吟诗诵读。买臣反而更大声歌咏。妻子为此羞愧，请求离婚。朱买臣笑着说：“我五十岁时就会富贵，现在已四十多了。你跟着我受苦很久了，等到我富贵了报答你的功劳。”妻子愤怒地说：“像你这样的人，最终只会饿死在沟壑中，怎能富贵？”朱买臣挽留不住妻子，只好任凭她离去。后来，朱买臣独自在路上边走边咏诵，背着柴在墓间行走。前妻和丈夫一起上坟时，见他又冷又饿，给他饮食。

后数岁，买臣随上计[1]吏为卒，将重车至长安，诣阙上书，书久不报。待诏公交车[2]，粮用乏，上计吏卒更乞匄[3]之。会邑子[4]严助贵幸，荐买臣。召见，说《春秋》，言《楚辞》，帝甚说之，拜买臣为中大夫，与严助俱侍中。是时，方筑朔方，公孙弘谏，以为罢敝中国。上使买臣难诎弘，语在《弘传》。后买臣坐事免，久之，召待诏。

注释

1 上计：郡国的地方官每年派人到京师进呈会计簿籍，汇报财政叫作"上计"。

2 公交车：官署名。

3 匄：同"丐"。

4 邑子：同邑的人，同乡。

译文

过了几年，朱买臣跟随上计吏为士卒，押送辎重车到长安，到宫阙上书，奏书送上去很久没有回音。在公交车官署待诏，粮食资用匮乏，上计吏的兵卒们轮流乞讨，以弥补匮乏。恰巧碰上同乡人严助在朝职位尊贵而受宠幸，严助向武帝推荐了朱买臣。武帝召见朱买臣，他说《春秋》，讲《楚辞》，武帝听得高兴，便封朱买臣为中大夫，与严助同为侍中。这时方要修筑朔方郡城（今内蒙古自治区鄂托克旗一带），公孙弘上谏，认为修城会造成国家疲敝。武帝让朱买臣诘难公孙弘，此事记载于《公孙弘传》中。后来，朱买臣因事获罪被免职，过了很久，又被召回作侍诏。

是时，东越数反复，买臣因言：『故东越王居保泉山[1]，一人守险，千人不得上。今闻东越王更徙处南行，去泉山五百里，居大泽中。今发兵浮海，直指泉山，陈舟列兵，席卷南行，可破灭也。』上拜买臣会稽太守。上谓买臣曰：『富贵不归故乡，如衣绣夜行，今子何如？』买臣顿首辞谢。诏买臣到郡，治楼船[2]，备粮食、水战具，须[3]诏书到，军与俱进。

注释

1 泉山：山名，在今福建泉州。

2 楼船：汉代的兵船。

3 须：等待。

译文

这时，东越国多次反叛又归附，朱买臣建议说：“以前东越王盘踞驻守泉山，地势险要，一人守险，千人都攻不上去。现在听说东越王向南迁徙了，距离泉山五百里，在大泽中。现在派兵过海，直接进发泉山，陈设战船、集结军队，席卷南行，可以消灭东越。”于是皇上封朱买臣为会稽太守。皇帝对朱买臣说：“富贵不回故乡，就像穿着锦绣衣服走夜路，无人看得见，你觉得如何？”朱买臣叩头谢恩，辞行。诏令朱买臣到会稽郡之后，修造楼船，准备粮食、水战器具，待诏书下达，各军一起进发。

初，买臣免，待诏，常从会稽守邸[1]者寄居饭食。拜为太守，买臣衣故衣，怀其印绶，步归郡邸。直上计时，会稽吏方相与群饮，不视买臣。买臣入室中，守邸与共食，食且饱，少见其绶。守邸怪之，前引其绶，视其印，会稽太守章也。守邸惊，出语上计掾吏[2]。皆醉，大呼曰：『妄诞耳！』守邸曰：『试来视之。』其故人素轻买臣者入内视之，还走，疾呼曰：『实然！』坐中惊骇，白守丞，相推排陈列中庭拜谒。买臣徐出户。有顷，长安厩吏乘驷马车来迎，买臣遂乘传去。会稽闻太守且至，发民除道，县吏并送迎，车百余乘。入吴界，见其故妻、妻夫治道。买臣驻车，呼令后车载其夫妻，到太守舍，置园中，给食之。居一月，妻自经死，买臣乞[3]其夫钱，令葬。悉召见故人与饮食诸尝有恩者，皆报复焉。

注释

1 邸：此指地方郡官署的驻京办事处。

2 掾吏：属吏。

3 乞：给予。

译文

当初，朱买臣被免职，待诏时，经常跟会稽郡设在长安的守邸人往来，在那里寄宿、用餐。拜官为太守后，朱买臣穿着原来的衣服（未着太守官服），怀揣会稽郡官印，步行回到郡邸。正逢会稽郡的官吏聚会饮酒，不理睬朱买臣。朱买臣走进内房，与守邸人一起吃饭，快吃饱时，朱买臣稍微露出那系着官印的绶带。守邸人觉得奇怪，上前抽出绶带，审视印章，原来是会稽太守章。守邸人很吃惊，出来告诉了上计掾吏。那些人都醉了，大叫道："胡说！"守邸人说："来看一看嘛。"有位平素轻视朱买臣的旧相识走进室内看了官印，跑出来，惊呼："的确是的！"在座的人十分惊慌，向守丞禀报，并相互推挤着在中庭排成排拜谒朱买臣。朱买臣慢慢地走出门来。过了一会儿，长安厩吏驾着驷马车来迎接朱买臣，于是他便乘坐着传车离去。会稽郡听说太守将到，征发百姓清扫道路。途经各县的官员都来迎接、送往，车辆就有一百多乘。朱买臣到了吴县境内，看见前妻及丈夫在修路，就停下车，招呼后面的车子载上他们，到了太守府，将他们安置在园中，供给食物。过了一个月，前妻上吊自杀。朱买臣给她丈夫银两，让他安葬。他还全部召见所有的旧相识，与他们一起就餐；对那些曾经对自己有恩的人，都予以报答。

居岁余，买臣受诏将兵，与横海将军韩说等俱击破东越，有功。征入为主爵都尉[1]，列于九卿。

注释

1 主爵都尉：管理列侯和封爵之事的职官。

译文

过了一年多，朱买臣奉诏领兵，与横海将军韩说等一同击败东越王，立功。被征召入朝廷做了主爵都尉，位列九卿。

数年，坐法免官，复为丞相长史[1]。张汤为御史大夫[2]。始买臣与严助俱侍中，贵用事，汤尚为小吏，趋走[3]买臣等前。后汤以廷尉治淮南狱，排陷严助，买臣怨汤。及买臣为长史，汤数行丞相事，知买臣素贵，故陵折之。买臣见汤，坐床[4]上弗为礼。买臣深怨，常欲死[5]之。后遂告汤阴事，汤自杀，上亦诛买臣。买臣子山拊官至郡守，右扶风。

注释

1 长史：为诸吏的领导。

2 御史大夫：官名，职务是监察官吏与掌管文件，并帮助丞相处理国政。

3 趋走：古代礼仪。小步疾行，以示庄敬。

4 床：古代坐具。

5 死：不顾生命，拚死。

译文

几年之后，朱买臣因犯法免官，后又做了丞相长史。当时张汤为御史大夫。先前朱买臣与严助都在宫中侍奉皇帝，很受重用，张汤还是小吏，在朱买臣等人的面前毕恭毕敬。后来张汤以廷尉身份审理淮南王案件，排挤陷害严助，朱买臣因此怨恨张汤。等到朱买臣为丞相长史，张汤多次行使丞相权力，他知道朱买臣一向贵幸，故意欺凌、侮辱他。朱买臣拜见张汤时，张汤坐在床上，不以礼相待。朱买臣对张汤很怨恨，常想豁出性命也要置张汤于死地。后来就告发张汤的不法之事，张汤自杀，皇帝也杀了朱买臣。朱买臣的儿子朱山拊做到了郡守和右扶风。

主父偃传

本篇导读

主父偃可谓汉代识时务者的典型，他看到汉武帝重用儒生，就中年改读《易》、《春秋》，而且目的明确：志在当官。为此，他忍受士人、诸侯宾客的排挤，单身独闯京城；他知道武帝喜欢破格录用人才，就以平民身份直接到皇宫毛遂自荐，竟然成功；他知道武帝的心病在于如何遏制诸侯和豪族势力以及解决进攻匈奴的粮草问题，就先后提出“推恩”、“迁豪”、“筑朔方”等急用先行的方案，深得皇上的欢喜。然而，他私心过重，办事矫情，致使曾经一年四次连升的官场幸运儿，最终不免遭遇灭族极刑。本传用不长的文字，刻画了汉代官场中主父偃这种人物的生动形象。

主父偃，齐国[1]临菑人也。学长短从横术[2]，晚乃学《易》、《春秋》、百家之言。游齐诸子间，诸儒生相与排傧，不容于齐。家贫，假貣无所得，北游燕、赵、中山[3]，皆莫能厚，客甚困。以诸侯莫足游者，元光元年，乃西入关见卫将军。卫将军数言上，上不省。资用乏，留久，诸侯宾客多厌之，乃上书阙下。朝奏，暮召入见。所言九事，其八事为律令，一事谏伐匈奴，曰：

注释

1 齐国：西汉诸侯国名，在今山东东北部。

2 长短从横术：战国时纵横家的论辩术，亦称“长短术”。

3 燕、赵、中山：皆西汉诸侯国名。燕，今北京西南隅。赵，今河北邯郸。中山，今河北定县。

译文

主父偃，齐国临淄人。早年学习纵横家之术，后来学习《周易》、《春秋》、诸子百家学说。游学于齐国士人之间，众儒生一起排挤他，以致无法在齐国立足。家里贫穷，无处借贷，于是向北游于燕、赵、中山，都没能得到厚待，客居异乡，生活困顿。他认为诸侯们没有值得游说的了，于是于元光元年（前一三四年），向西入关拜见卫青将军。卫将军多次向皇上举荐他，皇帝没有理会。主父偃游资匮乏，久留京师，诸侯的门客大多讨厌他，于是至宫阙之下上书给皇帝。早上上的奏书，晚上便被召见入宫。奏书讲了九件事，八件涉及律令，一件是劝谏讨伐匈奴事的，奏文中说：

臣闻明主不恶切谏以博观，忠臣不避重诛以直谏，是故事无遗策而功流万世。今臣不敢隐忠避死，以效[1]愚计，愿陛下幸赦而少察之。

注释

1 效：进献。

译文

臣听说明君不讨厌恳切的谏言，而用它增广见闻，忠臣也不回避极刑而直言劝谏，因此政事不会失策，功绩流芳百世。现在臣不敢隐藏忠心以回避极刑，因此进献愚计，望陛下赦臣之冒昧而对敝见稍加考虑。

《司马法》[1]曰：『国虽大，好战必亡；天下虽平，忘战必危。』天下既平，天子大恺[2]，春蒐秋狝[3]，诸侯春振旅[4]，秋治兵，所以不忘战也。且怒者逆德也，兵者凶器也，争者末节也。古之人君一怒必伏尸流血，故圣王重行之。夫务战胜，穷武事，未有不悔者也。

注释

1 《司马法》：古代著名兵书，约成书于战国时期。

2 大恺：古代军队凯旋时所奏的音乐。亦作“大凯”。

3 春蒐（sōu）秋狝（xiǎn）：古代君主行猎春季称为“蒐”，秋季为“狝”。

4 振旅：整顿部队，操练士兵。

译文

《司马法》说：“国家虽大，好战必亡；天下虽太平，忘战必危。”天下虽已太平，天子奏响凯旋曲，春秋狩猎习武事，诸侯春季整军，秋季演练，为的是不忘记作战。况且愤怒为逆德之举，兵器为凶险器械，争斗是微末小节。古代的君王一怒便尸横遍野，血流成河，故圣明贤王慎行其事。那些务在战而胜之、穷兵黩武的人，没有不后悔的。

昔秦皇帝任战胜之威，蚕食天下，并吞战国，海内为一，功齐三代。务胜不休，欲攻匈奴，李斯谏曰：『不可。夫匈奴无城郭[1]之居，委积[2]之守，迁徙鸟举，难得而制。轻兵深入，粮食必绝；运粮以行，重不及事。得其地，不足以为利；得其民，不可调而守[3]也。胜必弃之，非民父母。靡敝中国，甘心匈奴，非完计也。』秦皇帝不听，遂使蒙恬将兵而攻胡，却地千里，以河为境。地固泽卤，不生五谷[4]，然后发天下丁男以守北河。暴兵露师十有余年，死者不可胜数，终不能踰河而北。是岂人众之不足，兵革之不备哉？其势不可也。又使天下飞刍挽粟[5]，起于黄、腄、琅邪负海之郡，转输北河，率三十锺而致一石[6]。男子疾耕不足于粮饷，女子纺绩不足于帷幕。百姓靡敝，孤寡老弱不能相养，道死者相望，盖天下始叛也。

注释

1 城郭：城为内城，郭为外城，泛指城邑。

2 委：积聚。

3 守：治理；管理。

4 五谷：稻、黍、稷、麦、豆。

5 飞刍挽粟：迅速地运送粮草。飞，迅速传递。刍，喂牲口的草料。挽，同“挽”，牵引车船。

6 锺：一种大于石的量器名称。一说一锺为六斛（石）四斗。

译文

从前秦始皇放任作战胜敌的威势，蚕食天下，吞并列强各国，统一海内，功绩堪比夏、商、周三代。他求胜不止，要攻打匈奴，李斯劝谏说：“不可。匈奴没有定居的城邑，没有需要守备的储蓄，迁移不定，如小鸟飞行，难以控制。轻兵深入，粮草必定难以接济；若运粮随军，负担太重也不易成事。夺取它的土地，不足以增加利益；掠得它的民众，也不能调教保护他们。征服之后又将其抛弃，这不是为民父母者应做的事情。宁愿空耗中原物资而逞征伐匈奴之快，这不是完备之计。”秦始皇不听谏言，于是派蒙恬率兵攻打匈奴，夺回千里之地，以黄河为边界。那些土地本来是些低洼盐碱地，五谷不生。然后，征发天下成年男子戍守北河。军队风餐露宿十余年，死者不计其数，最终未能越过黄河北进。这难道因为人马不足，军备不强吗？是形势不允许啊！又让天下百姓夜以继日地运送粮草，从黄（今山东黄县）、腄（县名，今山东烟台）、琅邪（郡名，今山东诸城）等靠海的郡县，转运到北河（今河套一带地区），大致发运三十锺粟，只有一石能运到。男子拼命耕作，不足以供应粮饷，女子纺织不能满足帐幕的需求。百姓疲敝，孤寡老弱不能养活，道路死者相望，就这样，天下人开始反叛秦朝了。

及至高皇帝定天下，略地[1]于边，闻匈奴聚代谷之外而欲击之。御史成谏曰：『不可。夫匈奴，兽聚而鸟散，从之如搏景[2]，今以陛下盛德攻匈奴，臣窃危之。』高帝不听，遂至代谷，果有平城之围。高帝悔之，乃使刘敬往结和亲[3]，然后天下亡干戈之事。

注释

1 略地：巡视边疆。

2 搏：捕捉。景：通“影”。

3 刘敬：即娄敬，因功赐姓刘氏。汉朝史上首倡对匈奴的和亲政策。

译文

至高祖皇帝平定天下，到边境巡视时，听说匈奴在代谷（今山西繁峙及旧崞一带）附近聚集，要去攻打。御史成劝谏说：“不可。匈奴人时而像野兽聚集，时而像鸟雀飞散，追赶他们如同捕捉影子，如今以陛下圣德去攻打匈奴，臣私下以为很危险。”汉高祖不听，于是率军到了代谷，果然在平城（位于今山西大同东北）遭到围困。高皇帝很后悔，就派刘敬跟匈奴和亲，此后天下才没有了干戈之争。

故《兵法》曰：『兴师十万，日费千金。』秦常积众数十万人，虽有覆军杀将，系虏单于，适足以结怨深仇，不足以偿天下之费。夫匈奴行盗侵驱，所以为业，天性固然。上自虞夏殷周，固不程督[1]，禽兽畜之，不比为人。夫不上观虞夏殷周之统，而下循近世之失，此臣之所以大恐，百姓所疾苦也。且夫兵久则变生，事苦则虑易。使边境之民靡敝愁苦，将吏相疑而外市[2]，故尉佗、章邯[3]得成其私，而秦政不行，权分二子，此得失之效也。故《周书》曰：『安危在出令，存亡在所用。』愿陛下孰计之而加察焉。

注释

1 程督：对于法定赋税、工程劳役、学课等的监督。

2 外市：勾结外人以取利。

3 尉佗：即南越王赵佗，秦时为南海尉，故称尉佗，汉高祖时受封为南越王。章邯：字少荣。秦末大将，巨鹿之战为项羽所败，又受赵高疑忌而降项羽，楚汉战争时被刘邦击败自杀。

译文

所以《孙子兵法》说："兴师十万，日费千金。"秦朝经常聚众数十万兵对付匈奴，虽然也剿灭敌军，杀死大将，并俘获了他们的单于，但只能使双方结怨更深，不足以弥补天下的耗费。况且匈奴侵袭掳掠是他们用以谋生的手段，天性本来如此。上自虞、夏、商、周起，就不对他们课税、征役，权当作禽兽蓄养，不把他们看作人类。不向上考察虞、夏、商、周的传统，却向下因循近世的失误，这是我所深感忧虑的，也是百姓所疾恶困苦的事情。况且用兵长久了就会滋生变故，事业一艰苦认识就会改变。让边境百姓疲敝愁苦，将吏互相猜忌里通外国，因此尉佗、章邯才得以实现私心，而秦朝的政治在那里无法推行，权力被他们分割，这就是利弊得失的见证。因此《周书》说："安危取决于政令，存亡取决于任用。"希望陛下从长计议此事并审察我提出的问题。

是时，徐乐、严安[1]亦俱上书言世务。书奏，上召见三人，谓曰：『公皆安在？何相见之晚也！』乃拜偃、乐、安皆为郎中。偃数上疏言事，迁谒者，中郎，中大夫。岁中四迁。

注释

1 徐乐：汉燕郡无终人（今天津蓟县），是武帝重要的文学侍臣之一。严安：汉临淄人（今山东淄博），亦武帝文学侍从，后为骑马令。

译文

当时，徐乐、严安也都上书陈述时势。奏书呈送之后，天子召见三人，对他们说："诸位从哪里来？为何相见这么晚啊！"于是任命主父偃、徐乐、严安三人为郎中。主父偃多次上表奏章议论政事，先后被提升为谒者、中郎、中大夫之职。一年之中升迁了四次。

偃说上曰：『古者诸侯地不过百里，强弱之形易制。今诸侯或连城数十，地方千里，缓则骄奢易为淫乱，急则阻其强而合从以逆京师。今以法割削，则逆节萌起，前日朝错[1]是也。今诸侯子弟或十数，而適嗣[2]代立，余虽骨肉，无尺地之封，则仁孝之道不宣。愿陛下令诸侯得推恩分子弟，以地侯之。彼人人喜得所愿，上以德施，实分其国，必稍自销弱矣。』于是上从其计。又说上曰：『茂陵初立，天下豪杰兼并之家，乱众民，皆可徙茂陵，内实京师，外销奸猾，此所谓不诛而害除。』上又从之。

注释

1 朝错：即晁错，西汉颍川人，曾多次上书主张加强中央集权、削减诸侯封地。吴、楚七国叛乱时，被景帝杀。

2 適嗣：正妻所生的儿子。適，通"嫡"，嫡长子。

译文

主父偃向皇上进言说："古时候，诸侯的封地方圆不过百里，无论强弱都容易控制。现在，诸侯国有的连城数十座，封地方圆千里，平时骄奢放纵，容易做出淫乱的事情；危急时便依仗强大的实力，联合对抗朝廷。现在如果用法令削减他们的封地，就会萌生叛乱的想法，先前因为晁错主张削藩而引起了七国之乱。现在诸侯王的子弟有的多达十几个，但只有嫡长子可以继承王位，其余的虽也是诸侯王的亲生骨肉，却没有一尺封地，这样仁爱孝顺之道也不能宣扬。希望陛下命令各诸侯王将恩德推广，分土地给所有子弟，使他们都成为诸侯。每个人都可以如其所愿，皇上您推施的是恩德，实际上是分割他们的封国，必可以削弱诸侯国的势力。"于是汉武帝采纳了他的建议。主父偃又劝谏道："茂陵县刚刚建立，天下豪杰兼并之家，扰乱百姓，可以把他们都迁徙到茂陵，对内可充实京城的人口，对外可削弱奸诈之徒，这就是所谓不动刑罚便可除害的方法。"汉武帝也采纳了。

尊立卫皇后及发燕王定国[1]阴事，偃有功焉。大臣皆畏其口，赂遗累千金。或说偃曰：『大横！』偃曰：『臣结发[2]游学四十余年，身不得遂，亲不以为子，昆弟不收，宾客弃我，我厄日久矣。丈夫生不五鼎食[3]，死则五鼎亨[4]耳！吾日暮[5]，故倒行逆施[6]之。』

注释

1 卫皇后：字子夫，汉武帝的第二位皇后。原为平阳公主家歌女，受武帝临幸，后立为皇后。燕王定国：燕王刘泽的孙子刘定国，武帝时因淫乱畏罪自杀，国除为郡。

2 结发：束发。古代男子自成年开始束发，因以指初成年。

3 五鼎食：周代士食三鼎，大夫五鼎。

4 五鼎亨：古代一种酷刑，用鼎镬烹煮人。亨，同“烹”。

5 日暮：本义为傍晚；天色晚。比喻力尽计穷。

6 倒行逆施：做事违背情理。

译文

在尊立卫皇后及揭发燕王刘定国阴谋事件上，主父偃都有功劳。大臣们都惧怕他的伶牙俐齿，行贿他的财物累计达千金。有人规劝他说：“你太骄横了！”主父偃说：“我结发游学四十多年，自身不得志，父母不把我当儿子，兄弟不收留我，门客摒弃我，我困厄太久了。大丈夫在世，生不能食封五鼎大夫之爵，死也要尝一下五鼎的烹刑！我日暮途穷，因此才倒行逆施。”

赏析与点评

由于“日暮途穷”，即时间不多了，所以要“倒行逆施”，即不择手段地贪污、陷害，以致中饱私囊。中国官僚史上，贪官污吏层出不穷，但如此直白地袒露为非作歹心境者，恐怕并不多吧！

偃盛言朔方地肥饶，外阻河，蒙恬筑城以逐匈奴，内省转输戍漕，广中国，灭胡之本也。上览其说，下公卿议，皆言不便。公孙弘[1]曰：『秦时尝发三十万众筑北河，终不可就，已而弃之。』朱买臣难诎弘，遂置朔方，本偃计也。

注释

1 公孙弘：汉淄川薛国人。汉武帝时以文学儒士入仕，官至丞相，封平津侯。

译文

主父偃极言朔方土地肥沃，物产丰饶，外有黄河险阻，蒙恬曾在此修筑长城以驱逐匈奴，对内可省却转运粮草和军需品的费用，对外可拓展中国版图，是剿灭匈奴的根本之计。汉武帝听了他的建议后，把这件事交由公卿商议，大臣都说不便实行。公孙弘说："秦朝曾经发兵三十万在北河驻守，始终不能成功，不久放弃了。"朱买臣诘难、辩倒了公孙弘，于是设立了朔方郡，这本是主父偃所献之策。

元朔中，偃言齐王内有淫失之行，上拜偃为齐相。至齐，遍召昆弟宾客，散五百金予之，数[1]曰：『始吾贫时，昆弟不我衣食，宾客不我内门[2]，今吾相齐，诸君迎我或千里。吾与诸君绝矣，毋复入偃之门！』乃使人以王与姊奸事动王。王以为终不得脱，恐效燕王论死，乃自杀。

注释

1 数：责备，数落。

2 内：同“纳”。

译文

汉武帝元朔年间（前一二八至前一二三），主父偃上奏报告了齐王刘次景在王宫内的淫乱放荡，皇帝任命主父偃为齐国相，派往齐国。主父偃到齐国后，遍召兄弟宾客，散发五百金给他们，数落说：“当初我贫贱时，兄弟不接济我衣食，宾客不让我进门，如今我为齐相，你们有的跑到千里之外去迎接我。我与诸位从此断绝关系，请不要再进我的门了！”于是他派人用齐王与自己姐姐通奸之事触动齐王。齐王自认为最终不能免于惩罚，唯恐像燕王刘定国那样被判处死刑，便自杀了。

偃始为布衣[1]时，尝游燕、赵，及其贵，发燕事。赵王恐其为国患，欲上书言其阴事，为居中，不敢发。及其为齐相，出关，即使人上书，告偃受诸侯金，以故诸侯子多以得封者。及齐王以自杀闻，上大怒，以为偃劫其王令自杀，乃征下吏治。偃服受诸侯之金，实不劫齐王令自杀。上欲勿诛，公孙弘争曰：『齐王自杀无后，国除为郡，入汉，偃本首恶，非诛偃无以谢天下。』乃遂族偃。

注释

1 布衣：麻布衣服，指平常百姓。后世不做官的读书人也自称“布衣”。

译文

当初主父偃为平民时，曾游学燕、赵，后来做了官，便揭发了燕国的违法之事。赵王刘彭祖恐怕他成为赵国的祸患，要上书揭发主父偃的隐私，因主父偃身在朝中，未敢发难。等到主父偃到齐国当佐相，出了函谷关，立即让人上书皇帝，告发主父偃收受诸侯王贿金，因此诸侯王的子弟才得以分封土地成为侯王。及至齐王自杀的消息传来，武帝大怒，以为是主父偃胁迫齐王而致使他自杀的，于是征召回主父偃，并交给官吏审问。主父偃承认收受诸侯王贿金之事，但确实不曾胁迫齐王自杀。武帝不想杀他，但公孙弘争谏说：“齐王自杀后，无子孙可继承王位，齐国降为郡，归入朝廷，主父偃是罪首，不杀主父偃不足以向天下人交代。”于是诛灭主父偃全家。

偃方贵幸时，客以千数，及族死，无一人视[1]，独孔车收葬焉。上闻之，以车为长者。

注释

1 视：照顾，照料。

译文

当主父偃贵宠时，门下宾客数以千计，及至被灭族时，竟无一人照料后事，只有孔车收尸安葬了他。武帝听说后，认为孔车是位忠厚长者。

东方朔传

本篇导读

东方朔（前一六一或一六二至前九十三），西汉辞赋家。汉武帝少年即位，破格录用士人。东方朔自荐，受诏拜为郎。他博闻强记，思维敏捷，言词诙谐，滑稽幽默，因此得到武帝的宠爱，他也借此时常犯颜进谏。本文节选了《东方朔传》中欺骗戏弄侏儒、射覆猜字、拔剑割肉、直谏武帝微行和修建上林苑、痛斥董偃以及醉酒遗尿殿上等片段。读者可从中感受到两千年前汉帝国朝中一种很特别的君臣关系。

东方朔字曼倩，平原厌次人也。武帝初即位，征天下举方正贤良文学材力之士，待以不次之位[1]，四方士多上书言得失，自衒鬻者以千数，其不足采者辄报闻罢。朔初来，上书曰：『臣朔少失父母，长养兄嫂。年十三学书，三冬文史足用。十五学击剑。十六学《诗》、《书》，诵二十二万言。十九学孙吴[2]兵法，战阵之具，钲鼓之教[3]，亦诵二十二万言。凡臣朔固已诵四十四万言。又常服子路[4]之言。臣朔年二十二，长九尺三寸，目若悬珠，齿若编贝，勇若孟贲，捷若庆忌，廉若鲍叔，信若尾生[5]。若此，可以为天子大臣矣。臣朔昧死再拜以闻。』

注释

1 不次：不拘于常格。

2 孙吴：孙，指孙武，春秋时齐国人，著《孙子》十三篇。吴：指吴起，战国时魏国人。

3 钲鼓之教：古代军事训练。行军时敲钲表示停止，击鼓表示行动。

4 子路：姓仲名由，又名季路，孔子的学生，性情耿直勇敢。

5 孟贲：战国时魏人（一说齐人），有名的勇士，传说他能活拔牛角。庆忌：春秋时吴王僚的儿子，传说他能走追奔兽，手接飞鸟。鲍叔：鲍叔牙，春秋时齐国的大夫，有名的廉士。传说他与管仲合作经商，分盈利，总是多分与管仲。尾生：传说中的守信用之士。曾约一女子桥下相会，女子没来，潮水上涨，他为了不失信约，抱住桥柱子被淹死。

译文

东方朔，字曼倩，平原郡厌次县（今山东惠民东北）人。汉武帝即位不久，征召天下推举的方正、贤良、文学等有才能的人士，以破格授给职位任用他们，四方士人纷纷上书谈论国家政事的得失，炫耀卖弄自己才能的人数以千计，其中不值得录用的就通知他们，说上书已经看过了。东方朔刚到长安，就上书说："臣东方朔从小失去父母，由哥嫂抚养长大。十三岁开始学习书写，三年学会文书、记事。十五岁学击剑。十六岁学《诗经》、《尚书》，背诵了二十二万字。十九岁学习孙吴兵法，有关作战布阵的论说，也背诵了二十二万字。我一共习诵了四十四万字。还经常佩服子路的格言。我今年二十二岁，身高九尺三寸，眼睛像挂起的珍珠那样明亮，牙齿像编起来的贝壳整齐洁白，勇猛像孟贲，敏捷如庆忌，廉洁似鲍叔，守信同尾生。像这样的人，可以做天子的大臣了。臣东方朔冒死再拜向皇上禀告。"

朔文辞不逊，高自称誉，上伟之，令待诏公交车[1]，奉禄薄，未得省见。

注释

1 公交车：汉代官署名，掌管宫殿中司马门警卫，并接待上书的臣民。

译文

东方朔上书的文辞不谦逊，赞美抬高自己，汉武帝却认为他奇伟，命令他在公交车署待诏，但俸禄微薄，没有被赏识提拔。

久之，朔绐驺[1]朱儒，曰：『上以若曹无益于县官[2]，耕田力作固不及人，临众处官不能治民，从军击虏不任兵事，无益于国用，徒索衣食，今欲尽杀若曹。』朱儒大恐，啼泣。朔教曰：『上即过，叩头请罪。』居有顷，闻上过，朱儒皆号泣顿首。上问：『何为？』对曰：『东方朔言上欲尽诛臣等。』上知朔多端，召问朔：『何恐朱儒为？』对曰：『臣朔生亦言，死亦言。朱儒长三尺余，奉一囊粟，钱二百四十。臣朔长九尺余，亦奉一囊粟，钱二百四十。朱儒饱欲死，臣朔饥欲死。臣言可用，幸异其礼；不可用，罢之，无令但索长安米。』上大笑，因使待诏金马门[3]，稍得亲近。

注释

1 绐（dài）：欺骗。驺：看马圈的人。

2 若曹：你们。若，你。曹，辈。县官：指朝廷。

3 金马门：汉代宫门。学士待诏于此，充任顾问。

译文

过了很久，有一次东方朔哄骗宫中管理马圈的侏儒说："皇上认为你们这些人对朝廷没有用，耕田力作当然赶不上别人，居于民众之上做官不能治理民事，从军杀敌不能胜任作战之事，对国家没有益处，仅是耗费衣食，现在皇上想杀光你们。"侏儒们很是害怕，哭哭啼啼。于是东方朔教唆他们说："皇上就要从这里经过，你们要叩头请罪。"过了一会儿，听说皇帝路过，侏儒们都跪在地上，一边哭着一边磕头。皇上问："你们为什么这样？"侏儒们回答说："东方朔说皇帝要把我们全杀死。"皇上知道东方朔诡计多端，召见并责问他："你为什么要恐吓那些侏儒？"东方朔回答说："我活也要说，死也要说。侏儒高刚过三尺，俸禄是一袋粟，钱是二百四十。我身高九尺有余，俸禄也是一袋粟，钱也是二百四十。侏儒饱得要死，我东方朔饿得要命。我的话如可被采用，希望改变礼节待我；不采用的话，请让我回家，不要让我白吃长安米。"武帝听后大笑，就让东方朔待诏金马门，渐渐得到皇帝的亲近。

上尝使诸数家射覆[1]，置守宫[2]盂下，射之，皆不能中。朔自赞曰：『臣尝受《易》，请射之。』乃别蓍[3]布卦而对曰：『臣以为龙又无角，谓之为蛇又有足，跂跂脉脉[4]善缘壁，是非守宫即蜥蜴。』上曰：『善。』赐帛十匹。复使射他物，连中，辄赐帛。

注释

1 数家：研究占候、卜筮、星命的人。射覆：猜测被覆盖之物的游戏。

2 守宫：壁虎。

3 别：分。蓍（shī）：草名，古代用蓍草来起卦。

4 跂跂：虫爬行的样子。脉脉：凝视的样子。

译文

皇上曾经让一些擅长占筮的人射覆，把壁虎扣在盆子下面，让他们猜是什么，都没猜中。东方朔自我介绍说："臣曾学《易》，请允许我猜猜是什么。"于是他用蓍草分组摆成卦局，回答说："我以为是龙又没有角，是蛇又有脚，跂跂而行脉脉而视，善爬壁，这物不是壁虎就是蜥蜴。"武帝说："猜得对！"赏赐给他十匹帛。又让他猜别的东西，接连都猜中了，每次都赏给他布帛。

时有幸倡郭舍人，滑稽不穷，常侍左右，曰：『朔狂，幸中耳，非至数也。臣愿令朔复射，朔中之，臣榜[1]百，不能中，臣赐帛。』乃覆树上寄生，令朔射之。朔曰：『是寠数[2]也。』舍人曰：『果知朔不能中也。』朔曰：『生肉为脍，干肉为脯；著树为寄生，盆下为寠数。』上令倡监榜舍人，舍人不胜痛，呼謈[3]。朔笑之曰：『咄[4]！口无毛，声謷謷，尻益高。』舍人恚曰：『朔擅诋欺天子从官，当弃市。』上问朔：『何故诋之？』对曰：『臣非敢诋之，乃与为隐[5]耳。』上曰：『隐云何？』朔曰：『夫口无毛者，狗窦也；声謷謷者，鸟哺鷇也[6]；尻益高者，鹤俛[7]啄也。』舍人不服，因曰：『臣愿复问朔隐语，不知，亦当榜。』即妄为谐语[8]曰：『令壶龃，老柏涂，伊优亚，狋吽牙。何谓也？』朔曰：『令者，命也。壶者，所以盛也。龃者，齿不正也。老者，人所敬也。柏者，鬼之廷也[9]。涂者，渐洳[10]径也。伊优亚者，辞未定也。狋吽牙者，两犬争也。』舍人所问，朔应声辄对，变诈锋[11]出，莫能穷者，左右大惊。上以朔为常侍郎，遂得爱幸。

注释

1 榜：杖击或鞭打的刑罚。

2 寠薮（jù shǔ）：以头顶器物时头与器物之间的草垫。亦作“寠数”。

3 謈：痛极大声呼叫。

4 咄：叹词，表示轻蔑或呵叱。

5 隐：隐语，即谜语。

6 𪃹（kòu）：须母鸟哺食的雏鸟。

7 俛：同“俯”。

8 谐语：韵语作为戏谑声。

9 柏者，鬼之廷也：墓地多种柏树，故称鬼廷。

10 渐洳：浸湿。

11 鏠：通“锋”。

译文

当时，宫中有个受宠幸的倡优郭舍人，十分滑稽幽默，时常侍奉在武帝左右，他说：“东方朔太狂妄，不过是侥幸猜中罢了，并不是实在的数术。我希望让他再猜，他猜中了，就打我一百鞭，猜不中，就赏给我帛。”于是把树上长的寄生菌扣在盆子下面，让东方朔猜。东方朔说：“是寠薮。”郭舍人说：“果然知道他不能猜中。”东方朔说：“鲜肉叫脍，干肉叫脯，附着在树上叫寄生，盖在盆子下面就叫寠薮。”皇帝命令倡监鞭打郭舍人，郭舍人疼痛难忍，大声呼叫。东方朔讥笑他说：“咄，嘴上无毛，叫声嗷嗷，屁股越来越高。”郭舍人怨恨地说：“东方朔竟敢随意诋毁欺辱天子的侍从官，应该判他弃市的死刑。”汉武帝责问东方朔说：“你为什么诋毁他？”东方朔回答道：“我不敢诋毁他，只是给他说了个谜语。”武帝说：“说了个什么谜语？”东方朔说：“嘴上无毛，是狗洞；叫声嗷嗷，是母鸟给雏鸟喂食时的鸣叫；屁股越来越高，那是鹤低头啄食的样子。”郭舍人不服气，说：“我请求再问东方朔一个谜语，如果不知道，也应该鞭打。”随即编了个谐音的谜语说：“令壶龃，老柏涂，伊优亚，狋吽牙。说的是什么？”东方朔说：“令，是命令。壶，是用来盛水的。龃，是牙齿长得不正。老，是人所尊敬的老人。柏，是鬼的廷府。涂，是潮湿的路。伊优亚，是说话含糊不清。狋吽牙，是两条狗打架。”郭舍人问的谜语，东方朔应声对答，变化奇巧锋芒毕出，没有哪个谜语能难住他，在场的人都很惊讶。皇帝因此任命东方朔为常侍郎，从此受到亲近和宠幸。

久之，伏日，诏赐从官肉。大官丞日晏不来[1]，朔独拔剑割肉，谓其同官曰：『伏日当蚤[2]归，请受赐。』即怀肉去。大官奏之。朔入，上曰：『昨赐肉，不待诏，以剑割肉而去之，何也？』朔免冠谢。上曰：『先生起，自责也！』朔再拜曰：『朔来[3]！朔来！受赐不待诏，何无礼也！拔剑割肉，壹何壮也！割之不多，又何廉也！归遗细君[4]，又何仁也！』上笑曰：『使先生自责，乃反自誉！』复赐酒一石，肉百斤，归遗细君。

注释

1 大官丞：官名，掌管宫廷膳食。晏：晚。

2 蚤：通“早”。

3 来：语气词。

4 细君：东方朔妻子之名。一说，“细”即“小”，诸侯之妻称小君。东方朔自比诸侯，称自己妻子为细君。后为妻子的通称。

译文

过了很久，在一个三伏天，武帝诏令把肉赏赐给侍从官员。大官丞至天晚还不来分肉，东方朔便独自拔剑割肉，并对他的同僚说：“三伏天应该早点回家，请允许我接受皇帝的赏赐。”说完便怀揣着肉离去了。大官丞将此事上奏给了皇帝。东方朔入宫后，武帝说：“昨天赐肉，你不等诏令下达，就用剑割了肉离开，是为什么？”东方朔脱帽谢罪。皇上说：“先生站起来责备自己吧！”东方朔再拜说：“东方朔呀！东方朔呀！你受皇帝的赏赐不待诏令下，是多么的无礼！拔剑割肉，行为是多么豪壮！割得肉不多，又是多么的廉洁！回家把肉送给妻子吃，又是多么的仁爱！”武帝笑了起来，说：“让先生责备自己，竟反而称赞起自己了。”又赏给他一石酒，一百斤肉，让他回家送给妻子。

初，建元三年，微行始出，北至池阳，西至黄山，南猎长杨，东游宜春。微行常用饮酎[1]已。八九月中，与侍中常侍武骑及待诏陇西北地良家子能骑射者期诸殿门，故有『期门』[2]之号自此始。微行以夜漏[3]下十刻乃出，常称平阳侯[4]。旦明，入山下驰射鹿豕狐兔，手格熊罴，驰骛禾稼稻秔之地。民皆号呼骂詈，相聚会，自言鄠杜令。令往，欲谒平阳侯，诸骑欲击鞭之。令大怒，使吏呵止，猎者数骑见留，乃示以乘舆物，久之乃得去。时夜出夕还，后赍五日粮，会朝长信宫[5]，上大欢乐之。是后，南山下乃知微行数出也，然尚迫于太后，未敢远出。丞相御史知指[6]，乃使右辅都尉徼循[7]长杨以东，右内史[8]发小民共待会所。后乃私置更衣，从宣曲以南十二所，中休更衣，投宿诸宫，长杨、五柞、倍阳、宣曲尤幸。于是上以为道远劳苦，又为百姓所患，乃使太中大夫吾丘寿王与待诏能用算者二人，举籍阿城以南，盩厔以东[9]，宜春以西，提封[10]顷亩，及其贾直，欲除以为上林苑，属[11]之南山。又诏中尉、左右内史表属县草田，欲以偿鄠杜之民。吾丘寿王奏事，上大说称善。时朔在傍，进谏曰：

注释

1 饮酎：宗庙祭礼的名称。汉制，八月饮酎于宗庙。酎，醇酒。

2 期门：汉官名，执兵器护送皇帝出入。

3 夜漏：古代夜间用铜壶漏水，以计时刻。

4 平阳侯：曹寿，娶武帝姊为妻，甚为尊宠。

5 长信宫：汉宫名，太后所居。皇帝每五天朝谒一次太后。

6 指：通“旨”，意旨。

7 右辅都尉：官名，三辅（京兆、冯翊、扶风）都尉之一。徼循：巡逻。

8 右内史：汉官名，掌治京师。

9 举籍：统计其数，编制图册。盩厔：县名，今作“周至”。

10 提封：大凡。

11 属：连接。

译文

当初，在建元三年（前一三八年），汉武帝开始微服出行，北至池阳宫（在今陕西泾阳西北），西至黄山宫（在今陕西兴平西南），南至长杨宫（在今陕西周至东南），东至宜春宫（在今陕西长安东南）。微服出行通常在每年新酿宗庙饮酎完毕的时候。八九月间，随从的侍中、常侍、武骑，以及待诏的陇西郡、北地郡（皆在今甘肃、宁夏一带）的能骑善射的良家子弟一起等候于殿门，因此从这个时候开始有了“期门”的称号。皇帝微服出行都在夜漏的下十刻便出发，常常假称是平阳侯曹寿。翌日天亮，到达终南山下，或驰射鹿猪狐兔，或徒手搏击熊罴，奔驰在庄稼地里。农民都大声呼喊叫骂，并聚在一起，向鄠杜县令告状。县令前往射猎的地方，要求谒见平阳侯，那些骑手想要鞭打县令。县令大怒，命令吏员呵叱制止，猎手数人被扣留，他们便出示皇帝的乘舆等物，好久才得以离去。当时皇帝深夜出宫，翌日傍晚返回，后来就带上五天的食物，到第五天该到长信宫谒见太后时才返回，汉武帝乐此不疲。此后，终南山下老百姓才知道是皇帝经常微服出来射猎，但武帝仍迫于太后的压力，不敢远行。丞相御史了解皇上的心思，就派右辅都尉在长杨以东巡逻，又命令右内史在皇帝射猎的地方调发平民，供皇帝使用。后来又私下为皇帝设立了更衣处，并配备宫人，从宣曲宫以南，共设了十二所更衣处，专供皇帝白天休息更衣，夜晚则到各行宫住宿，武帝多驾临长杨宫、五柞宫、倍阳宫、宣曲宫。武帝觉得这样路远劳苦，又被百姓所厌恨，就命令太中大夫吾丘寿王与两名精通算术的待诏，将阿城（秦阿房宫旧址，在今西安西）以南，周至县以东，宜春宫以西地区，统计其中农田的亩数，及其所折合的价值，编成簿册，打算拆迁这里扩建上林苑，使它与终南山相接。武帝又诏令中尉、左右内史标划出属县的荒地，想以此抵偿给鄠、杜两县的农民。吾丘寿王向皇帝奏上了所做的事，皇上大喜，称赞他做得好。当时东方朔在旁边，他规谏皇帝说：

臣闻谦逊静悫[1]，天表之应，应之以福；骄溢靡丽，天表之应，应之以异。今陛下累郎台，恐其不高也；弋猎之处，恐其不广也。如天不为变，则三辅之地尽可以为苑，何必盩厔、鄠、杜乎！奢侈越制，天为之变，上林虽小，臣尚以为大也。

注释

1 悫：诚实谨厚。

译文

臣听说为人谦逊恬静诚实，天会显现征兆，用福泽来报答他；为人骄纵奢侈，天会显现征兆，用灾异来报应他。现在陛下修建台观廊屋，唯恐它不高；射猎的地方，唯恐它不广。如果天不降灾异，那么三辅地区都可以成为您的苑囿，何必局限于盩厔、鄠、杜等地？奢侈超越了礼制，天为此降临灾异，上林苑虽小，我却认为它太大了。

夫南山，天下之阻也，南有江淮，北有河渭，其地从汧陇以东，商雒以西，厥壤肥饶。汉兴，去三河之地，止霸产以西，都泾渭之南，此所谓天下陆海之地[1]，秦之所以虏西戎兼山东[2]者也。其山出玉石，金、银、铜、铁、豫章、檀、柘，异类之物，不可胜原，此百工所取给，万民所卬[3]足也。又有粳稻梨栗桑麻竹箭[4]之饶，土宜姜芋，水多鼃[5]鱼，贫者得以人给家足，无饥寒之忧。故酆镐之间号为土膏，其贾亩一金。今规以为苑，绝陂池水泽之利，而取民膏腴之地，上乏国家之用，下夺农桑之业，弃成功，就败事，损耗五谷，是其不可一也。且盛荆棘之林，而长养麋鹿，广狐兔之苑，大虎狼之虚[6]，又坏人冢墓，发人室庐，令幼弱怀土而思，耆老泣涕而悲，是其不可二也。斥[7]而营之，垣而囿之，骑驰东西，车骛南北，又有深沟大渠，夫一日之乐不足以危[8]无隄[9]之舆，是其不可三也。故务苑囿之大，不恤农时，非所以强国富人也。

注释

1 陆海之地：物产丰富，如大海之无所不出的地方。

2 山东：秦汉时称崤山、华山以东地区为山东。

3 卬：仰仗，依靠。

4 竹箭：筱，细竹。

5 鼃：同“蛙”。

6 虚：通“墟”，大丘。

7 斥：开拓，扩大。

8 危：强劲，疾驰。

9 隄：限度。

译文

终南山是天下险要的地方，南边有长江、淮河，北边有黄河、渭水。这地方从汧水、陇山以东，到商（在今陕西商县东）、雒（今陕西商县）二县以西，土地肥沃，物产丰饶。汉朝建立时，离开三河（河内、河南、河东三郡，即今河南洛阳黄河南北一带），居留在灞水、浐水以西，定都于泾水、渭水南面的长安，这一带是被称为天下有山川之形胜、物产之富饶的“陆海之地”，秦国之所以能降服西戎兼并山东六国，就因为据有了这个地方。

这里山中既出产玉石、金、银、铜、铁等矿物，又出产豫章、檀香、柘树等珍贵木材，奇异的物产，无法说尽它们的本源，这里是百工取材以供需用，百姓赖以为生活富足的地方。又有粳稻、梨、栗、桑、麻、细竹的富饶，土壤适宜种植姜和芋头，水中生产蛙、鱼。贫穷的人靠这些丰衣足食，没有饥寒之忧。所以酆（地名，在今陕西鄠县东）、镐（地名，在今陕西西安西南）之间号称沃土膏壤，这里的地价每亩一斤黄金。现在把它规划为苑囿，断绝了陂池水泽之利，又占取农民肥沃的土地，上使国家财用匮乏，下夺百姓赖以生存的农桑之业。离弃成功，趋就失败，损耗五谷，这是不可修建上林苑的第一个原因。况且，使荆棘丛林茂盛，而繁殖养育麋鹿，扩大狐囿兔苑、虎狼栖息的山丘，又毁坏百姓的坟墓，拆除百姓居室屋庐，使幼弱怀土思乡，耆老涕泣悲哀，这是不可修建上林苑的第二个原因。拓地营造，筑墙绕苑，骑马奔驰于东西、驾车纵奔于南北的话，又有深沟大渠，尽一日田猎之欢乐也不足以使天子无限地乘舆加速，这是不可修上林苑的第三个原因。因此，一味追求苑囿的广大，不体恤农时，不是强国富民的做法。

夫殷作九市之宫[1]而诸侯畔，灵王起章华之台而楚民散，秦兴阿房之殿而天下乱。粪土愚臣，忘生触死，逆盛意，犯隆指，罪当万死，不胜大愿，愿陈《泰阶六符》[2]，以观天变，不可不省。

是日因奏《泰阶》之事，上乃拜朔为太中大夫、给事中，赐黄金百斤。然遂起上林苑，如寿王所奏云。

注释

1 九市之宫：殷纣王造宫室七十三所，大宫百里，在宫中设九市。

2 泰阶：星名，即三台，每台二星，凡六星。六符：六星的应验。传说黄帝著有《泰阶六符经》。

译文

殷纣王营造九市之宫，因而诸侯反叛；楚灵王筑起章华台（春秋时楚灵王所建，在今湖北监利西北），因而楚民离散；秦朝修建阿房宫，因而天下大乱。像粪土一样的愚昧臣子，舍生忘死地违逆皇上隆盛的旨意，罪该万死，不能极尽宏大心愿，愿陈述《泰阶六符经》，用它观察天的变异，这是不可不明察的。

这天因为上奏《泰阶六符经》的事，汉武帝封东方朔做了太中大夫、给事中，赏赐黄金一百斤。然而武帝仍然按照吾丘寿王上奏的计划，修建了上林苑。

久之，隆虑公主子昭平君尚帝女夷安公主，隆虑主病困，以金千斤钱千万为昭平君豫赎死罪，上许之。隆虑主卒，昭平君日骄，醉杀主傅，狱系内官。以公主子，廷尉上请请论。左右人人为言：『前又入赎，陛下许之。』上曰：『吾弟老有是一子，死以属我。』于是为之垂涕叹息，良久曰：『法令者，先帝所造也，用弟故而诬先帝之法，吾何面目入高庙乎！又下负万民。』乃可其奏，哀不能自止，左右尽悲。朔前上寿，曰：『臣闻圣王为政，赏不避仇雠，诛不择骨肉。《书》曰：「不偏不党，王道荡荡。」此二者，五帝所重，三王所难也[1]。陛下行之，是以四海之内元元之民各得其所，天下幸甚！臣朔奉觞，昧死再拜上万岁寿。』上乃起，入省中[2]，夕时召让朔，曰：『传[3]曰「时然后言，人不厌其言」。今先生上寿，时乎？』朔免冠顿首曰：『臣闻乐太甚则阳溢，哀太甚则阴损，阴阳变则心气动，心气动则精神散，精神散而邪气及。销忧者莫若酒，臣朔所以上寿者，明陛下正而不阿，因以止哀也。愚不知忌讳，当死。』先是，朔尝醉入殿中，小遗[4]殿上，劾不敬。有诏免为庶人，待诏宦者署，因此对复为中郎，赐帛百匹。

注释

1 五帝：传说中的五位古代帝王，伏羲、神农、黄帝、尧、舜。三王：夏禹、商汤、周文王。

2 省中：即宫中、禁中。元帝时，因皇后父名禁，避讳改为省中。

3 传：古书的通名，这里指《论语》。

4 小遗：小便。

译文

过了很久，隆虑公主的儿子昭平君，娶了汉武帝的女儿夷安公主。隆虑公主病危时，用黄金千斤、钱一千万替儿子昭平君预先赎免死罪，武帝允许了她。隆虑公主死后，昭平君日益骄纵，喝醉酒杀死了夷安公主的保姆，被捕入狱，囚禁在内宫。因为他是公主的儿子，廷尉向皇上请示，请求给昭平君定罪，左右大臣纷纷替昭平君说情："以前隆虑公主用重金为他赎过死罪，陛下已经允许了她的请求。"武帝说："我妹妹年纪大了才有了这么个儿子，临死把他嘱托给我。"武帝于是为昭平君的事流泪叹息，过了好长时间才说："法令，是先帝制定的，因为同情妹妹的缘故而违背先帝法令的话，我还有什么脸面进高帝的祠庙呢？再说也对不起百姓啊。"于是批准了廷尉的奏请，为此武帝哀痛不止，左右人也很悲伤。东方朔却走向前给皇帝祝寿说："臣听说，圣明的君主治政，赏赐不避仇人，诛罚不论亲疏。《尚书》说：'不偏私不袒护，王道才坦荡荡。'这两者是五帝所推重的，是三王也难做到的。陛下这样做了，因此四海之内人民各得其所，是天下的大幸。臣东方朔举杯，冒死再拜，祝皇上万岁。"武帝竟然起身，回后宫去了，傍晚时召见东方朔责备他说："古书上说：'该说的时候才说，别人才不讨厌他的话。'今天先生为我祝寿，是时候吗？"东方朔脱帽叩头说："臣听说，高兴过度就阳气太盛，悲哀过度就阴气亏损，阴阳变异就会心气躁动，心气躁动就会使精神散乱，精神散乱邪气就乘虚而入。消愁解忧没有比得上酒的了，臣给陛下祝寿的缘由，是为了彰显陛下的刚正无私，所以才用酒为陛下止哀。臣愚昧不知忌讳，该死。"在此之前，东方朔曾因喝醉了酒进入殿中，在殿上小便，被弹劾犯了大不敬罪，皇帝下诏将他贬为平民，在宦官署待诏，因为这次与皇帝的对话，重新被任命为中郎，赏赐帛一百匹。

初，帝姑馆陶公主号窦太主[1]，堂邑侯陈午尚之。午死，主寡居，年五十余矣，近幸董偃。始偃与母以卖珠为事，偃年十三，随母出入主家。左右言其姣好，主召见，曰：『吾为母养之。』因留第中，教书计[2]相马御射，颇读传记。至年十八而冠，出则执辔，入则侍内。为人温柔爱人，以主故，诸公接之，名称城中，号曰董君。主因推令散财交士，令中府曰：『董君所发，一日金满百斤，钱满百万，帛满千匹，乃白之。』安陵爰叔者，爰盎兄子也，与偃善，谓偃曰：『足下私侍汉主，挟不测之罪，将欲安处乎？』偃惧曰：『忧之久矣，不知所以。』爰叔曰：『顾城庙[3]远无宿宫，又有萩竹籍田[4]，足下何不白主献长门园？此上所欲也。如是，上知计出于足下也，则安枕而卧，长无惨怛之忧。久之不然，上且请之，于足下何如？』偃顿首曰：『敬奉教。』入言之主，主立奏书献之。上大说，更名窦太主园为长门宫。主大喜，使偃以黄金百斤为爰叔寿。

注释

1 太主：皇帝的姑母称太主。汉制，皇帝的女儿称公主，皇帝的姐妹称长公主。

2 计：算术。

3 顾城庙：文帝的庙。

4 萩：通“楸”，楸树。籍田：皇帝每年举行亲耕仪式的田地。

译文

当初，汉武帝的姑母馆陶公主号称为窦太主，堂邑侯陈午娶她为妻。陈午死后，太主寡居，五十多岁了，却宠幸一个叫董偃的年轻人。本来董偃与他的母亲以卖珠谋生，董偃那时十三岁，经常跟随母亲出入窦太主家。窦太主的侍从都夸董偃长得俊美，窦太主召见董偃母子，对董偃母亲说：“我替你抚养这个孩子吧。”因此把他留在府中，教他写字、算术、相马、驾车、射箭等，还让他读了一些传记类书籍。董偃到十八岁成年时行了冠礼，太主出门他驾车，太主在家他在身边侍奉。董偃性情温柔爱护别人，因为窦太主喜欢他的缘故，一些有地位的人也都接待他，在长安城中很出名，都称呼他“董君”。窦太主为了推荐他，让他用钱财与士人结交，并命令中府说：“董君的支出，一天金满一百斤，钱满一百万，帛达到一千匹，才告诉我。”安陵人袁叔，是袁盎哥哥的儿子，与董偃关系很好，对董偃说：“你私下侍奉窦太主，暗藏着难以预料的大祸，你要怎样才得自安呢？”董偃害怕地说：“我担心这件事已久，不知用什么办法解脱。”袁叔说：“顾城庙远离长安而没有供皇上居住的宿宫，那里有竹林和楸树林，可供皇上游玩，又有皇帝的籍田，你为什么不禀告太主，把长门园（在长安城东南）献给皇帝呢？这是皇帝想要的地方。这样做，皇帝知道是你出的主意，那你就可以安枕无忧，永远不用恐惧忧伤了。如果迟迟不这样做，等到皇帝要长门园，你怎么办呢？”董偃点头说：“遵从你的教诲。”于是，董偃入府把这个主意告诉了太主，太主立即上书把长门园献给武帝。皇上很高兴，把窦太主的长门园改名为长门宫。太主也很高兴，让董偃用一百斤黄金给袁叔祝寿。

叔因是为董君画求见上之策，令主称疾不朝。上往临疾，问所欲，主辞谢曰：『妾幸蒙陛下厚恩，先帝遗德，奉朝请之礼，备臣妾之仪，列为公主，赏赐邑入，隆天重地，死无以塞责。一日卒[1]有不胜洒扫之职，先狗马填沟壑，窃有所恨，不胜大愿，愿陛下时忘万事，养精游神，从中掖庭回舆，枉路临妾山林，得献觞上寿，娱乐左右。如是而死，何恨之有！』上曰：『主何忧？幸得愈。恐群臣从官多，大为主费。』上还，有顷，主疾愈，起谒，上以钱千万从主饮。后数日，上临山林，主自执宰敝膝[2]，道入登阶就坐。坐未定，上曰：『愿谒主人翁。』主乃下殿，去簪珥，徒跣顿首谢曰：『妾无状，负陛下，身当伏诛。陛下不致之法，顿首死罪。』有诏谢。主簪履起，之东箱自引董君。董君绿帻傅韝[3]，随主前，伏殿下。主乃赞：『馆陶公主胞人臣偃昧死再拜谒。』因叩头谢，上为之起。有诏赐衣冠上。偃起，走就衣冠。主自奉食进觞。当是时，董君见尊不名，称为『主人翁』，饮大欢乐。主乃请赐将军列侯从官金钱杂缯各有数。于是董君贵宠，天下莫不闻。郡国狗马蹴鞠剑客辐凑董氏[4]。常从游戏北宫，驰逐平乐，观鸡鞠[5]之会，角狗马之足，上大欢乐之。于是上为窦太主置酒宣室，使谒者引内董君。

注释

1 卒：通“猝”，突然。

2 执宰敝膝：穿上厨子的围裙。

3 傅韝：袖套。

4 蹴鞠：古时一种踢球游戏。辐凑：比喻聚集，像车辐集中于毂一样。

5 鸡鞠：斗鸡戏。

译文

袁叔因此为董偃策划求见皇上的办法，让太主假装生病不能朝见皇帝。皇帝亲自到窦太主府上探视病情，问太主需要什么，太主辞谢说：“臣妾幸运地得到陛下厚恩、先帝的遗德，使我能参加奉朝大典，行君臣之礼，列为公主，赏赐封邑使我享有封地的收入，这恩德天高地厚，我即使是死也无法弥补过错。如果有一天我猝然不能尽侍奉陛下的职事死去，私下有遗憾的是，不能了却我报答陛下的一片心愿，希望陛下有时也能忘掉朝中的事务，调养精神，从中掖庭返回宫中时，多走几步路光临寒舍，使我有机会敬献一杯酒给陛下祝寿，娱乐在您身边的人。如能这样，即使死了，还有什么可遗憾的！”武帝说：“太主担忧什么？希望你早日康复，我担心随同的群臣、侍卫太多，让你太破费了。”武帝返回宫去。不久，太主病好了，上朝谒见皇帝，皇上以钱一千万办酒宴同太主宴饮。过了几天，武帝来到太主府，太主穿上厨子的围裙，亲自引路而入，请武帝登上台阶在大厅就座。还没坐定，武帝就说：“希望见见主人翁。”太主急忙下殿，摘下簪子和耳饰，赤着脚磕头请罪说：“臣妾没有脸面见人，辜负了陛下，犯下死罪。陛下不加罪于我，妾磕头请罪。”武帝下诏免太主的罪。太主戴上簪子穿上鞋站起来，前往东厢房里领董偃出来。董偃戴着下人包头的绿巾，臂上套着袖套，一副仆役的打扮，随着太主走到殿前，俯伏在殿下。太主于是介绍说：“馆陶公主的厨子董偃冒死罪拜见皇帝。”董偃叩头请罪，皇帝让他起来。下诏赐给他衣帽上殿。董偃起身，忙去换衣服就座。太主亲自给皇帝敬酒献食。此时，董偃虽受尊重但无称号，称为“主人翁”，君臣开怀痛饮。太主于是奉献了许多黄金、钱、杂色丝帛，请武帝赏赐给将军、列侯以及随从官员。从此董偃更加显贵尊崇，天下没有不知道他的。各郡国那些赛狗的、跑马的、踢球的、弄剑的，纷纷聚集到董偃那里。董偃经常跟随武帝在北宫游戏，到上林苑平乐观射猎、观看踢球、斗鸡、赛狗、跑马等比赛场面，武帝对于这样的游玩也十分高兴。于是皇帝在宣室设酒宴招待窦太主，让谒者引董偃进宫。

是时，朔陛戟殿下，辟戟而前曰：『董偃有斩罪三，安得入乎？』上曰：『何谓也？』朔曰：『偃以人臣私侍公主，其罪一也。败男女之化，而乱婚姻之礼，伤王制，其罪二也。陛下富于春秋，方积思于《六经》，留神于王事，驰骛于唐虞，折节于三代[1]，偃不遵经劝学，反以靡丽为右，奢侈为务，尽狗马之乐，极耳目之欲，行邪枉之道，径淫辟之路，是乃国家之大贼，人主之大蜮[2]。偃为淫首，其罪三也。昔伯姬燔而诸侯惮，奈何乎陛下？』上默然不应，良久曰：『吾业以设饮，后而自改。』朔曰：『不可。夫宣室者，先帝之正处也，非法度之政不得入焉。故淫乱之渐，其变为篡，是以竖貂为淫而易牙作患，庆父[3]死而鲁国全，管蔡[4]诛而周室安。』上曰：『善。』有诏止，更置酒北宫，引董君从东司马门。东司马门更名东交门。赐朔黄金三十斤。董君之宠由是日衰，至年三十而终。后数岁，窦太主卒，与董君会葬于霸陵。是后，公主贵人多逾礼制，自董偃始。

注释

1 驰骛：疾驰。折节：屈己下人。

2 蜮（yù）：传说的一种能含沙射人为害的动物。

3 庆父：春秋时鲁桓公的儿子，庄公的弟弟。庄公死后，庆父杀了庄公的儿子闵公作乱，失败后逃莒国。僖公继位后，以重金请莒国送回庆父，途中庆父自杀，僖公正式继位。

4 管蔡：指管叔鲜和蔡叔度，都是周武王的弟弟。武王死后，成王年幼，周公摄政，管、蔡联合纣的儿子武庚作乱，后来武庚、管叔被杀，蔡叔被流放。

译文

这时，东方朔正持戟站在殿下守卫，他放下戟走向前对武帝说："董偃犯有三条该杀的罪，怎么能让他进宫呢？"武帝说："是什么罪？"东方朔说："董偃身为臣子，私下侍奉公主，这是第一条罪。败坏男女之间的风化，扰乱婚姻的大礼，破坏朝廷制度，这是第二条罪。陛下年富力强，正当潜心思考《六经》，留心于国家的政事，用心思于追随唐、虞盛世，克己遵奉夏、商、周三代贤君，董偃不遵从经典劝勉学习，反而崇尚靡丽，追求奢侈，极尽狗马声色之乐，走淫佚邪恶的歪道，此人正是国家的大贼，迷惑君主的害虫。董偃是淫邪的祸首，这是他的第三条罪状。从前，宋恭姬遇到火灾，为恪守礼制等待保姆而被烧死，诸侯为此感到敬畏，怎么办呢？陛下！"武帝沉默不答，许久才说："我已经摆下酒宴，以后改正。"东方朔说："不可以。宣室是先帝的正殿，不是议论国家大事不得入内。因为淫乱的滋生会演变成篡位作乱的大祸，所以春秋时竖貂行淫乱而与易牙作乱，庆父死了鲁国才得保全，杀了管叔、蔡叔周王室才得以安定。"武帝说："好吧。"下诏不在宣室设宴，把酒宴改设在北宫，引董偃从东司马门进宫。为此东司马门改名为东交门。赏赐东方朔黄金三十斤。董偃的尊崇从此日益衰落，活到三十岁就死了。过了几年，窦太主也去世了，与董偃合葬在霸陵。这以后，公主贵人多有越礼的行为，就是从董偃开始的。

时，天下侈靡趋末[1]，百姓多离农亩。上从容问朔：『吾欲化民，岂有道乎？』朔对曰：『尧、舜、禹、汤、文、武、成、康上古之事，经历数千载，尚难言也，臣不敢陈。愿近述孝文皇帝之时，当世耆老皆闻见之。贵为天子，富有四海，身衣弋绨[2]，足履革舄[3]，以韦[4]带剑，莞蒲[5]为席，兵木无刃，衣缊[6]无文，集上书囊以为殿帷；以道德为丽，以仁义为准。于是天下望风成俗，昭然化之。今陛下以城中为小，图起建章，左凤阙，右神明，号称千门万户；木土衣绮绣，狗马被缋罽[7]；宫人簪瑇瑁，垂珠玑；设戏车，教驰逐，饰文采，从珍怪；撞万石之钟，击雷霆之鼓，作俳优，舞郑女。上为淫侈如此，而欲使民独不奢侈失农，事之难者也。陛下诚能用臣朔之计，推甲乙之帐燔之于四通之衢，却走马示不复用，则尧舜之隆宜可与比治矣。《易》曰：「正其本，万事理；失之毫厘，差以千里。」愿陛下留意察之。』

注释

1 趋末：争相从事工商业。古时农为本，工商为末业。

2 弋绨：黑色粗厚的丝织物。

3 革舄（xì）：生皮做的鞋子。

4 韦：皮制剑鞘。

5 莞蒲：皆为草名，都可以制席。

6 缊：乱絮。

7 缋罽：五彩的毛毯。缋，同“绘”。

译文

当时天下崇尚奢华，争相从事工商业，老百姓多离开农田。武帝悠闲地问东方朔：“我想教化人民，有什么办法吗？”东方朔回答说：“尧、舜、禹、汤、文王、武王、成王、康王的上古之事，大都经历了数千年，难以说明白，臣不敢陈述。愿意就近说说孝文皇帝时的事，这是当今在世老人都知道的。文帝贵为天子，富有四海，但他身着黑粗布衣服，脚穿生皮做的鞋，用不加装饰的韦皮剑鞘挂佩剑，铺着莞蒲编的草席，兵器像木制的那样没有利刃，棉衣以乱絮铺成而且不加纹饰。缀合装奏章的青布袋用作宫殿帷幕。文帝以道德高尚为美，以仁义为准绳。于是天下人都仰望他的风范，形成淳厚的风俗，明显地教化了民众。现在陛下嫌长安城地方小，在城外建筑建章宫，左有凤阙，右有神明台，号称千门万户；宫内土木裹着锦绣丝绸，狗马披着五彩毛毯；宫人头上簪着玳瑁，身上佩挂珠玑；设置杂耍玩车，倡导驰逐游猎之乐，追求装饰的文采华丽，聚集珍奇怪物；宫内撞响百石重的大钟，敲击响若雷霆的大鼓，乐人演戏，郑女起舞。皇上这样的奢侈无度，却想让老百姓不奢侈，不弃农经商，这是难以做到的事。陛下果真采用臣东方朔的建议，撤去这些华丽的帷帐，在四通八达的大街上烧掉，放弃饲养良马表示不再骑用，那样，就只有尧舜盛世才能与陛下的功业相媲美了。《易经》上说：‘端正事物的本源，万事才有条理；失之毫厘，差之千里。’望陛下能用心考虑上述之事。”

朔虽诙笑[1]，然时观察颜色，直言切谏，上常用之。自公卿在位，朔皆敖弄[2]，无所为屈。

注释

1 诙笑：嘲谑，发言可笑。

2 敖：同“傲”，轻视。

译文

东方朔虽然诙谐调笑，但常常察言观色，适时地直言进谏，武帝经常采纳他的意见。从公卿到在位的群臣，东方朔都轻视嘲弄，没有什么人是他肯于屈从的。

赏析与点评

东方朔以诙谐滑稽著称，而且名垂史册。班固是有过在朝廷伴君如伴虎经历的人，从所谓“朔虽诙笑，然时观察颜色”的评论，可知他深深地理解东方朔对皇帝“直言切谏”时的小心谨慎；而他所谓“自公卿在位，朔皆敖弄，无所为屈”的概括，不也正告诉我们，所谓“敖弄”，不过是东方朔在官场斗争中所采取的一种自我保护方式而已吗！

霍光传

本篇导读

霍光，生于汉武帝元光年间地方上一个小县吏之家，因为是将军霍去病的异母弟才有机会进入朝廷。他侍奉武帝二十余年，“小心谨慎，未尝有过”。武帝临终前下诏托孤，要他效法周公辅助幼主汉昭帝。由此他辅佐昭帝、宣帝，执掌朝政长达二十年。霍光以“匡国家，安社稷”为己任，执政期间竭尽心力维持了西汉朝从武帝期向后期的平稳过渡，达成了“百姓充实，四夷宾服”的政绩，开启了汉帝国和平摄政的范例。

霍光字子孟，票骑将军去病弟也。父中孺，河东平阳人也，以县吏给事[1]平阳侯家，与侍者卫少兒私通而生去病。中孺吏毕归家，娶妇生光，因绝不相闻。久之，少兒女弟子夫得幸于武帝，立为皇后，去病以皇后姊子贵幸。既壮大，乃自知父为霍中孺，未及求问。会为票骑将军击匈奴，道出河东，河东太守郊迎，负弩矢先驱[2]，至平阳传舍，遣吏迎霍中孺。中孺趋入拜谒，将军迎拜，因跪曰：『去病不早自知为大人遗体也。』中孺扶服[3]叩头，曰：『老臣得托命将军，此天力也。』去病大为中孺买田宅奴婢而去。还，复过焉，乃将光西至长安，时年十余岁，任光为郎，稍迁诸曹侍中。去病死后，光为奉车都尉光禄大夫，出则奉车，入侍左右，出入禁闼二十余年，小心谨慎，未尝有过，甚见亲信。

注释

1 给事：供职，服役。

2 先驱：在前面领路。

3 扶服：同“匍匐”。

译文

霍光字子孟，是骠骑将军霍去病的弟弟。他的父亲霍中孺，河东郡平阳县（在今山西临汾南）人，以县吏的身份在平阳侯家供事，与侍女卫少兒私通，生下了霍去病。霍中孺当差期满回家，娶妻生了霍光，于是与卫少兒断绝往来不通音信。过了一段时间，卫少兒的妹妹卫子夫得宠于汉武帝，立为皇后，霍去病由于是皇后姐姐的儿子而位高得宠。霍去病长大以后，才知道自己的生父是霍中孺，但从未寻访过。他恰好被任命为骠骑将军出击匈奴，路过河东郡，河东郡太守到城郊去迎接，背着弓箭在前面引路，到了平阳的传舍驿站，霍去病就派遣官吏去接霍中孺。霍中孺以趋行礼节进来谒见，霍去病上前迎拜，跪下说：“去病早先不知道自己是大人的亲骨肉。”霍中孺伏在地上叩头，说：“老臣能把命运托付给将军，这是借助天力啊。”霍去病为父亲购买了田地、房宅和奴婢，然后离去。还师回朝时又路过平阳，就带上霍光西行到了长安，这时霍光十几岁，被任命为郎，不久升为诸曹侍中。霍去病去世后，霍光官至奉车都尉光禄大夫，皇帝出行则以奉车身份随同，在宫内就侍奉在皇帝左右。出入宫廷二十余年，小心谨慎，未尝有什么过失，很得皇帝信赖。

征和二年，卫太子为江充所败，而燕王旦、广陵王胥皆多过失。是时上年老，宠姬钩弋赵倢伃[1]有男，上心欲以为嗣，命大臣辅之。察群臣唯光任大重，可属社稷。上乃使黄门[2]画者画周公负成王朝诸侯以赐光。后元二年春，上游五柞宫[3]，病笃，光涕泣问曰：『如有不讳[4]，谁当嗣者？』上曰：『君未谕前画意邪？立少子，君行周公之事。』光顿首让曰：『臣不如金日磾[5]。』日磾亦曰：『臣外国人，不如光。』上以光为大司马大将军，日磾为车骑将军，及太仆上官桀为左将军，搜粟都尉桑弘羊为御史大夫，皆拜卧内床下，受遗诏辅少主。明日，武帝崩，太子袭尊号，是为孝昭皇帝。帝年八岁，政事壹决于光。

注释

1 钩弋赵倢伃：昭帝的母亲。钩弋，宫名。倢伃，同“婕好”，女官名，位同上卿，爵比列侯。

2 黄门：官署名，有黄门侍郎等官，专门在宫内服务，侍奉皇帝。

3 五柞宫：汉时的行宫，在今陕西周至东南。

4 不讳：死的婉词。

5 金日磾（mì dī）：西汉大将。本为匈奴休屠王的太子，休屠王不降被杀，金日磾母子沦落汉宫养马，后被武帝重用，赐姓金。

译文

征和二年（前九十一年），卫太子因受到江充的诬陷，讨伐而兵败自杀，而燕王刘旦（武帝第三子）、广陵王刘胥（武帝第四子）两人都有很多过失。这时皇上年老，宠姬钩弋夫人赵倢伃生有一个男孩，皇上要传位给他，想让大臣辅佐他。细察群臣中只有霍光能担当重任，可以把国家托付给他。皇上于是命令宫廷画师画了一幅周公背着成王受诸侯朝见的画赐给霍光。后元二年（前八十七年）春天，武帝出游五柞宫，病危，霍光流泪问道：“陛下如有不测，当由谁继位？”武帝说：“你没明白先前我赐你那幅画的意思吗？立少子为帝，先生你要像周公那样辅佐幼主。”霍光叩头辞让说：“我不如金日磾合适。”金日磾也说：“我是外国人，没有霍光合适。”于是，武帝任命霍光为大司马大将军，金日磾为车骑将军，太仆上官桀为左将军，搜粟都尉桑弘羊为御史大夫，他们都在武帝卧室床前下拜受封，接受遗诏辅佐少主。第二天，汉武帝驾崩，太子刘弗陵承袭皇帝尊号，这就是孝昭皇帝。昭帝年仅八岁，政事都由霍光代为决定。

先是，后元年，侍中仆射莽何罗与弟重合侯通谋为逆[1]，时光与金日磾、上官桀等共诛之，功未录。武帝病，封玺书曰：『帝崩发书以从事。』遗诏封金日磾为秺侯[2]，上官桀为安阳侯，光为博陆侯，皆以前捕反者功封。时卫尉王莽子男忽侍中，扬语曰：『帝崩，忽常在左右，安得遗诏封三子事！群儿自相贵耳。』光闻之，切让王莽，莽酖[3]杀忽。

注释

1 侍中仆射：官名，侍中的首领。莽何罗：本姓马，改姓莽。重合：县名，故城在今山东乐陵东，马通封在这里。

2 秺：县名，故城在今山东成武西北。

3 酖：用鸩鸟的羽毛泡成的毒酒。

译文

当初，后元元年（前八十八年），侍中仆射莽何罗与他的弟弟重合侯马通相谋反叛，霍光、金日磾、上官桀等人共同诛杀了他们，没有记功行赏。汉武帝病后，密封玺书说："我死后打开玺书，遵照行事。"遗诏封金日磾为秺侯，上官桀为安阳侯，霍光为博陆侯，都是按照以前捕杀反叛者有功加封的。当时卫尉王莽（并非西汉末的王莽）的儿子王忽侍中，他扬言说："帝崩时，我常在旁边，哪里有遗诏封这三人的事啊！这三个人互相抬高自己而已。"霍光听到这话后，狠狠地责备王莽，王莽用毒酒杀死了儿子王忽。

光为人沉静详审，长财七尺三寸[1]，白皙，疏眉目，美须髯。每出入下殿门，止进有常处，郎仆射窃识[2]视之，不失尺寸，其资性端正如此。初辅幼主，政自己出，天下想闻其风采。殿中尝有怪，一夜群臣相惊，光召尚符玺郎，郎不肯授光。光欲夺之，郎按剑曰：『臣头可得，玺不可得也！』光甚谊[3]之。明日，诏增此郎秩二等。众庶莫不多[4]光。

注释

1 财：通“才”。七尺三寸：汉制，约合今一点六八米。

2 识：标记。

3 谊：同“义”，意动用法。

4 多：称赞。

译文

霍光为人沉静、处事审慎、周密，身高只有七尺三寸，皮肤白皙，眉清目秀，胡须很美。每当他出入殿门，上下殿阶，停步都有固定的位置。郎仆射暗中做记号仔细察看，发现每次都不差分寸，他的禀性如此端正。霍光开始辅佐昭帝时，政令由自己颁布，天下臣民仰慕他的风采。宫中曾经闹鬼，整夜大臣都惊恐不安，霍光召见掌管符玺的郎官，要收回玉玺，郎官不肯交给霍光。霍光便要夺取玉玺，尚符玺郎按剑说：“我的头可得，玉玺你绝对不可得到！”霍光钦佩他的行为。次日，下诏把这个郎官的官秩提升两级。老百姓听说后，莫不赞许霍光。

光与左将军桀结婚相亲，光长女为桀子安妻。有女年与帝相配，桀因帝姊鄂邑盖主内[1]安女后宫为倢伃，数月立为皇后。父安为票骑将军，封桑乐侯。光时休沐[2]出，桀辄入代光决事。桀父子既尊盛，而德长公主。公主内行不修，近幸河间丁外人。桀、安欲为外人求封，幸依国家故事[3]以列侯尚公主者，光不许。又为外人求光禄大夫，欲令得召见，又不许。长主大以是怨光。而桀、安数为外人求官爵弗能得，亦惭。自先帝时，桀已为九卿，位在光右[4]。及父子并为将军，有椒房中宫之重[5]，皇后亲安女，光乃其外祖，而顾[6]专制朝事，繇[7]是与光争权。

注释

1 内：通“纳”字。

2 休沐：指休假。汉制每五天可回私宅休沐一次。

3 幸：希望。故事：旧例。

4 右：上，当时以右为尊。

5 椒房：皇后所居之处。中宫：皇后的宫室，这里都代指皇后。

6 顾：反而。

7 繇：通“由”。

译文

霍光与左将军上官桀是儿女亲家，关系亲密，霍光的长女做了上官桀儿子上官安的妻子。生有一个女儿年龄与昭帝相当，上官桀通过昭帝姐姐鄂邑盖主的关系，把孙女送入后宫做了倢伃，过了几个月就立为了皇后。上官安因此做了骠骑将军，封为桑乐侯。霍光有时出宫休假，上官桀就入宫代替霍光处理政事。上官桀父子显贵之后，很感激长公主。公主没有操行，与宠幸的河间人士丁外人私通。上官桀父子想替丁外人请求封侯，希望按照国家以列侯的身份娶公主为妻的旧例，也封丁外人为列侯，但霍光没有同意。又请求封丁外人为光禄大夫，想让他有机会被皇帝召见，霍光又没有同意。长公主因此很怨恨霍光。上官桀父子多次为丁外人求封求官都未能如愿，也很惭愧。在武帝时，上官桀就已在九卿之列，官位在霍光之上。现在上官父子同为将军，又有皇后在宫中的重要关系，皇后是上官安的亲生女儿，霍光不过是其外祖父，反倒独揽了朝权，由此上官父子与霍光开始争权。

燕王旦自以昭帝兄，常怀怨望。及御史大夫桑弘羊建造酒榷盐铁，为国兴利，伐其功，欲为子弟得官，亦怨恨光。于是盖主、上官桀、安及弘羊皆与燕王旦通谋，诈令人为燕王上书，言：『光出都肄郎羽林[1]，道上称跸[2]，太官先置。』又引：『苏武前使匈奴，拘留二十年不降，还乃为典属国，而大将军长史敞亡功为搜粟都尉。又擅调益莫府[3]校尉。光专权自恣，疑有非常。臣旦愿归符玺，入宿卫，察奸臣变。』候司[4]光出沐日奏之。桀欲从中下其事，桑弘羊当与诸大臣共执退光。书奏，帝不肯下。

注释

1 都：总，集合。肄：习，操练。郎：指郎官。羽林：护卫皇帝的羽林军。

2 跸：古代帝王出行时，禁止行人往来。

3 益：增加。莫府：同“幕府”，指大将军府。

4 司：通“伺”。

译文

燕王刘旦自以为是昭帝的哥哥，却没能继承皇位，常怀怨恨之心。御史大夫桑弘羊因为制定了酒类专卖、盐铁官营的制度，为国家创造了财富，而居功自傲，想为子弟求官，没能如愿也怨恨霍光。于是，鄂邑盖主、上官桀父子及桑弘羊等人都和燕王刘旦串通谋划，假装让人替燕王刘旦上书说：“霍光出城演练郎官、羽林，沿途行进像皇帝出行那样设置仪仗，还派掌管膳食的太官先行准备饮食。另外，苏武从前出使匈奴，被扣留了二十年不投降，回国后仅仅做了典属国，而大将军的长史杨敞无功而升为搜粟都尉。霍光还擅自选调增加大将军府的校尉。霍光专权恣意，恐图谋不轨。臣刘旦愿交还燕王的信符玺印，回京进宫护卫皇帝，督察奸臣的阴谋。”等霍光出宫休假时乘机将奏书呈报给皇帝。上官桀打算在宫内将这事交给下面主管部门处理，桑弘羊则与其他大臣一起将霍光扣留，逼迫他辞职。奏章呈上后，昭帝却不肯批复下发。

明旦，光闻之，止画室中不入。上问：『大将军安在？』左将军桀对曰：『以燕王告其罪，故不敢入。』有诏召大将军。光入，免冠顿首谢，上曰：『将军冠。朕知是书诈也，将军亡[1]罪。』光曰：『陛下何以知之？』上曰：『将军之广明[2]，都郎属[3]耳。调校尉以来未能十日，燕王何以得知之？且将军为非，不须校尉。』是时帝年十四，尚书左右皆惊，而上书者果亡，捕之甚急。桀等惧，白上小事不足遂[4]，上不听。

注释

1 亡：通“无”。

2 之：往。广明：亭驿名，在长安城东，东都门外。

3 属：近，近日。

4 遂：竟，指追究到底。

译文

第二天早晨，霍光听说了这件事，就留在殿前画室不上殿朝拜。昭帝问：“大将军在哪里？”左将军上官桀回答说：“因为燕王告发了他的罪行，所以不敢进殿。”昭帝下诏召见大将军霍光。霍光进殿，脱去帽子叩头谢罪，皇帝说：“将军请戴上帽子。朕知道这封奏书是假的，将军没有罪过。”霍光问道：“陛下怎么知道的呢？”昭帝说：“将军去广明，演练郎官羽林军是近日的事，选调校尉以来也还不到十天，燕王怎么可能知道这事？况且将军要作乱，也不需要校尉。”这时昭帝才十四岁，尚书和左右朝臣都很惊讶，而上奏书的人果然逃跑了，开始紧急追捕。上官桀等人害怕，对皇帝说这只是小事不值得追究，昭帝不听他们的话。

后桀党与有谮光者，上辄怒曰：『大将军忠臣，先帝所属以辅朕身，敢有毁者坐之。』自是桀等不敢复言，乃谋令长公主置酒请光，伏兵格[1]杀之，因废帝，迎立燕王为天子。事发觉，光尽诛桀、安、弘羊、外人宗族。燕王、盖主皆自杀。光威震海内。昭帝既冠[2]，遂[3]委任光，讫十三年，百姓充实，四夷宾服。

注释

1 格：击。

2 冠：冠礼。古代男子二十岁行成人礼，结发戴冠，表示成年。

3 遂：竟，始终。

译文

后来上官桀的党羽凡是有谗言诬陷霍光的，昭帝便发怒说：“大将军是忠臣，先帝托付辅佐朕的，敢诽谤大将军者就治他的罪。”从此上官桀等人就不敢再说坏话了。他们又谋划让盖主设酒席宴请霍光，埋伏下兵士击杀他，然后废掉昭帝，迎接燕王刘旦回京做皇帝。这个阴谋被发觉后，霍光把上官桀、上官安、桑弘羊、丁外人及他们的宗族全部杀了。燕王刘旦、盖主也都自杀了。从此霍光威震天下。昭帝行冠礼成年以后，仍把政事委托给霍光，直到昭帝去世共十三年，百姓富裕，四方各国归附汉朝。

元平元年，昭帝崩，亡嗣。武帝六男独有广陵王胥在，群臣议所立，咸持广陵王。王本以行失道，先帝所不用。光内不自安。郎有上书言：『周太王废太伯立王季，文王舍伯邑考立武王，唯在所宜，虽废长立少可也。广陵王不可以承宗庙。』言合光意。光以其书视丞相敞等[1]，擢郎为九江太守，即日承皇太后诏，遣行大鸿胪事少府乐成、宗正德、光禄大夫吉、中郎将利汉迎昌邑王贺。

注释

1 视：通“示”。敞：指杨敞，此时为丞相。

译文

元平元年（前七十四年），昭帝去世，没有儿子继位。武帝的六个儿子中只有广陵王胥还在世，大臣们商议，都主张立广陵王。广陵王本是因为品行不端而不被武帝立嗣的。因此霍光内心忧虑。这时有一郎官上书说：“周太王废掉长子太伯而立少子王季，周文王舍弃伯邑考而立武王，只要是最适宜人选，虽说是废长立幼也是可以的。广陵王不可以继承皇位。”此话正合霍光心意。霍光把这封奏章给丞相杨敞等人看，并提拔这位上书的郎官为九江郡（郡治在今安徽寿春）太守。当天霍光奉了皇太后的命令，派遣代理大鸿胪的少府史乐成、宗正刘德、光禄大夫丙吉和中郎将利汉等人，迎接昌邑王刘贺进京。

贺者，武帝孙，昌邑哀王子也。既至，即位，行淫乱。光忧懑，独以问所亲故吏大司农田延年。延年曰：『将军为国柱石，审此人不可，何不建白太后，更选贤而立之？』光曰：『今欲如是，于古尝有此否？』延年曰：『伊尹相殷，废太甲以安宗庙，后世称其忠。将军若能行此，亦汉之伊尹也。』光乃引延年给事中[1]，阴与车骑将军张安世图计，遂召丞相、御史、将军、列侯、中二千石、大夫、博士会议未央宫。光曰：『昌邑王行昏乱，恐危社稷，如何？』群臣皆惊鄂[2]失色，莫敢发言，但唯唯而已。田延年前，离席按剑，曰：『先帝属将军以幼孤，寄将军以天下，以将军忠贤能安刘氏也。今群下鼎沸，社稷将倾，且汉之传谥常为孝者，以长有天下，令宗庙血食也[3]。如令汉家绝祀，将军虽死，何面目见先帝于地下乎？今日之议，不得旋踵[4]。群臣后应者，臣请剑斩之。』光谢曰：『九卿[5]责光是也。天下匈匈不安，光当受难。』于是议者皆叩头，曰：『万姓之命在于将军，唯大将军令。』

注释

1 引：推荐。给事中：加官名，供职于宫中，掌顾问应对。

2 鄂：通“愕”，惊讶。

3 血食：指得到享祭，享祭鬼神要杀牲，所以称“血食”。

4 不得旋踵：意为不得踌躇犹豫。旋踵，转动脚跟向后退。

5 九卿：这里指田延年，因田延年任大司农，为九卿之一。

译文

刘贺，是武帝的孙子，昌邑哀王（武帝第五子、昭帝的哥哥刘髆）的儿子。他到了长安，登上帝位，行淫乱之事。霍光忧愁烦闷，独自以此事与亲信的旧部下大司农田延年商量。田延年说：“将军作为国家柱石，既然察觉此人不合适，为什么不向太后建议，另选贤明的人立为皇帝呢？”霍光说：“现在我打算这样做，不知古代曾有过这样的先例吗？”田延年说：“伊尹为殷朝宰相时，废掉了太甲迎来国家的安定，后代都称赞他的忠诚。将军如能如此，也就是汉朝的伊尹了。”霍光于是推荐田延年做了给事中，又私下里与车骑将军张安世进行筹划安排，然后就召集丞相、御史、将军、列侯、中二千石、大夫、博士等在未央宫共同商议。霍光说：“昌邑王行为昏庸无道，恐怕会危害国家，该怎么办？”群臣都大惊失色，谁也不敢说话，只是唯唯诺诺而已。田延年站了起来，离席前行一步，手按着剑说：“先帝把幼主托付给将军，把天下交付给将军，是因为将军忠诚贤能，能够使刘氏江山安定。如今臣民人心不稳，动荡不安，国家将要倾覆。况且汉朝世代相传，帝王谥号都用‘孝’字，就是为了能长久保有天下，使宗庙永享祭祀。如果汉朝灭亡了，将军即使是死了，九泉之下还有什么面目去见先帝呢？今天所议之事，应立即决断。大臣如有迟疑不表态的，请允许我用剑斩了他。”霍光谢罪说：“九卿对我的责备很对。如今国内纷扰不安，我理当受到责难。”于是参加议事的人都叩头说：“万民的生死安危全取决于将军了，我们听将军的命令。”

光即与群臣俱见白太后，具陈昌邑王不可以承宗庙状。皇太后乃车驾幸未央承明殿，诏诸禁门毋内昌邑群臣。王入朝太后还，乘辇欲归温室，中黄门宦者各持门扇，王入，门闭，昌邑群臣不得入。王曰：『何为？』大将军跪曰：『有皇太后诏，毋内昌邑群臣。』王曰：『徐之，何乃惊人如是！』光使尽驱出昌邑群臣，置金马门外。车骑将军安世将羽林骑收缚二百余人，皆送廷尉诏狱[1]。令故昭帝侍中中臣侍守王。光敕[2]左右：『谨宿卫，卒有物故自裁[3]，令我负天下，有杀主名。』王尚未自知当废，谓左右：『我故群臣从官安得罪，而大将军尽系之乎？』顷之，有太后诏召王，王闻召，意恐，乃曰：『我安得罪而召我哉！』太后被珠襦，盛服坐武帐[4]中，侍御数百人皆持兵，期门武士陛戟[5]，陈列殿下。群臣以次上殿，召昌邑王伏前听诏。光与群臣连名奏王，尚书令读奏。

注释

1 廷尉：官名，掌司法。诏狱：监狱的一种，专门处治皇帝特旨交审的案犯。

2 敕：告诫。

3 卒：通“猝”，突然。物故：死亡。自裁：自杀。

4 武帐：设置有兵器和卫士的帷帐。

5 期门：官名，掌执兵器随从皇帝。陛戟：在殿阶下拿着戟来护卫。

译文

霍光立即与众大臣一同上朝禀告太后，详细地陈述了昌邑王刘贺不能继承皇位的情况。皇太后于是乘车驾来到未央宫承明殿，诏令各宫门不准昌邑王的大臣进宫。昌邑王进宫朝见太后回来，打算乘辇车回温室殿，中黄门宦官手持门扇，等昌邑王进宫门就立刻把宫门关上了，使昌邑王的众大臣无法进宫。昌邑王说：“这是干什么？”霍光跪下说：“有皇太后的诏令，不准昌邑王群臣进殿。”昌邑王说：“慢着，为什么弄得这么吓人！”霍光派人把昌邑王的群臣全部驱逐出宫，集中在金马门外。车骑将军张安世率领羽林骑兵拘捕了昌邑王属下二百多人，都送交廷尉关进了诏狱。霍光命令原先侍奉汉昭帝的侍中、中常侍看守昌邑王说：“要小心看守，如果他突然死亡或自杀了，那样就使我对不起天下人，就要背上杀君的罪名了。”

昌邑王这时还不知道自己将被罢黜，问左右的人：“我原来的那些群臣侍从犯了什么罪，大将军竟把他们都逮捕了呢？”不久，太后下诏召见昌邑王。昌邑王听说太后召见，内心开始有些惶恐，于是说：“我犯了什么罪太后召见我？”太后穿着珍珠缀饰的短袄，身穿华贵的礼服端坐在武帐中，守卫在左右的数百名侍从都手持兵器，期门武士执戟，排列在殿阶之下守卫。众大臣按品级依次进入大殿，让昌邑王伏在面前听候诏令。霍光同众大臣联名奏劾昌邑王，尚书令宣读奏章。

皇太后诏曰：『可。』光令王起拜受诏，王曰：『闻天子有争臣[1]七人，虽无道不失天下。』光曰：『皇太后诏废，安得天子！』乃即持其手，解脱其玺组[2]，奉上太后，扶王下殿，出金马门，群臣随送。王西面拜，曰：『愚戆不任汉事。』起就乘舆副车。大将军光送至昌邑邸[3]，光谢曰：『王行自绝于天，臣等驽怯，不能杀身报德。臣宁负王，不敢负社稷。愿王自爱，臣长不复见左右。』光涕泣而去。群臣奏言：『古者废放之人屏于远方，不及以政，请徙王贺汉中房陵县。』太后诏归贺昌邑，赐汤沐邑二千户。昌邑群臣坐亡辅导之谊，陷王于恶，光悉诛杀二百余人。出死，号呼市中曰：『当断不断，反受其乱。』

注释

1 争：通“诤”，谏诤，直言规劝。语出《孝经·谏诤章》，原文为：“昔者天子有争臣七人，虽无道，不失其天下。”

2 玺组：即玺绶。皇帝印玺上配有四彩组绶，称为玺绶。

3 邸：诸侯王到京师朝见皇帝时所住的房舍。

译文

皇太后下诏说：“准奏。”霍光让昌邑王起来跪拜接受诏令，昌邑王说：“我听说，天子有七个谏诤的大臣，即使是无道也不会失去天下。”霍光说：“皇太后已下令废掉了你，哪里还天子！”于是走上前抓住他的手，解下玺印，呈献给太后，然后扶着昌邑王下殿，走出金马门，群臣跟随着送行。昌邑王面朝西而拜，说：“我愚昧不能胜任朝廷大事！”起身坐上皇帝侍从的副车。大将军霍光把他送到昌邑邸，谢罪说：“王的行为自绝于上天，臣等怯懦无能，不能用死报答您！我宁可对不起您，不敢对不起国家社稷。愿王多多珍重，臣也不能侍奉在您左右了。”说完，霍光流着眼泪离去。群臣上奏说：“古时被废之人流放到远方边地，不使他干扰国家的政事，请求把昌邑王流放到汉中房陵县（今湖北房县）。”太后下诏让刘贺依旧回到昌邑，又赐给他汤沐邑二千户。昌邑王旧臣因未尽到辅佐君王的职责，使昌邑王陷于邪恶，霍光把这二百多旧臣全杀了。这些人被押赴刑场时，在街上哭喊着说：“当断不断，反受其乱。”

光坐庭中，会丞相以下议定所立。广陵王已前不用，及燕刺王反诛，其子不在议中。近亲唯有卫太子孙号皇曾孙[1]在民间，咸称述焉。光遂复与丞相敞等上奏曰：『《礼》曰「人道亲亲故尊祖，尊祖故敬宗」。大宗[2]亡嗣，择支子孙贤者为嗣。孝武皇帝曾孙病已，武帝时有诏掖庭养视，至今年十八，师受《诗》、《论语》、《孝经》，躬行节俭，慈仁爱人，可以嗣孝昭皇帝后，奉承祖宗庙，子万姓。臣昧死以闻。』皇太后诏曰：『可。』光遣宗正刘德至曾孙家尚冠里，洗沐赐御衣，太仆以𫐉猎车迎曾孙就斋宗正府[3]，入未央宫见皇太后，封为阳武侯。已而光奉上皇帝玺绶，谒于高庙，是为孝宣皇帝。明年，下诏曰：『夫褒有德，赏元功，古今通谊也。大司马大将军光宿卫忠正，宣德明恩，守节秉谊，以安宗庙。其以河北、东武阳益封光万七千户。』与故所食凡二万户。赏赐前后黄金七千斤，钱六千万，杂缯三万匹，奴婢百七十人，马二千匹，甲第[4]一区。

注释

1 皇曾孙：名病已（即宣帝，后改名询），是武帝的曾孙，故称皇曾孙。

2 大宗：宗法社会以嫡系长房为“大宗”，余子为“小宗”。

3 𫐉猎车：射猎用的轻便小车。斋：斋戒。参加大典前的一种仪式。

4 甲第：上等住宅。

译文

霍光坐在朝廷中，与丞相以下官员开会商议立新皇帝的人选。广陵王已经在先前选立皇帝时不被用，到燕刺王刘旦谋反时被杀，他的儿子不在议论之中。近亲中只剩下号称皇曾孙的卫太子之孙了，现生活在民间，受到普遍称赞。霍光便与丞相杨敞等大臣上书皇太后，说：“《礼记》上说：‘为人之道能亲爱亲人的，就能尊敬自己的祖先；能够尊敬祖先的，就能敬重同宗庙。’如今大宗没有继承人，就选择旁支子孙中贤能的人做继承人。孝武皇帝的曾孙病已，武帝时诏令在掖庭官署抚养照看，至今已经十八岁了，拜师学习《诗经》、《论语》、《孝经》，为人力行俭朴，慈仁爱人，可以继承孝昭皇帝的皇位，奉承祖先的宗庙，统治万民。臣等敢冒死禀告。”皇太后下诏说：“准奏。”霍光派宗正刘德到尚冠里（在长安城南）的皇曾孙家，让他洗沐，赐给他御衣，由太仆用轻便的小车迎接到宗正府斋戒，然后进未央宫拜见皇太后，被封为阳武侯。霍光随后向皇曾孙献上皇帝的玺绶，让他拜谒了汉高祖陵庙，这就是汉宣帝。第二年，宣帝下诏令说：“褒奖有德的人，赏赐立大功的人，是古今常理。大司马大将军霍光多年在宫禁之中值宿警卫，忠心耿耿，正直无私，表彰皇家恩德，谨守节操，主持正义，是用来安定汉朝江山的。将河北（在今山西芮城东北）、东武阳（在今山东莘县西）两县的一万七千户加封给霍光。”加上先前所封共二万户。前后赏赐的黄金多达七千斤，钱六千万，杂色彩帛三万匹，奴婢一百七十人，马二千匹，上等住宅一所。

自昭帝时，光子禹及兄孙云皆中郎将，云弟山奉车都尉侍中，领胡越兵[1]。光两女婿为东西宫卫尉，昆弟诸婿外孙皆奉朝请，为诸曹大夫，骑都尉，给事中。党亲连体，根据[2]于朝廷。光自后元秉持万机，及上即位，乃归政。上谦让不受，诸事皆先关白[3]光，然后奏御天子。光每朝见，上虚己敛容，礼下之已甚。

注释

1 胡越兵：指外族归附的军队。

2 根据：盘踞，像树木扎根深固。

3 关白：禀告请示。

译文

自昭帝时起，霍光的儿子霍禹及霍光哥哥霍去病的孙子霍云都已官至中郎将，霍云的弟弟霍山任奉车都尉、侍中，统领胡、越军队。霍光的两个女婿分别担任东、西两宫的卫尉，兄弟辈的女婿、外孙都有资格参加朝会，任职诸曹大夫、骑都尉、给事中。霍光的族党亲戚在朝中连成一体，根深蒂固地盘踞在朝廷。霍光从后元年间把持朝政直到宣帝继位，才归还了朝政。宣帝谦让不肯接受，所有政事都先请示霍光，再呈奏皇帝。霍光每次上朝参见，皇上都虚心庄重，对霍光十分谦恭有礼。

光秉政前后二十年，地节二年春病笃[1]，车驾自临问光病，上为之涕泣。光上书谢恩曰：『愿分国邑三千户，以封兄孙奉车都尉山为列侯，奉兄票骑将军去病祀。』事下丞相御史，即日拜光子禹为右将军。

注释

1 地节：宣帝的第二个年号。

译文

霍光执掌朝政前后二十年，地节二年（前六十八年）春天病危，皇帝亲自登门探视，为之难过得流泪。霍光上书谢恩说："希望从我的封邑中分出三千户，用来封我哥哥的孙子车骑都尉霍山为列侯，以供奉哥哥骠骑将军霍去病的享祀。"皇帝把这事交丞相、御史办理，当天就封霍光的儿子霍禹为右将军。

光薨，上及皇太后亲临光丧。太中大夫任宣与侍御史五人持节护丧事。中二千石治莫府冢上。赐金钱、缯絮，绣被百领，衣五十箧，璧珠玑玉衣[1]，梓宫、便房、黄肠题凑各一具[2]，枞木外臧椁[3]十五具。东园温明[4]，皆如乘舆制度。载光尸柩以辒辌车[5]，黄屋左纛[6]，发材官轻车北军五校士军陈至茂陵，以送其葬。谥曰宣成侯。发三河卒穿复土，起冢祠堂。置园邑三百家，长丞奉守如旧法。

注释

1 玉衣：衣以金丝连缀玉片而成，用以包裹尸体，又称玉匣。

2 梓宫：用梓木做成的棺材。便房：用楩木做成的椁（套在棺材外面的大棺材）。便，通“楩”。黄肠题凑：用木累在棺上，好像四面有檐的屋子，木的头都向内，所以叫题凑，因用黄心柏木，所以叫黄肠题凑。

3 枞：松杉科常绿乔木。外臧椁：厨厩之属。臧，同“藏”。

4 东园：官署名，掌置办丧葬器物。温明：即“温明秘器”，形如方漆桶，一面开启，置镜其中，悬于尸上，封入棺内。因藏棺内，故称秘器。

5 辒辌车：供人卧息的车，有窗可供开闭以调节温凉，故称辒辌车，后用作葬车。

6 黄屋：帝王专用的黄缯车盖。左纛（dào）：古代皇帝乘舆上的饰物，以牦牛尾或雉尾制成，设在车衡左辕上。

译文

霍光去世，皇帝和皇太后亲临吊丧。太中大夫任宣和五名侍御史持节符护理丧事。中二千石的官在墓地设置幕府办事。皇上赐以金钱、丝绸、絮绵，一百领绣被，衣服五十箱，金缕玉衣，内棺、外椁、黄肠题凑各一副，随葬枞木外臧椁十五副。东园制作的温明秘器，都与皇帝葬礼同样规格。用辒辌车装载霍光的遗体，车上用黄缯覆盖，左车辕插着羽饰大旗，派材官、轻车、北军五校士兵列队直到茂陵，为霍光送葬。赐霍光谥号为宣成侯。征调河东、河内、河南三郡的士卒为霍光掘土修墓，建造祠堂，设置三百户人家的园邑守护陵墓，长丞按照旧例守护陵墓。

赏析与点评

霍光在武帝时期“出入禁闼二十余年”，在昭、宣帝时期“秉政前后二十年”。如果说前二十年可以用“小心谨慎，未尝有过”一笔带过的话，他在后一个“二十年”中对汉帝国的贡献是绝对不可低估的。霍光所接受的托孤，哪里只是平常一段贤臣辅幼主的故事可以了却的：汉帝国新拓广的巨大疆土如何维持，连武帝自己也后悔不该的劳民伤财局面如何收拾，还有如何控制皇族荒淫腐败的日益蔓延等等。无论如何史称的“昭宣中兴”或“西汉中兴”，如果没有了霍光是不可想象的！

赵广汉传

本篇导读

赵广汉是西汉宣帝时期名望颇高的京兆尹。史称他为京官不畏豪强，瓦解朋党，政绩显著。本传从赵广汉在地方为吏以“廉洁”出名，到做京官政绩显著“吏民称之不容口”，记载到最后以“催辱大臣”罪名被处以“腰斩”的结局。文中所描述京兆尹赵广汉侵犯贵戚、善待下属、办案如神、眼线密布、栽培死党，雷厉风行、官场失足等情节环环相扣，历历在目。本传的结尾处，“吏民守阙号泣者数万人”的请愿场面的推出，更是烘托了赵京兆以精明强干深得京城民心的一幕！

赵广汉字子都，涿郡蠡吾人也，故属河间。少为郡吏、州从事，以廉洁通敏下士为名。举茂材，平准令。察廉为阳翟令。以治行尤异，迁京辅都尉，守京兆尹。会昭帝崩，而新丰杜建为京兆掾[1]，护作平陵方上[2]。建素豪侠，宾客为奸利，广汉闻之，先风[3]告。建不改，于是收案致法。中贵人豪长者为请无不至，终无所听。宗族宾客谋欲篡取，广汉尽知其计议主名起居，使吏告曰：『若计如此，且并灭家。』令数吏将建弃市[4]，莫敢近者。京师称之。

是时，昌邑王征即位，行淫乱，大将军霍光与群臣共废王，尊立宣帝。广汉以与议定策，赐爵关内侯[5]。

迁颍川太守。郡大姓原、褚宗族横恣，宾客犯为盗贼，前二千石莫能禽制。广汉既至数月，诛原、褚首恶，郡中震栗。

注释

1 掾：属官。

2 方上：墓圹。

3 风：通“讽”，含蓄地劝告。

4 弃市：在闹市执行死刑并将犯人暴尸街头的刑罚。

5 关内侯：爵位名。秦汉爵位二十等，关内侯为十九级，位于列侯之次。

译文

赵广汉字子都，涿郡（今河北涿州）蠡吾县（今河北博野西南）人，蠡吾县原属归河间国（今河北献县东南）。他年轻时做过郡吏、州从事，因廉洁奉公、通达聪慧、礼贤下士而闻名。被举荐为茂材，担任平准令掌管物价。被察举为孝廉，经过考核做了阳翟县县令。因政绩优异，提升为京辅都尉，代理京兆尹职。恰逢汉昭帝驾崩，而新丰人杜建担任京兆尹掾，负责修造昭帝陵墓。杜建向来豪侠，他的门客趁此非法牟利，赵广汉听说后，先婉言规劝。杜建不改，于是将其拘捕归案，依法治罪。许多朝中近臣、宦官都来为杜建求情，赵广汉始终没有听从。宗族和门客谋划要劫狱，赵广汉获知了他们全部计划和主谋者的名字、动态，派手下告诫说：“如果按计行事，将会招致满门抄斩。”下令让几名小吏将杜建处以弃市极刑，没有人敢近前闹事的。京城人都交口称赞。

这时，昌邑王刘贺受召即帝位，行淫乱之事，大将军霍光和群臣共同废黜昌邑王，拥立宣帝。赵广汉因参与商议定立决策，被赐爵关内侯。

后来，赵广汉调任颍川（今河南禹州）太守一职。颍川郡的世家大族原、褚两家横行放肆，其门客多犯法为盗贼，前任郡守不能擒拿压制，广汉到任几个月后，便杀掉原、褚两家中的首恶分子，震惊全郡。

先是，颍川豪桀大姓相与为婚姻，吏俗朋党[1]。广汉患之，厉使其中可用者受记[2]，出有案问[3]，既得罪名，行法罚之，广汉故漏泄其语，令相怨咎。又教吏为缿筩[4]，及得投书，削其主名，而托以为豪桀大姓子弟所言。其后强宗大族家家结为仇雠，奸党散落，风俗大改。吏民相告讦[5]，广汉得以为耳目，盗贼以故不发，发又辄得。壹切治理，威名流闻，及匈奴降者言匈奴中皆闻广汉。

注释

1 朋党：同类人以恶相济勾结形成集团。

2 厉：同“励”，奖励，鼓励。受记：得知公文内容。

3 案问：审问，审讯。

4 缿筩：官府接受告密的信筒。

5 告讦：告发。

译文

此前，颍川豪杰大姓互相通婚结成姻亲，官府与民间勾结成党。赵广汉对此很是忧虑，便选出部下中精干者，奖励他们，让其预先得知诉讼公文的内容，出去调查；一旦发现与诉讼相合的犯罪行为，就判定其罪行，依法进行惩处。广汉还故意泄露告密者的名字，使他们互相埋怨责备。又让手下官吏设置告密箱，收到告密信后，便削去告密者的姓名，而假托是豪族大姓子弟的告发。此后豪族大姓互相结为仇家，朋党瓦解，风俗大为改观。官吏和庶民互相告发指责，广汉以此为耳目，因此盗贼不敢再作案，即使作案也会被捕。一切得以整治，广汉威名远扬，以至投降汉朝的匈奴说在匈奴部落中也久仰赵广汉的大名。

本始二年，汉发五将军[1]击匈奴，征广汉以太守将兵，属蒲类将军赵充国。从军还，复用守京兆尹，满岁为真。

注释

1 五将军：汉宣帝时的祁连将军田广明、蒲类（因蒲类泽而得名）将军赵充国、虎牙将军田顺、度辽将军范明友和前将军韩增。

译文

本始二年（前七十二年），汉宣帝派田广明、赵充国、田顺、范明友、韩增五位将军出击匈奴。征召赵广汉以太守身份率兵随从，隶属蒲类将军赵充国。从军返回后，再次起用为代理京兆尹，满一年后正式任职。

广汉为二千石，以和颜接士，其尉荐[1]待遇吏，殷勤甚备。事推功善，归之于下，曰：『某掾卿所为，非二千石所及。』行之发于至诚。吏见者皆输写心腹，无所隐匿，咸愿为用，僵仆[2]无所避。广汉聪明，皆知其能之所宜，尽力与否。其或负者，辄先闻知，风谕不改，乃收捕之，无所逃，按之罪立具[3]，实时伏辜。

注释

1 尉荐：即“慰藉”，安慰，慰劳。

2 僵仆：僵硬而倒毙。

3 立具：立即定案。

译文

广汉身为二千石高官，待人处事和颜悦色，安慰推荐下属，凡事周全细致。事成推辞功劳，归功下属，说：“是某掾吏做的，不是我这个二千石力所能及的。”行为发自诚意。拜见他的属吏们都能倾吐真心，无所隐藏，愿意为他效劳，即使赴死也在所不惜。广汉聪颖，对属下能知人善任，并察其是否竭尽全力。其中有背弃他的，就先使其知道，劝说仍不改过的，才收监拘捕，逃脱不掉，按所犯罪行立案判处，即刻伏法。

广汉为人强力，天性精于吏职。见吏民，或夜不寝至旦。尤善为钩距[1]，以得事情。钩距者，设预知马贾[2]，则先问狗，已问羊，又问牛，然后及马，参伍其贾[3]，以类相准，则知马之贵贱不失实矣。唯广汉至精能行之，它人效者莫能及也。郡中盗贼，闾里轻侠，其根株窟穴所在，及吏受取请求铢两[4]之奸，皆知之。长安少年数人会穷里空舍谋共劫人，坐语未讫，广汉使吏捕治具服。富人苏回为郎，二人劫之。有顷，广汉将吏到家，自立庭下，使长安丞龚奢叩堂户晓贼，曰：『京兆尹赵君谢两卿，无得杀质，此宿卫臣也。释质，束手，得善相遇，幸逢赦令，或时解脱。』二人惊愕，又素闻广汉名，即开户出，下堂叩头，广汉跪谢曰：『幸全活郎，甚厚！』送狱，敕吏谨遇，给酒肉。至冬当出死，豫为调棺，给敛葬具，告语之，皆曰：『死无所恨！』

注释

1 钩距：辗转推问，得出实情。

2 贾：同“价”，价钱。

3 参伍其贾：反复比较其价钱。参，同“三”。

4 铢：一两的二十四分之一。

译文

赵广汉为人强悍有力，天性擅长处理吏政。接见属吏和百姓，可以通宵达旦。尤其擅长“钩距法”，以此查明事实真相。钩距之法就是如果想得知马的价格，就先问狗的价格，然后问羊价，再问牛价，最后问马，将各种价格进行比较，相互参照，那么就会知道马价的贵贱而不会失真了。只有广汉精通此法并行之有效，其他模仿的人没有一个能赶得上他。广汉对郡中盗贼和闾里轻侠的活动场所都明了于心，属吏受取贪污之事即便铢两之微的奸情也了如指掌。长安几个少年在里中隐蔽处的屋里策划一起劫人，坐在一起还没商量完，广汉就派人把他们拘捕归案，全都俯首认罪。富人苏回任官为郎，被两个人劫持了。过了一会儿，广汉带领捕吏来到他们家，站在院子里，让长安丞龚奢敲门传话说：“京兆尹赵君拜谢二位，不要杀害人质，此人是宫中的护卫。释放人质，束手就擒的话，会好好对待你们，有幸遇到赦令，或许可以免罪。”那两人很惊鄂，又一向听闻广汉威名，当即开门自首，到厅堂阶下叩头，广汉跪拜答谢说：“很高兴保全了郎官性命，你们待人厚道。”收监至狱中，下令狱吏给以厚待，供给酒肉。到冬天要出狱处以死刑时，广汉预先为他们准备棺材，并通知了他们，二人都说：“这样死了也没有怨恨！”

赏析与点评

这里评价赵广汉“为人强力，天性精于吏职”一句耐人寻味。班固并未像后世那样简单地将赵广汉誉为廉洁奉公的模范、京官难当的典型，而是将赵广汉娴熟的官场手腕归因于其超乎寻常的“天性”，而这一“天性”又是以他强悍的“为人”作前提的。如此为读者揭示了非有非常之人难治非常之地的古代官场现形记。

广汉尝记召湖都亭长，湖都亭长西至界上，界上亭长戏曰：『至府，为我多谢问赵君。』亭长既至，广汉与语，问事毕，谓曰：『界上亭长寄声谢我，何以不为致问？』亭长叩头服：『实有之。』广汉因曰：『还为吾谢界上亭长，勉思职事，有以自效，京兆不忘卿厚意。』其发奸擿伏[1]如神，皆此类也。

注释

1 擿伏：揭发隐情。擿，揭露，揭发。

译文

赵广汉曾发文召见湖县（京兆尹属地，今河南灵宝县西）的都亭长，湖县都亭长到了界上（京兆尹属地），界上亭长开玩笑说："到京兆府后，代我多多问候赵京兆尹。"都亭长到了之后，广汉接见他谈话，询问政事已毕，对他说："界上亭长托你传话问候我，你为什么不转达他的致意呢？"亭长叩头谢罪说确实有这事。广汉说："回去替我多谢界上亭长，希望他勤勉本职、尽心尽力，京兆不会忘记他的美意。"他揭发私情隐蔽的能力如神，多像这样明察。

广汉奏请，令长安游徼[1]狱吏秩百石，其后百石吏皆差自重，不敢枉法妄系留人。京兆政清，吏民称之不容口。长老传以为自汉兴以来治京兆者莫能及。左冯翊、右扶风皆治长安中，犯法者从迹喜过京兆界。广汉叹曰：『乱吾治者，常二辅[2]也！诚令广汉得兼治之，直差易耳。』

注释

1 游徼（jiào）：负责巡察盗贼，兼管狱事的乡官。

2 二辅：指前面的左冯翊、右扶风。汉代关中分为三区，京兆、左冯翊、右扶风合称“三辅”。

译文

广汉上奏请求将长安游徼和狱吏的俸禄增加到一百石，此后食俸百石的属吏都比较自重，不敢枉法随意拘捕了。京兆政治清明，官吏百姓对他赞不绝口。据一些年长者说，自有汉以来治理京兆的官员没有一个能比得上赵广汉的。左冯翊、右扶风的官署都设在长安，两地的违法乱纪者常常流窜到京兆作案。广汉感叹说：“扰乱我治安的人，往往是二辅呀！假如让我一并治理，诚然是容易得多了。”

初，大将军霍光秉政，广汉事光。及光薨后，广汉心知微指[1]，发长安吏自将，与俱至光子博陆侯禹第，直突入其门，廋索私屠酤[2]，椎破卢罂[3]，斧斩其门关而去。时光女为皇后，闻之，对帝涕泣。帝心善之，以召问广汉。广汉由是侵犯贵戚大臣。所居好用世吏子孙新进年少者，专厉强壮蜂气[4]，见事风生，无所回避，率多果敢之计，莫为持难。广汉终以此败。

注释

1 微指：尚未明显的意图。指宣帝因许皇后突然死去而疑忌霍家。

2 廋：通“搜”。屠酤：宰杀牲畜，买卖酒水。

3 卢：通“垆”，盛酒器的灶形土台。罂：一种腹大口小的酒器。

4 蜂气：“蜂”通“锋”，锋芒意气。

译文

当初，大将军霍光执政，赵广汉奉事霍光。至霍光死后，广汉心知宣帝的心思，就亲自率领长安吏，来到霍光儿子博陆侯霍禹的府第，径直冲入府门，搜查私自屠宰、酿酒的人，锤砸酒器、土墩，用斧砍断门闩而去。当时霍光的女儿是皇后，听说后，对宣帝哭诉此事。宣帝心中称许此事，就召见询问了广汉。广汉由此触犯了贵戚、大臣。广汉平日喜欢任用那些旧吏的后世子孙中初入仕途的年轻人，一味张扬锋芒锐气，遇事雷厉风行，毫无顾忌，大多行事当机立断，没有遇困难持之以恒的。广汉最终以此招致祸患。

初，广汉客私酤酒长安市，丞相吏逐去。客疑男子苏贤言之，以语广汉。广汉使长安丞按贤，尉史禹故劾贤为骑士屯霸上，不诣屯所，乏军兴[1]。贤父上书讼罪，告广汉，事下有司覆治。禹坐要斩，请逮捕广汉。有诏即讯，辞服[2]，会赦，贬秩一等。广汉疑其邑子荣畜教令，后以它法论杀畜。人上书言之，事下丞相御史，案验[3]甚急。广汉使所亲信长安人为丞相府门卒，令微司[4]丞相门内不法事。地节三年七月中，丞相傅婢[5]有过，自绞死。广汉闻之，疑丞相夫人妒杀之府舍。而丞相奉斋酎[6]入庙祠，广汉得此，使中郎赵奉寿风晓丞相，欲以胁之，毋令穷正[7]己事。丞相不听，按验愈急。广汉欲告之，先问太史知星气[8]者，言今年当有戮死大臣，广汉即上书告丞相罪。制曰：『下京兆尹治。』广汉知事迫切，遂自将吏卒突入丞相府，召其夫人跪庭下受辞[9]，收奴婢十余人去，责以杀婢事。丞相魏相上书自陈：『妻实不杀婢。广汉数犯罪法不伏辜，以诈巧迫胁臣相，幸臣相宽不奏。愿下明使者治广汉所验臣相家事。』事下廷尉治，实丞相自以过谴笞傅婢，出至外弟[10]乃死，不如广汉言。司直萧望之劾奏：『广汉摧辱大臣，欲以劫持奉公，逆节伤化[11]，不道。』宣帝恶之，下广汉廷尉狱，又坐贼杀不辜，鞫狱[12]故不以实，擅斥除骑士乏军兴数罪。天子可其奏。吏民守阙号泣者数万人，或言『臣生无益县官[13]，愿代赵京兆死，使得牧养小民』。广汉竟坐要斩。

广汉虽坐法诛，为京兆尹廉明，威制豪强，小民得职。百姓追思，歌之至今。

注释

1 军兴：征集财物以供军用。

2 辞服：服罪，认罪。

3 案验：验证实情，以定罪名。

4 司：同“伺”，侦察。

5 傅婢：侍婢。

6 斋酎：古代祭祀用的醇酒。

7 穷正：彻底查清，究治。

8 太史：官名，属太常，掌天文历法。星气：占星望气之术，以预先占卜吉凶。

9 受辞：受审，听取供词。

10 外弟：外宅，“弟”同“第”。

11 逆节伤化：违背礼节，损害教化。

12 鞫狱：审理案件。“鞠”，通“鞫”，审问、究问。

13 县官：这里代指朝廷。

译文

当初，广汉的门客私自在长安市场上卖酒，丞相的属吏赶走了他。门客怀疑是一个叫苏贤的男子告发的，便告诉了广汉。广汉派长安丞追查苏贤，让尉史禹故意揭发苏贤作为骑兵应该驻扎在霸上，却不到驻军之地到任，而且缺乏军需供应。苏贤的父亲上书申辩，控诉广汉诬告，此案便交给朝廷官吏复审。结果，尉史禹被判腰斩，并奏请逮捕赵广汉。诏令立即审讯广汉，广汉认罪，恰好遇上大赦，仅仅被贬职一级。广汉怀疑是苏贤的同乡荣畜教唆贤父上书诉讼的，后来借别的罪名将荣畜判处死刑。有人上书揭发此事，案子交由丞相御史审理，追查得很急。广汉便指使心腹长安人作丞相府的门卒，让他暗中侦察丞相家中不法之事。地节三年七月中，丞相家中侍婢有过错，自缢而死。广汉知道后，怀疑是丞相夫人因嫉妒在府邸中把她杀死。而丞相斋戒以入宗庙酎酒，广汉得知这件事后，派中郎赵奉寿暗示丞相，想以此为要挟，使丞相不要再追查自己的案子。丞相不听，追查得愈紧。广汉想要告发丞相，先向占星望气的太史询问，太史说今年当有大臣受戮而死，广汉便上书控告丞相的罪状。皇帝批示："交由京兆尹处理。"广汉知道事情紧迫，于是自己领吏卒直闯丞相府，召丞相夫人跪在庭下受审讯，押走十多个奴婢，审问丞相夫人杀死奴婢之事。丞相魏相上书陈述："臣妻确实没有杀奴婢。广汉多次犯罪，不仅未伏法反而以欺诈手段胁迫威胁微臣，幸赖臣下宽容他没有上奏。希望皇上派遣公正贤明的使臣审理广汉诬告臣妻之事。"皇帝把这个案子交给廷尉审理。确实是丞相自己因婢女有过错而责备鞭打她，她被赶出丞相府后在外宅自缢而死，并不像广汉所说的那样。司直萧望之上奏弹劾赵广汉说："广汉侮辱丞相，想威胁奉公执法之臣，违背礼节，伤害教化，为不道之罪。"宣帝厌恶他，将其交给廷尉下狱治罪，又犯有滥杀无辜、故意不据实办案、擅自斥责骑士、妨害军需征发等几项罪名。宣帝准奏。长安的官吏和百姓闻讯后有数万人跪在宫门口号啕大哭，有的说："臣活着对朝廷也没有益处，愿意替赵京兆去死，使他能够继续抚养百姓。"广汉终究被处以腰斩。

广汉虽因犯法被杀，但他任京兆尹廉洁清明，抑制豪强，使小民各得其所。百姓至今追念、歌颂他。

张禹传

本篇导读

张禹是以精通《论语》的经学家身份当上天子老师，从而晋升为丞相的。他不愧为西汉后期读书人中的佼佼者。班固将他与匡衡、孔光、马宫等儒官合为同一列传，由此反映了自汉武帝兴儒学以来，诸儒生因通经文而居权位的现象。正如当时社会上所流传“遗子黄金满籯，不如教子一经”（《汉书·韦贤传》）的谚语所表现的，读书做官已成为一种时尚。读者从这一传记中可以很具体地品味西汉末年的儒官形象。

张禹字子文，河内轵人也，至禹父徙家莲勺。禹为儿，数随家至市，喜观于卜相者前。久之，颇晓其别蓍布卦意，时从旁言。卜者爱之，又奇其面貌，谓禹父：『是儿多知，可令学经。』及禹壮，至长安学，从沛郡施雠受《易》，琅邪王阳、胶东庸生问《论语》，既皆明习，有徒众，举为郡文学[1]。甘露中，诸儒荐禹，有诏太子太傅[2]萧望之问。禹对《易》及《论语》大义，望之善焉，奏禹经学精习，有师法[3]，可试事。奏寝[4]，罢归故官。久之，试为博士[5]。初元中，立皇太子，而博士郑宽中以《尚书》授太子，荐言禹善《论语》。诏令禹授太子《论语》，由是迁光禄大夫。数岁，出为东平内史。

注释

1 文学：汉代选官科目之一，指精通儒家经典的人才。

2 太子太傅：官名，太子的师傅，负责辅导太子。

3 师法：老师传授的学艺方法。

4 奏寝：奏书被搁置。寝，睡，止。

5 博士：本义为博通古今之人。战国开始成为学官名。汉武帝设五经博士，专门传授儒家经学。

译文

张禹，字子文，河内郡轵县（今河南济源东南）人，到他父亲时，迁到莲勺县（今陕西渭南东北）。张禹在儿童时，经常随家人到市上去，喜欢观看占卜、看相的人。时间长了，很是懂得识别蓍草布卦的含义，不时从旁说出他的见解。占卜的人很喜欢他，惊奇他的相貌不凡，对他父亲说：“这个小孩很聪明，可以让他学习经学。”张禹长大后，就到长安求学，跟沛郡人施雠学习《易经》，又向琅邪郡人王阳、胶东人庸生请教《论语》，全部都学有所成后，他就收徒讲学，后被举荐为郡文学。汉宣帝甘露年间（前五十三至前四十九），诸儒生向朝廷举荐张禹，皇上诏令太子太傅萧望之考察张禹的学识。张禹回答有关《易经》和《论语》的大义，萧望之非常赞赏，上书说张禹精通经学，有师法，可以试用为官。但这奏书被搁置了，张禹只得作罢，而回到原职。很久以后，皇上才使用张禹为博士。汉元帝初元年间（前四十八至前四十四），册立皇太子，博士郑宽中教授太子学习《尚书》，推荐说张禹精于《论语》。于是皇帝下诏令张禹教太子学习《论语》，因此提升张禹为光禄大夫。几年后，又受命担任东平国（今山东东平东）内史。

元帝崩，成帝即位，征禹、宽中，皆以师赐爵关内侯，宽中食邑八百户，禹六百户。拜为诸吏光禄大夫，秩中二千石，给事中[1]，领尚书事[2]。是时，帝舅阳平侯王凤为大将军辅政专权，而上富于春秋，谦让，方乡经学，敬重师傅。而禹与凤并领尚书，内不自安，数病上书乞骸骨[3]，欲退避凤。上报曰：『朕以幼年执政，万机惧失其中，君以道德为师，故委国政。君何疑而数乞骸骨，忽忘雅素[4]，欲避流言？朕无闻焉。君其固心致思，总秉诸事，推以孳孳，无违朕意。』加赐黄金百斤、养牛、上尊酒，太官致餐，侍医视疾，使者临问。禹惶恐，复起视事，河平四年代王商为丞相，封安昌侯。

注释

1 给事中：官名，因给事殿中而得名。西汉为大夫、博士、议郎的加官，掌顾问应对。

2 领尚书事：兼管尚书意。

3 乞骸骨：古代官吏因年老请求辞官的一种说法，意为使骸骨得以归葬故乡。

4 雅素：指师徒故旧之恩义。

译文

元帝驾崩，成帝即位，征召张禹、郑宽中入朝，二人都因是皇帝的师傅而赐爵关内侯，郑宽中封食邑八百户，张禹封六百户。张禹任诸吏光禄大夫，官秩中二千石，加给事中，领尚书事。这时，成帝的舅舅阳平侯王凤以大将军身份辅佐政事而独揽朝权，成帝年轻，谦虚礼让，爱好经学，敬重老师。张禹与王凤一起兼任尚书，内心很是不安，多次托病上书请求辞职归乡，想回避与王凤共事。成帝下诏说："我年幼即位，担心有过错，阁下因道德高尚成为我的老师，因此才委以国政。您还有什么疑虑，以致多次要辞官，难道您忘记了我们的师徒情谊？还是想要回避什么流言蜚语呢？我并没有听到什么传言。您还是坚定信念、集中心思，拿出孜孜不倦的精神，不要违背我的心意。"又另赐黄金百斤、御厩的养牛及上等贵酒，令太官为张禹供应饮食，御医为他诊病，并派使者过府慰问。张禹诚惶诚恐，又开始上朝。汉成帝河平四年（前二十五年），接替王商充任丞相，封为安昌侯。

为相六岁，鸿嘉元年以老病乞骸骨，上加优再三，乃听许。赐安车驷马，黄金百斤，罢就第，以列侯朝朔望，位特进[1]，见礼如丞相，置从事史五人，益封四百户。天子数加赏赐，前后数千万。

注释

1 特进：官名，西汉末设，授予列侯中有特殊地位的人，位在三公下。

译文

张禹担任丞相六年，在成帝鸿嘉元年（前二十年）因年老多病请求辞官，皇帝对他称赞再三，才准许他辞官。赐予他安车驷马，黄金百斤，张禹辞官回府第后，仍以列侯身份在每月的初一和十五参加朝见，加封特进的官衔，朝见之礼如同丞相时一样，允许他配置从事史五人，加封四百户食邑。成帝对他的赏赐，先后达数千万钱。

禹为人谨厚，内殖货财，家以田为业。及富贵，多买田至四百顷，皆泾、渭溉灌，极膏腴上贾。它财物称是。禹性习知音声，内奢淫，身居大第，后堂理丝竹筦弦[1]。

注释

1 理：演奏。丝竹筦弦：管弦乐器及其音乐。

译文

张禹为人谨慎厚道，家里以农田为业，内生货财。张禹显贵后，置田产多达四百顷，都是泾水、渭水流域灌溉方便的肥沃高价良田。其他资财也与此相当。张禹天生熟知音乐，生活奢侈淫逸，身处大宅府第，后堂演奏丝竹管弦音乐。

禹成就[1]弟子尤著者，淮阳彭宣至大司空，沛郡戴崇至少府九卿。宣为人恭俭有法度，而崇恺弟[2]多智，二人异行。禹心亲爱崇，敬宣而疏之。崇每候禹，常责师宜置酒设乐与弟子相娱。禹将崇入后堂饮食，妇女相对，优人[3]筦弦铿锵极乐，昏夜乃罢。而宣之来也，禹见之于便坐[4]，讲论经义，日晏赐食，不过一肉卮酒[5]相对。宣未尝得至后堂。及两人皆闻知，各自得也。

注释

1 就：造就，使成就。

2 恺弟：同“恺悌”，和乐平易。

3 优人：古代以乐舞戏谑为业的艺人。

4 便坐：别室，厢房。

5 一肉：一样肉食，指食不重味。卮酒：一杯酒。卮，古代盛酒的器皿。

译文

张禹培养的弟子中，优秀著名的有淮阳的彭宣，官至大司空，沛郡的戴崇，官至少府，位列九卿。彭宣为人恭敬简约，讲究规矩，而戴崇性格和乐平易，聪明多才，二人品行各异。张禹内心比较喜欢戴崇，对彭宣则敬而远之。戴崇每次去看望张禹，常常要求老师置酒设乐，与弟子同乐。张禹常请戴崇到后堂共同进餐，与妇女对坐而饮，优人吹管弄弦作乐助兴，极尽欢乐之情，直到黑夜才散席。每当彭宣来访，张禹就在厢房接见他，议论经籍义理，日暮时分赐予饮食，也不过是一种肉食，一卮行酒。未曾到过张禹后堂。待到两人得知老师以不同方式接待自己时，都认为是适宜自己的方式。

禹年老，自治冢茔，起祠室，好平陵[1]肥牛亭部处地，又近延陵[2]，奏请求之，上以赐禹，诏令平陵徙亭它所。曲阳侯根闻而争之：『此地当平陵寝庙衣冠所出游道[3]，禹为师傅，不遵谦让，至求衣冠所游之道，又徙坏旧亭，重非所宜。孔子称「赐爱其羊，我爱其礼」，宜更赐禹它地。』根虽为舅，上敬重之不如禹，根言虽切，犹不见从，卒以肥牛亭地赐禹。根由是害禹宠，数毁恶之。天子愈益敬厚禹。禹每病，辄以起居闻，车驾自临问之。上亲拜禹床下，禹顿首谢恩，〔因〕归诚[4]，言：『老臣有四男一女，爱女甚于男，远嫁为张掖太守萧咸妻，不胜父子私情，思与相近。』上实时徙咸为弘农太守。又禹小子未有官，上临候禹，禹数视其小子，上即禹床下拜为黄门郎，给事中。

注释

1 平陵：汉昭帝刘弗陵之墓，今陕西咸阳西北。

2 延陵：汉成帝刘骜墓，位于今陕西咸阳渭城区。

3 寝庙：宗庙正殿称庙，后殿称寝，合称寝庙。此处谓后殿藏先人衣冠之处。衣冠：汉昭帝的衣冠。汉制，帝死，其衣冠每月出游一次。

4 归诚：对人寄以诚心。

译文

张禹年老时，为自己建冢茔，修祠堂，他看中平陵肥牛亭这处地，又接近延陵，上书请赐该地，皇上便把它赐予张禹，诏令平陵郡将肥牛亭迁到别处。曲阳侯王根听说后向皇帝进谏说：“肥牛亭正当昭帝陵墓衣冠出游所经之地，张禹身为师傅，不顾谦让之礼，乃至于求赐先帝衣冠出游之地，又要迁移毁坏旧亭，太不合适了。孔子曾对子贡说‘你爱惜羊，我爱惜礼’，应当赐张禹另一处地方。”王根虽是成帝的舅舅，但皇帝对他不如对张禹敬重，其所说虽是恳切，而皇帝未能听从，最终还是将肥牛亭赐给了张禹。王根由此事而嫉恨张禹得宠，多次诋毁张禹。而成帝却更加敬重张禹。张禹每次生病，皇帝都要慰问他的饮食起居情况，甚至亲自屈驾探视。成帝亲身到张禹床前看望，张禹叩首谢恩，因而坦诚相告："老臣有四儿一女，比起儿子来我更疼爱女儿，可她远嫁张掖郡（位于今甘肃河西走廊中部）太守萧咸为妻，我看重父女情感，希望与她离得近一点。"皇帝便即刻调任萧咸为弘农郡（位于今河南灵宝黄河沿岸）太守。另外张禹的小儿子没有做官，皇帝去看望张禹时，张禹多次顾视他的小儿子，皇帝领会其意，在张禹床前任命他的小儿子为黄门郎，加给事中。

禹虽家居，以特进为天子师，国家每有大政，必与定议。永始、元延之间，日蚀地震尤数，吏民多上书言灾异之应，讥切王氏专政所致。上惧变异数见，意颇然之，未有以明见，乃车驾至禹弟辟左右，亲问禹以天变，因用吏民所言王氏事示禹。禹自见年老，子孙弱，又与曲阳侯不平，恐为所怨。禹则谓上曰：『春秋二百四十二年间，日蚀三十余，地震五，或为诸侯相杀，或夷狄侵中国。灾变之异深远难见，故圣人罕言命，不语怪神。性与天道，自子贡之属不得闻，何况浅见鄙儒之所言！陛下宜修政事以善应之，与下同其福喜，此经义意也。新学小生，乱道误人，宜无信用，以经术断之。』上雅信爱禹，由此不疑王氏。后曲阳侯根及诸王子弟闻知禹言，皆喜说，遂亲就禹。禹见时有变异，若上体不安，择日洁斋露蓍[1]，正衣冠立筮，得吉卦则献其占，如有不吉，禹为感动忧色。

成帝崩，禹及事哀帝，建平二年薨，谥曰节侯。禹四子，长子宏嗣侯，官至太常，列于九卿。三弟皆为校尉散骑诸曹。

注释

1 露蓍：夜晚将蓍草露于星宿下，明日乃用。言得上天之灵气也。

译文

张禹虽然辞官，但仍以特进官为皇帝的师傅，每当有重大的国家决策，皇帝都要向他咨询。永始（前十六至前十三）、元延（前十二至前九）之际，多次发生日食、地震，官吏和百姓纷纷上书说这是灾异感应，讥讽说是外戚王氏专权所造成的。成帝害怕灾异会多次出现，心中颇以为然，但没有明确表态，于是乘车到张禹府第，屏退左右，询问张禹有关天变之事，并把官吏和百姓上书所说王氏之事对张禹说了一遍。张禹考虑自己年事已高，后代势力单薄，又与曲阳侯王根不和，恐怕被他怨恨。就对皇帝说："春秋二百四十二年间，出现三十多次日食，五次地震，有时是各诸侯国之间相互残杀，有时是夷狄侵扰中原。灾异之变的感应难以预见，因此孔圣人很少谈及天命，也不谈论怪力乱神之事。从子贡之辈起就不再论及人性与天道的关系了，何况是见识浅薄的儒生所说的话！陛下应当整治国政来应对灾异，与百姓同甘共苦，这才是经学大义所在。那些后学小生妄言胡说，贻害他人，陛下不要信用其说，应当用经学大义来判断是非曲直。"成帝向来信任倚重张禹，因此对王氏不再疑虑。事后，曲阳侯王根及各诸侯王的子弟听说张禹的言论，都很高兴，开始亲近张禹。张禹见常常出现异常现象，有时皇帝身体又欠佳，于是他选择吉日沐浴斋戒，露蓍草于星宿下，端正衣冠立筮占卜，得到吉卦就禀告皇帝，如果不吉利，张禹就深感忧虑。

汉成帝驾崩，张禹又侍奉汉哀帝，于建平二年（前五年）去世，谥号节侯。张禹有四个儿子，长子张宏继承爵位，官至太常，位列九卿。其余三个儿子都在校尉散骑各部任职。

初，禹为师，以上难数对己问经，为《论语章句》献之。始鲁扶卿及夏侯胜、王阳、萧望之、韦玄成皆说《论语》1，篇第或异。禹先事王阳，后从庸生，采获所安，最后出而尊贵。诸儒为之语曰：『欲为《论》，念张文。』由是学者多从张氏，余家浸微。

注释

1 扶卿：鲁人，治《论语》名儒。夏侯胜：鲁人，字长公，著名今文尚书学“大夏侯学”的开创者。韦玄成：鲁国邹人，字少翁，宣帝时以明经授为谏大夫，元帝时官至丞相。

译文

当初张禹为帝师时，因为皇上难以经常向自己学习经典，就作了《论语章句》献给皇上。当时鲁人扶卿、夏侯胜、王阳、萧望之、韦玄成都传授《论语》，观点各异。张禹先师从王阳，后又从师庸生，采取稳妥之说，虽出书于最后，但其著述最受世人尊重。众儒生因此说：“要学《论》，读张文。”此后，学者多学习张氏之学，其余各家学说渐衰。

赞曰：自孝武兴学，公孙弘以儒相，其后蔡义、韦贤、玄成、匡衡、张禹、翟方进、孔光、平当、马宫及当子晏咸以儒宗居宰相位，服儒衣冠，传先王语，其酝藉可也，然皆持禄保位，被阿谀之讥。彼以古人之迹见绳[1]，乌[2]能胜其任乎！

注释

1 绳：校正，弹劾。

2 乌：何，哪里。

译文

赞曰：自汉武帝兴建太学，公孙弘以儒者成为宰相，其后有蔡义、韦贤、玄成、匡衡、张禹、翟方进、孔光、平当、马宫以及平当的儿子平晏等人，都是以儒者所尊仰的名儒身份居于宰相地位的，身披儒生衣冠，传授先王哲语，虽然宽博厚重值得肯定，然而都被认为是为了保持俸禄和地位而不惜阿谀奉承之辈。他们若以古人正直奉公为准绳的话，哪里能胜其任呢！

赏析与点评

自汉武帝开辟明经取士之途，公卿中儒者的比例大幅度上升。元帝开始的西汉各代皇帝更是崇儒有加。汉成帝以后的十八位丞相中竟有儒者十四人。班固称他们“以儒宗居宰相位，服儒衣冠，传先王语，其蕴藉可也，然皆持禄保位，被阿谀之讥。”“居宰相位”是儒者通经入仕的光辉顶点；“持禄保位”则是儒者因官致富以后的新贵族立场。

龚遂传

本篇导读

宣帝时循吏龚遂是《汉书·循吏传》所载六位传主之一。所谓循吏是指那些守法循理的清官。龚遂通过明经取士之途为官，先事昌邑王，以直言进谏、面刺王过而知名；渤海地区饥荒造成人民造反，他临危受宣帝之命，担任渤海郡太守，以灵活政策平息叛逆，安定民心，一改齐地奢侈习俗，鼓励农业生产，全郡大治。可谓汉代优秀地方官的代表人物。

龚遂字少卿，山阳南平阳人也。以明经[1]为官至昌邑郎中令，事王贺。贺动作多不正，遂为人忠厚，刚毅有大节，内谏争于王，外责傅相[2]，引经义，陈祸福，至于涕泣，蹇蹇[3]亡已。面刺王过，王至掩耳起走，曰『郎中令善媿[4]人』。及国中皆畏惮焉。王尝久与驺奴宰人[5]游戏饮食，赏赐亡度，遂入见王，涕泣膝行，左右侍御皆出涕。王曰：『郎中令何为哭？』遂曰：『臣痛社稷危也！愿赐清闲竭愚[6]。』王辟左右，遂曰：『大王知胶西王所以为无道亡乎？』王曰：『不知也。』曰：『臣闻胶西王有谀臣侯得，王所为儗于桀纣也[7]，得以为尧舜也。王说其谄谀，尝与寝处，唯得所言，以至于是。今大王亲近群小，渐渍邪恶所习，存亡之机，不可不慎也。臣请选郎通经术有行义者与王起居，坐则诵《诗》《书》，立则习礼容，宜有益。』王许之。遂乃选郎中张安等十人侍王。居数日，王皆逐去安等。久之，宫中数有妖怪，王以问遂，遂以为有大忧，宫室将空，语在《昌邑王传》。会昭帝崩，亡子，昌邑王贺嗣立，官属皆征入。王相安乐迁长乐卫尉。遂见安乐，流涕谓曰：『王立为天子，日益骄溢，谏之不复听，今哀痛未尽，日与近臣饮食作乐，斗虎豹，召皮轩[8]，车九流[9]，驱驰东西，所为悖道。古制宽，大臣有隐退，今去不得，阳[10]狂恐知，身死为世戮，奈何？君，陛下故相，宜极谏争。』王即位二十七日，卒以淫乱废。昌邑群臣坐陷王于恶不道，皆诛，死者二百余人，唯遂与中尉王阳以数谏争得减死，髡为城旦[11]。

注释

1 明经：汉代选官科目。始于汉武帝，由郡国或公卿推荐，被推举者须明习经学，后通过射策确定等级而得官。

2 傅相：诸侯国的太傅、相。

3 蹇蹇：忠直的样子。

4 媿：古“愧”字，羞辱。

5 驺奴：驾驶车马的奴仆。宰人：掌管膳食之官。

6 竭愚：自谦之词，谓尽抒己之愚见。

7 儗：同“拟”，比拟。

8 皮轩：汉皇帝所乘用虎皮装饰的车子。

9 九流：即九旒，天子之旗，上有九条飘带的大旗。

10 阳：佯装。

11 髡（kūn）：剃去罪人须发的刑罚。城旦：筑城的劳役。

译文

龚遂，字少卿，山阳郡（今山东金乡西北）南平阳县（今山东邹县）人。通过明经考试做官，官至昌邑国郎中令，侍奉昌邑王刘贺。刘贺言行举止多不正派，龚遂为人忠厚刚毅，在大节上认真，对内向昌邑王直言劝谏，对外责求太傅、国相，引经据典，陈诉利弊祸福，甚至泪流满面，忠言直谏无止。曾当面指责昌邑王的过错，以至于昌邑王捂着耳朵起身便走，说：“郎中令很能让人感到羞愧。”王国之中都敬畏龚遂。昌邑王曾与奴仆和膳食人吃喝玩乐，恩赏赐予毫无节制，龚遂入宫劝谏，泪流满面，跪地前行，侍奉昌邑王的侍从都感动得落泪。昌邑王问：“郎中令为何哭？”龚遂说：“臣悲痛国家将衰危啊！希望大王能恩准我单独进言以述愚见。”昌邑王屏退左右侍从，龚遂问：“大王知道胶西王刘卬是怎样因暴虐而灭亡的吗？”昌邑王说：“不知道。”龚遂便说：“臣听说胶西王身边有个谄媚之臣叫侯得，胶西王所作所为都近于暴君桀纣，但侯得却奉承他为尧舜。胶西王喜欢侯得的阿谀谄媚，常常与他一同起居，专听他的佞言谬论，导致了灭亡的下场。如今大王信任亲近小人，渐渐沾染他们的恶习，这关系国家的安危存亡，不可不慎重！请允许臣挑选些通晓经学、躬行仁义的侍从与大王一同起居作息，坐卧时便诵读《诗》《书》，行动时便学习礼仪制度，应该是大有裨益的。”昌邑王同意了。龚遂便选拔张安等十人服侍昌邑王。可是，过了几天，昌邑王就把他们都赶走了。不久以后，宫中多次出现怪异反常的事情，昌邑王便询问龚遂，龚遂认为这是将有大灾祸的预兆，是宫殿将要空废的先兆，这事详见《昌邑王传》。恰逢汉昭帝驾崩，没有子嗣继位，昌邑王刘贺继承君位，旧时官员属吏都征召入宫。昌邑王的国相安乐调任长乐宫卫尉，龚遂去拜见安乐，泪流满面地说：“大王继立为天子，一天比一天骄傲自满，不再听从进谏了。如今服丧未满，天天与近臣饮酒吃喝、寻欢取乐，不是斗虎豹，就是聚集皮车，竖九旒大旗，策马疾驰，所作所为违背正道。古时的制度宽容，大臣可以隐退，如今不得离开，想假装疯狂，去官避祸，又怕被人知道，身死还要为世人羞辱，如何是好？您是陛下从前的国相，应当极力直言劝谏。”昌邑王即位二十七天，因骄奢放纵被废。昌邑王以前的臣子因陷君王于奸恶而犯大逆不道之罪，全都被处死，死了有二百多人，只有龚遂与中尉王阳因多次进谏而得以幸免，受髡刑服城旦劳役四年。

宣帝即位，久之，渤海左右郡岁饥，盗贼并起，二千石不能禽制。上选能治者，丞相御史举遂可用，上以为渤海太守。时遂年七十余，召见，形貌短小，宣帝望见，不副所闻，心内轻焉，谓遂曰：『渤海废乱，朕甚忧之。君欲何以息其盗贼，以称朕意？』遂对曰：『海濒遐远，不沾圣化，其民困于饥寒而吏不恤，故使陛下赤子盗弄陛下之兵于潢池[1]中耳。今欲使臣胜之邪，将安之也？』上闻遂对，甚说，答曰：『选用贤良，固欲安之也。』遂曰：『臣闻治乱民犹治乱绳，不可急也；唯缓之，然后可治。臣愿丞相御史且无拘臣以文法，得一切便宜从事。』上许焉，加赐黄金，赠遣乘传[2]。至渤海界，郡闻新太守至，发兵以迎，遂皆遣还，移书敕属县悉罢逐捕盗贼吏。诸持钽钩[3]田器者皆为良民，吏无得问，持兵者乃为盗贼。遂单车独行至府，郡中翕然，盗贼亦皆罢。渤海又多劫略相随，闻遂教令，实时解散，弃其兵弩而持钩钽。盗贼于是悉平，民安土乐业。遂乃开仓廪假贫民，选用良吏，尉安牧养焉。

注释

1 兵：兵器。潢池：积水的池塘。

2 传：驿站里的马车。

3 鉏钩：种田的农具。鉏，通“锄”。钩，镰刀。

译文

汉宣帝即位，许久后，渤海郡（今河北、辽宁的渤海海湾一带）附近郡县闹饥荒，饥民纷纷起来作乱，太守制服不了他们。宣帝要选派有能力处理这件事的人，丞相和御史大夫都推荐龚遂，宣帝任命他为渤海郡太守。当时龚遂已有七十多岁，宣帝召见他，见他身材矮小、相貌平平，觉得与所闻不符，内心有所轻视，对龚遂说道：“渤海郡荒废混乱，朕很担忧。您打算如何平息盗贼祸乱来使朕放心呢？”龚遂答道：“渤海郡濒临海边、地处遥远，沐浴不到帝王的教化，那里的百姓困于饥寒，而官吏不加体恤，所以使陛下的臣民盗用兵器在水池子里胡闹。如今陛下是想让臣用武力镇压他们呢，还是用德政去安抚呢？”宣帝听到龚遂的对答，非常高兴，就说：“选任才德兼备的人，本来就是想要安抚稳定局势的。”龚遂说：“臣听闻治理反叛的百姓就像解开缠绕的绳子一样，不可着急；只有缓慢行事方可安治。臣希望丞相和御史暂且不要用常规的法令条文拘束臣，允许臣根据客观情况酌情自行处理。”宣帝同意了，另外赏赐黄金，派他上任。龚遂乘驿车来到渤海郡界，郡府听闻新太守到了，派兵出外迎接，龚遂让军队都回去，接着发布公文命令所属各地县衙追捕盗贼的官吏一律撤回。凡是拿着锄头、镰刀农具的人都算良民，官吏不得追究，只有手持兵器的人才是强盗和窃贼。龚遂不带随从，独自驱车来到郡府，全郡安定下来，盗贼也都作罢。渤海郡的不少结伙抢劫和拦路掠夺者，听闻龚遂的法令，当下便分散离开，扔掉了他们的兵刃和弓弩，转而拿起农具。于是盗贼便都平息，百姓安居乐业、生活安定。龚遂于是开仓赈灾，救济穷人，选任贤能的官吏，慰问百姓安定生产。

遂见齐俗奢侈，好末技[1]，不田作，乃躬率以俭约，劝民务农桑，令口种一树榆、百本薤[2]、五十本葱、一畦韭，家二母彘、五鸡。民有带持刀剑者，使卖剑买牛，卖刀买犊，曰：『何为带牛佩犊！』春夏不得不趋田亩，秋冬课[3]收敛，益蓄果实菱芡[4]。劳来循行[5]，郡中皆有畜积，吏民皆富实。狱讼止息。

注释

1 末技：即末业，指工商业。

2 口：每一口人。本：量词。用于草木，犹棵、丛、撮等。薤（xiè）：多年生草本植物，地下有鳞茎，鳞茎和嫩叶都可吃，也可入药。

3 课：考核。

4 菱：菱角。芡：一年生水草，茎叶有刺，亦称“鸡头”。

5 劳来：亦作“劳徕”，以恩德招之使来。循行：巡视各地。

译文

龚遂见齐地风俗奢侈，喜好工商业，不喜耕作，于是以身作则厉行节俭，鼓励百姓务农植桑，让每人种一棵榆树、百棵薤、五十根葱，一畦韭菜，每家养两头母猪、五只鸡。如果百姓有携刀佩剑的，让他们卖剑买牛，卖刀买犊，说：“为何把牛和犊带在身上呢！”春夏两季劝百姓到田地耕作，秋冬时考核收成、赋敛，增加果实和菱角鸡头的储存。一方面招致外来人员，一方面亲自巡视各地，郡中积聚储存颇丰，官吏和百姓都富裕殷实。不再有案件诉讼之事。

数年，上遣使者征遂，议曹王生愿从。功曹以为王生素嗜酒，亡节度，不可使。遂不忍逆，从至京师。王生日饮酒，不视太守。会遂引入宫，王生醉，从后呼，曰：『明府[1]且止，愿有所白。』遂还问其故，王生曰：『天子即问君何以治渤海，君不可有所陈对，宜曰「皆圣主之德，非小臣之力也」。』遂受其言。既至前，上果问以治状，遂对如王生言。天子说其有让，笑曰：『君安得长者之言而称之？』遂因前曰：『臣非知此，乃臣议曹教戒臣也。』上以遂年老不任公卿，拜为水衡都尉[2]，议曹王生为水衡丞，以褒显遂云。水衡典上林禁苑，共张宫馆[3]，为宗庙取牲，官职亲近，上甚重之，以官寿卒。

注释

1 明府：对郡守的尊称。

2 水衡都尉：官名，掌上林苑及铸钱等事。兼管皇室财物、造船、治水等。

3 共张：供应、置办各种器物。共，通“供”。宫馆：离宫别馆，供皇帝休息游玩的地方。

译文

过了几年，宣帝派使者召回龚遂，议曹王生请求同往。功曹认为王生一向饮酒成癖，没有节制，不宜同行。龚遂不忍拒绝王生，便让他随从到了京师。王生日日喝酒，也不见龚遂。等到龚遂入宫时，王生醉酒，从后呼唤龚遂说：“太守请留步，下官有所禀告。”龚遂便回来询问缘故，王生说：“天子如果要问您是如何治理渤海郡的，您不能正面回答皇上的问题，应当说‘全赖皇上威德，并非小臣之力’。”龚遂接受他的意见。到了皇帝跟前，皇帝果然询问起治理的情况，龚遂就按照王生的话对答。天子很喜欢他如此谦虚，笑着说：“您从哪儿学来的这种忠厚长者的话？”龚遂就上前回答：“不是下臣知道这样说，这是我的属官议曹王生告诫我的。”宣帝因龚遂年老不能充任公卿之职，就任他为水衡都尉，议曹王生任水衡都尉属官，以褒扬彰显龚遂的政绩。水衡都尉掌管上林苑，供应、置办离宫别馆的各种器物，为皇帝宗庙提供祭祀牲品，任此职者为皇帝信任亲近之人，宣帝很器重他，最后龚遂在官任上以寿终。

原涉传

本篇导读

本文节选自《汉书·游侠传》，记述了西汉末豪侠原涉的事迹。原涉本是官宦世家之子，性温仁而内忍，因父死辞让赙送而闻名，弃官报杀叔父之仇，亲自为闾巷贫民殡殓，大修墓冢，自建“原氏仟”神道，以剑贯耳向县官谢罪等等。读者可从原涉身上看到汉代活跃于地方的英雄豪侠们行侠仗义的风范。

原涉字巨先。祖父武帝时以豪桀自阳翟徙茂陵。涉父哀帝时为南阳太守。天下殷富，大郡二千石死官，赋敛送葬皆千万以上，妻子通共受之，以定产业。时又少行三年丧者。及涉父死，让还南阳赙送[1]，行丧冢庐三年，繇是显名京师。礼毕，扶风谒请为议曹，衣冠慕之辐辏[2]。为大司徒史丹举能治剧[3]，为谷口令，时年二十余。谷口闻其名，不言而治。

注释

1 赙（fù）送：赠物助丧，也指赠送治丧的财物。

2 衣冠：指官绅。辐辏：车辐集中在车毂，指人或物的聚集。

3 治剧：指处理繁重难办的事务。

译文

原涉，字巨先。其祖父在武帝时因豪桀身份从阳翟县（今河南禹州）迁居到茂陵县（在今陕西西安兴平城东北）。父亲在哀帝时担任南阳郡（今河南南阳）太守。那时，天下富足，大郡郡守死于任上的，从属官吏赠送治丧的财物多达千万钱以上，妻子儿女通通接受，便可以用来稳定家产。当时很少有人服三年丧期的。原涉在父亲死时，退还了南阳属吏所赠丧物，丧事完毕后在父亲墓旁守丧三年，从此名扬京师。行丧终服后，右扶风拜谒请他为议曹官，官绅仰慕其名就像辐条向车毂聚集而来。由于受到大司徒史丹举荐，说他能处理繁重事务，原涉担任了谷口县令，年仅二十多岁。谷口人听到原涉的名声，因其德政而感化。

先是，涉季父为茂陵秦氏所杀，涉居谷口半岁所，自劾去官，欲报仇。谷口豪桀为杀秦氏，亡命岁余，逢赦出。郡国诸豪及长安、五陵[1]诸为气节者皆归慕之。涉遂倾身与相待，人无贤不肖阗门[2]，在所闾里尽满客。或讥涉曰：『子本吏二千石之世，结发自修，以行丧推财礼让为名，正复雠取仇，犹不失仁义，何故遂自放纵，为轻侠之徒乎？』涉应曰：『子独不见家人寡妇邪？始自约敕之时，意乃慕宋伯姬及陈孝妇[3]，不幸壹为盗贼所污，遂行淫失[4]，知其非礼，然不能自还。吾犹此矣！』

注释

1 五陵：指长陵、安陵、阳陵、茂陵、平陵。

2 阗门：满门，充塞门庭。

3 宋伯姬：春秋时守“妇人之义”的典范。陈孝妇：汉文帝赐号的“孝妇”。

4 淫失：恣纵放荡。失，通“佚”，放荡，淫佚。

译文

此前，原涉的叔父被茂陵秦氏所杀，原涉在谷口大约半年之后，自行弹劾离职，要为叔父报仇。谷口的英勇豪杰替原涉杀了秦氏，逃亡在外一年多，遇赦免机会方才露面。郡国的豪杰之士及长安、五陵各地诸多有气节的英雄豪侠都倾心仰慕原涉，前来投奔。原涉也与他们坦诚相待，无论贤与不贤都与他结交，宾客盈门。有人讥讽原涉说：“阁下本是郡守官宦世家，少年时期修身养性，因治丧辞让赙送、守礼谦让而知名，正所谓有仇报仇，这还尚且不失仁义之道，为什么却自我放纵，甘做轻侠之辈呢？”原涉应答：“你难道没听说过平民寡妇之事吗？从约束诫饬自我的那一刻开始，心中仰慕的就是宋伯姬和陈孝妇，不幸一旦被盗贼所玷污，行为举止就放纵淫佚了，虽心知违背于礼，却再无法回头。我也如此！”

涉自以为前让南阳赙送，身得其名，而令先人坟墓俭约，非孝也。乃大治起冢舍，周阁重门。初，武帝时，京兆尹曹氏葬茂陵，民谓其道为京兆仟。涉慕之，乃买地开道，立表署曰南阳仟，人不肯从，谓之原氏仟。费用皆卬富人长者，然身衣服车马才具，妻子内困。专以振施贫穷赴人之急为务。人尝置酒请涉，涉入里门，客有道涉所知母病避疾在里宅者。涉即往候，叩门。家哭，涉因入吊，问以丧事。家无所有，涉曰：『但洁扫除沐浴，待涉。』还至主人，对宾客叹息曰：『人亲卧地不收，涉何心乡此！愿彻去酒食。』宾客争问所当得，涉乃侧席而坐[1]，削牍[2]为疏，具记衣被棺木，下至饭含[3]之物，分付诸客。诸客奔走市买，至日昳皆会。涉亲阅视已，谓主人：『愿受赐矣。』既共饮食，涉独不饱，乃载棺物，从宾客往至丧家，为棺敛劳徕[4]毕葬。其周急待人如此。后人有毁涉者曰『奸人之雄也』，丧家子实时刺杀言者。

注释

1 侧席而坐：古表示忧伤。

2 削牍：削薄竹木为片用以书写。

3 饭含：丧仪之一。古有把珠、玉、谷物或钱放入死者口中的习俗。

4 劳徕：慰问，劝慰。

译文

原涉自以为先前辞让南阳赙送使自己享有声名，而让祖先坟墓落得俭朴是不孝。于是大造冢舍，阁楼回环，门宇重重。当初，武帝时，京兆尹曹氏葬在茂陵，民间把他的墓前神道称为“京兆仟”。原涉很羡慕，于是买下土地，开拓道路，并立碑署名为“南阳仟”，百姓不肯依从，称之为“原氏仟”。所需费用都仰仗富有显贵人家，然而自身衣着车马仅仅够用，妻子儿女在家受贫困。原涉专心将赈济和施舍贫困之人、急人所急作为自己的要务。一次，有人摆酒宴请原涉，原涉刚走进里门，听宾客说原涉所认识的一个人因母病而迁居此里。原涉于是前往问候，敲门后，见家人都在哭丧，就上前吊唁，询问后事如何办理。那家人一无所有，原涉说：“只管打扫清洁、沐浴洁身，等我来。”回到宴请的主人家，对宾客叹息说：“别人的亲人死后因贫穷而无法入敛，原涉哪有吃饭心情呢！希望把酒席撤掉。”宾客争问需要什么，原涉于是侧席而坐，削木牍撰写清单，一一记下所需敛服、棺木，乃至饭含之物，吩咐宾客去置办。众宾客奔波于市，买办所需，至下午时汇合。原涉亲自检查后，对宴请的主人家说：“可以开始宴饮了。”一起吃过饭后，单单原涉食不饱腹，于是载着所需棺物，与众宾客来到丧家，替他收敛死者，慰问吊唁者，完成丧事。其周济困急的待人之道达到这种程度。后来，有人诋毁原涉是“奸人之雄”，那个丧家的儿子当场就把这人杀了。

赏析与点评

游侠阶层在汉代很活跃，所以《史》、《汉》均为之立传。这些人是民间的特殊社会，按照原涉的话说是“知其非礼，然不能自还”。换言之，他们知道自己是“黑社会”，却又人在江湖身不由己。他们为何能受到民众的誓死拥戴呢？“专以振施贫穷赴人之急为务”的精神绝对是一个重要原因。要看到在那些国家的法律、制度不能发挥作用的角落和时刻，身边的那位利他主义精神者才是最可信赖的。日后中国的宗教不就是这样逐渐形成的吗！

宾客多犯法，罪过数上闻。王莽数收系欲杀，辄复赦出之。涉惧，求为卿府[1]掾史，欲以避客。文母太后丧时，守[2]复土校尉。已为中郎，后免官。涉欲上冢，不欲会宾客，密独与故人期会。涉单车驱上茂陵，投暮，入其里宅，因自匿不见人。遣奴至市买肉，奴乘涉气与屠争言，斫伤屠者，亡。是时，茂陵守令尹公新视事，涉未谒也，闻之大怒。知涉名豪，欲以示众厉俗，遣两吏胁守涉。至日中，奴不出，吏欲便杀涉去。涉迫窘不知所为。会涉所与期上冢者车数十乘到，皆诸豪也，共说尹公。尹公不听，诸豪则曰：『原巨先奴犯法不得，使肉袒自缚，箭贯耳[3]，诣廷门谢罪，于君威亦足矣。』尹公许之。涉如言谢，复服遣去。

注释

1 卿府：指王莽从弟卫将军王林。

2 守：代为管理，并非实任。

3 箭贯耳：古代刑罚之一，以箭贯耳，表示有罪自罚。

译文

原涉的宾客多有犯法的，罪过屡屡上报朝廷。王莽数次将他们拘禁想杀掉，常常又赦免放出。原涉惧怕，请求担任卿府属官，想借此回避宾客。适逢文母太后（元帝之后，王莽之姑）举办丧事，原涉暂任复土校尉。以后又做了中郎，后被免官。原涉打算去扫墓，又不想与诸宾客会面，就秘密地单独与旧友约期见面。原涉驱单车到茂陵，至傍晚时，入住到里宅内，遂隐藏不想见人。派奴仆到市集买肉，奴仆仗着原涉的气势与买肉的人争吵，砍伤屠夫就逃跑了。当时，暂任茂陵令的尹公新上任，原涉未曾去拜谒，听说这件事后勃然大怒。素知原涉是有名的豪士，想以此杀一儆百，树立威信，派遣两名官吏看守原涉。到中午时，奴仆还不出现，两吏便想杀掉原涉去复命。原涉窘迫困急不知如何是好。正当此时，原涉所约一同上坟的数十辆车到齐，都是些豪杰之士，就共同来劝说尹公开恩。尹公不听，诸多豪士便说："原涉的奴仆犯法捉不到，那就让他脱去上衣自缚其身，以箭贯耳，亲自上门谢罪吧，也算给足阁下颜面了。"尹公答应了。原涉如前所言上门谢罪，后穿好衣服离开。

初，涉与新丰富人祁太伯为友，太伯同母弟王游公素嫉涉，时为县门下掾，说尹公曰：『君以守令辱原涉如是，一旦真令至，君复单车归为府吏，涉刺客如云，杀人皆不知主名，可为寒心。涉治冢舍，奢僭踰制，罪恶暴著，主上知之。今为君计，莫若堕坏涉冢舍，条奏其旧恶，君必得真令。如此，涉亦不敢怨矣。』尹公如其计，莽果以为真令。涉繇此怨王游公，选宾客，遣长子初从车二十乘劫王游公家。游公母即祁太伯母也，诸客见之皆拜，传曰[1]『无惊祁夫人』。遂杀游公父及子，断两头去。

注释

1 传曰：转相告知。

译文

当初，原涉与新丰的富豪祁太伯是朋友，而祁太伯同母的弟弟王游公一向嫉恨原涉，王游公这时任县令小吏，劝尹公说："您仗着代行县令的头衔就如此羞辱原涉，有朝一日真正的县令上任，您重新驾单车回去当府吏，原涉门下刺客如云，杀人都不知道当事者的姓名，我真为您担心。原涉建坟造舍，奢侈逾礼、不合法度，罪行暴烈、臭名昭著，这是主上所知道的。眼下为您谋划，不如拆毁原涉所建冢舍，逐条上奏他以前的罪行，阁下肯定会得到正式县令之职。这样，原涉也不敢有什么怨言了。"尹公依照了王游公的谋策，王莽果真任尹公做了正式的茂陵县县令。原涉由此怨恨王游公，精选宾客，派长子原初带随从二十乘威逼王游公家。王游公的母亲也就是祁太伯的母亲，宾客见到祁母都下拜，转相告知说："不要惊吓到祁夫人。"于是杀死王游公和他的儿子，砍下两颗头离去。

涉性略似郭解，外温仁谦逊，而内隐好杀。睚眦[1]于尘中，触死者甚多。王莽末，东方兵起，诸王子弟多荐涉能得士死，可用。莽乃召见，责以罪恶，赦贳[2]，拜镇戎大尹。涉至官无几，长安败，郡县诸假号起[3]兵攻杀二千石长吏以应汉。诸假号素闻涉名，争问原尹何在，拜谒之。时莽州牧[4]使者依附涉者皆得活。传送致涉长安，更始西屏将军申屠建请涉与相见，大重之。故茂陵令尹公坏涉冢舍者为建主簿，涉本不怨也。涉从建所出，尹公故遮拜涉，谓曰：『易世矣，宜勿复相怨！』涉曰：『尹君，何壹鱼肉涉也！』涉用是怒，使客刺杀主簿。

注释

1 睚眦：瞋目怒视。

2 贳（shì）：宽恕，赦免。

3 假号：自立的名号，亦指起事者。

4 州牧：一州之长，掌军政大权。

译文

原涉性情类似郭解，外表温厚仁爱、谦虚恭顺，而内心隐藏喜好搏杀的性格。受到怒目相视的小怨恨必要报复，死于其手下者甚多。王莽末年，东方起兵反叛，诸侯王众子弟多举荐说原涉能得士人效死之心，可以一用。王莽于是召见原涉，斥责其罪恶，又加以宽恕，任他为镇戎大尹（即天水太守。王莽改天水为镇戎，改太守为大尹）之官。原涉上任不多时日，长安兵败，郡县的反叛势力攻伐二千石州郡官和县级高官以响应汉军。众起事者向来听闻原涉的名声，纷纷相问原涉所在，前往拜访谒见。当时王莽的州牧使者凡是依附原涉的都得以活命。原涉被用驿车送到长安，更始（刘玄的年号）帝的西屏将军申屠建与之会面，非常器重他。以前那个毁坏原涉冢舍的茂陵县令尹公现为申屠建主簿，原涉本不怨恨他。原涉从申屠建那里出来，尹公故意拦路下拜说：“改朝换代了，不应该再互相怨恨！”原涉说：“尹公，为何专把我当作鱼肉宰割！”因此非常愤怒，派刺客刺杀了尹公。

涉欲亡去，申屠建内恨耻之，阳言『吾欲与原巨先共镇三辅，岂以一吏易之哉！』宾客通言，令涉自系狱谢，建许之。宾客车数十乘共送涉至狱。建遣兵道徼[1]取涉于车上，送车分散驰，遂斩涉，县之长安市。

注释

1 道徼：中途拦截。

译文

原涉打算逃亡，申屠建内心嫉恨原涉，假意说：“我要与原涉共同安定三辅（京兆尹、左冯翊、右扶风），怎会因一名小吏而改变主意！”宾客把这话传给原涉，并让原涉自首投狱谢罪，申屠建应允。宾客用数十辆车乘一起送原涉到狱中。申屠建派兵中途拦劫抓获在车上的原涉，送行的车马分散疾驰，于是斩杀原涉，悬其首于长安市中。

自哀、平间，郡国处处有豪桀，然莫足数。其名闻州郡者，霸陵杜君敖、池阳韩幼孺、马领绣君宾、西河漕中叔，皆有谦退之风。王莽居摄，诛钼豪侠，名捕1漕中叔，不能得。素善强弩将军孙建，莽疑建藏匿，泛以问建。建曰：『臣名善之，诛臣足以塞责。』莽性果贼，无所容忍，然重建，不竟问，遂不得也。中叔子少游，复以侠闻于世云。

注释

1 名捕：指名逮捕，即通缉。

译文

自哀帝、平帝年间，郡国处处有英雄豪杰，但都没有值得称道者。闻名于州郡的有霸陵县（今陕西临潼）杜君敖，池阳县（今陕西泾阳）韩幼孺，马领县（今甘肃环县）绣君宾、西河县（今内蒙古准格尔旗西南）漕中叔，这些人都具有谦虚谨让的风度。王莽摄政，要铲除豪杰侠士，通缉漕中叔而没有抓到。漕中叔一向与强弩将军孙建亲善，王莽怀疑孙建窝藏漕中叔。泛泛地询问孙建这件事。孙建说："我是与漕中叔亲善，责罚我就足以敷衍此事了。"王莽虽然性情果断狡猾，无所容忍，但是由于器重孙建，而未再追究，终于没抓到漕中叔。漕中叔的儿子漕少游，也因豪侠而闻名于世。

董贤传

本篇导读

本传节选自《汉书·佞幸传》，传主是西汉哀帝年间年仅二十出头的美少年董贤。董贤本是一个在殿下传漏的卑微舍人，因美貌而受宠，竟然封侯拜爵，官至一人之下万人之上的大司马。从哀帝见其美貌而倾心、同床共寝、封侯赐官、赏赐无度、纵容包庇的记述中，读者不难懂得一个道理，即宁用奴才不用人才之过错，不在奴才而在用人之人。

董贤字圣卿，云阳人也。父恭，为御史，任贤为太子舍人。哀帝立，贤随太子官为郎。二岁余，贤传漏[1]在殿下，为人美丽自喜，哀帝望见，说其仪貌，识而问之，曰：『是舍人董贤邪？』因引上与语，拜为黄门郎，繇是始幸。问及其父为云中侯，即日征为霸陵令，迁光禄大夫。贤宠爱日甚，为驸马都尉侍中，出则参乘，入御左右，旬月间赏赐累巨万，贵震朝廷。常与上卧起。尝昼寝，偏藉上袖，上欲起，贤未觉，不欲动贤，乃断袖而起。其恩爱至此。贤亦性柔和便辟[2]，善为媚以自固。每赐洗沐，不肯出，常留中视医药。上以贤难归，诏令贤妻得通引籍殿中，止贤庐，若吏妻子居官寺舍。又召贤女弟以为昭仪[3]，位次皇后，更名其舍为椒风，以配椒房云。昭仪及贤与妻旦夕上下，并侍左右。赏赐昭仪及贤妻亦各千万数。迁贤父为少府，赐爵关内侯，食邑，复徙为卫尉。又以贤妻父为将作大匠，弟为执金吾。诏将作大匠为贤起大第北阙下，重殿洞门，木土之功穷极技巧，柱槛衣以绨锦。下至贤家僮仆皆受上赐，及武库禁兵，上方珍宝。其选物上弟尽在董氏，而乘舆所服乃其副也。及至东园秘器[4]，珠襦玉柙[5]，豫以赐贤，无不备具。又令将作为贤起冢茔义陵旁，内为便房，刚柏题凑[6]，外为徼道[7]，周垣数里，门阙罘罳[8]甚盛。

注释

1 传漏：报知时刻。

2 便辟：献媚逢迎。

3 昭仪：皇帝嫔妃的一种封号。汉元帝始设，在宫中地位仅次于皇后。

4 东园秘器：皇室、显贵之人死后用的棺椁。

5 珠襦玉柙：皇室专用的敛服。珠襦，用珠子缀成的短衣。玉柙，即玉衣。

6 题凑：古代君王、贵臣的棺之椁。

7 徼道：巡察的道路。

8 罘罳（fú sī）：与门阙相连的曲阁。

译文

董贤，字圣卿，云阳人。父亲名恭，任御史，董贤任太子舍人。哀帝即位，董贤由太子舍人升为郎官。两年后，董贤在殿下报时刻，长得美貌喜人，哀帝望见，悦其美貌，看着他问道："你是舍人董贤吗？"于是召至殿上相谈，授官黄门郎，由此始得宠。哀帝得知其父为云中侯，当日提升为霸陵县令，又升为光禄大夫。董贤一天比一天受宠，充任了驸马都尉侍中，皇帝外出则同车陪乘，上殿则侍奉左右，十几天赏赐累计万万，其显贵震惊朝堂。董贤经常与皇帝同起同卧。有一次白天睡觉，董贤身子压住了皇帝的袖子，哀帝想起床，而董贤未醒，又不想惊醒他，于是便割断袖子起身。其恩宠相爱至此。董贤不仅性情柔和、献媚逢迎，而且能以此巩固自身地位。每每赐假都不肯回家，常留于殿中照料皇帝医药。哀帝因董贤难得回家，便下令将他的妻子暂搬至殿中，宿在董贤平日休息处，如同官吏们的夫人居住在官署一样。又召董贤妹为昭仪，地位仅次于皇后，其宫室更名为椒风，以便与皇后的椒房看齐。昭仪及董贤与其妻早晚上下共同侍奉哀帝左右。赏赐昭仪和董贤妻也各以千万数。又提升董贤父为少府，赐关内侯爵，赏采邑，不久后又升卫尉。随后又任命董贤的岳父为将作大匠，任其弟为执金吾。下诏令将作大匠在北阙下为董贤修建巨大宅邸，有殿阁重门，土木之功精妙，柱栏裹饰以绨锦。下至董贤家奴皆受皇帝赏赐，连武库兵器，皇帝珍宝亦在赏赐之列。其选贡上等物品皆在董氏，而皇家所用的倒是次等的。及至东园皇室棺椁，珠饰短衣，金缕玉衣，都预先赐给董贤，一应俱全。又令将作大匠在义陵旁边为董贤建造坟茔，内侧是供休息之用的房室，用坚硬的柏木作题凑；外围修建巡察道路，四周围墙绵延数里，门阙曲阁都很讲究。

上欲侯贤而未有缘。会待诏孙宠、息夫躬等告东平王云后谒[1]祠祀祝诅，下有司治，皆伏其辜。上于是令躬、宠为因贤告东平事者，乃以其功下诏封贤为高安侯，躬宜陵侯，宠方阳侯，食邑各千户。顷之，复益封贤二千户。丞相王嘉内疑东平事冤，甚恶躬等，数谏争，以贤为乱国制度，嘉竟坐[2]言事下狱死。

注释

1 谒：东平王刘云王后之名。

2 坐：定罪。

译文

哀帝想封董贤为侯而没有机会。适逢待诏孙宠、息夫躬等告发东平王刘云的王后谒在祭祀时诅咒皇上，交有关部门审理，全都认罪。哀帝于是让息失躬、孙宠二人说是由于董贤的缘故，才得以告发东平王之事的，而后下诏论功将董贤封为高安侯，息夫躬封宜陵侯，孙宠封方阳侯，采邑各千户。不久，又加封董贤二千户。丞相王嘉疑心东平王一案有冤情，非常厌恶息夫躬等人，多次进谏力争，认为董贤扰乱国家制度，王嘉竟然因谏诤言事罪下狱而死。

上初即位，祖母傅太后、母丁太后皆在，两家先贵。傅太后从弟喜先为大司马辅政，数谏，失太后指，免官。上舅丁明代为大司马，亦任职，颇害贤宠，及丞相王嘉死，明甚怜之。上浸重贤，欲极其位，而恨明如此，遂册免明曰：『前东平王云贪欲上位，祠祭祝诅，云后舅伍宏以医待诏，与校秘书郎杨闳结谋反逆，祸甚迫切。赖宗庙神灵，董贤等以闻，咸伏其辜。将军从弟侍中奉车都尉吴、族父左曹屯骑校尉宣皆知宏及栩丹诸侯王后亲，而宣除用丹为御属，吴与宏交通厚善，数称荐宏。宏以附吴得兴其恶心，因医技进，几危社稷，朕以恭皇后故，不忍有云。将军位尊任重，既不能明威立义，折消未萌，又不深疾云、宏之恶，而怀非君上，阿为宣、吴，反痛恨云等扬言为群下所冤，又亲见言伍宏善医，死可惜也，贤等获封极幸。嫉妒忠良，非毁有功，于戏伤哉！盖「君亲无将[1]，将而诛之」。是以季友鸩叔牙，《春秋》贤之；赵盾不讨贼，谓之弑君。朕闵将军陷于重刑，故以书饬。将军遂非不改，复与丞相嘉相比，令嘉有依，得以罔上。有司致法将军请狱治，朕惟噬肤[2]之恩未忍，其上票骑将军印绶，罢归就第。』遂以贤代明为大司马卫将军，册曰：『朕承天序，惟稽古建尔于公，以为汉辅。往悉尔心，统辟元戎[3]，折冲绥远[4]，匡正庶事，允执其中。天下之众，受制于朕，以将为命，以兵为威，可不慎与！』是时贤年二十二，虽为三公，常给事中，领尚书，百官因贤奏事。以父恭不宜在卿位，徙为光禄大夫，秩中二千石。弟宽信代贤为驸马都尉。董氏亲属皆侍中诸曹奉朝请[5]，宠在丁、傅之右[6]矣。

注释

1 将：将要逆乱。

2 噬肤：言自啮其肌肤。

3 元戎：大众。

4 折冲绥远：抵御敌军，安定边远。冲，冲车，战车的一种，折冲指使敌人的战车折返。

5 朝请：古代春季朝见曰“朝”，秋季朝见曰“请”。

6 右：上也。汉以右为尊。

译文

哀帝初即位时，祖母傅太后，母亲丁太后皆在世，两家显贵。傅太后堂弟傅喜原先为大司马，辅佐朝政，多次劝谏，因违背太后旨意被免官。哀帝的舅舅丁明接任大司马，执掌政务后，十分忌恨董贤受宠，丞相王嘉死时，丁明甚是同情。哀帝愈发器重董贤，打算给他最高职位，又恨丁明对董贤不满，故诏册罢免丁明，说：“先前东平王刘云贪图皇位，祭祀时诅咒皇帝，刘云王后的舅舅伍宏凭医术待诏，与校秘书郎杨闳勾结谋反，祸害严重。幸赖宗庙神灵保佑，董贤等闻讯后加以审治，皆伏其罪。丁将军的堂弟侍中奉车都尉丁吴、本族伯父左曹屯骑校尉丁宣都知道伍宏及栩丹与诸侯王后相亲近，而丁宣仍提拔栩丹为从属，丁吴与伍宏过从亲密，多次称荐伍宏。伍宏因依附丁吴得以施展其险恶用心，凭医术被任用，几乎危害社稷，朕因恭皇后（丁后，即哀帝母）之故，不忍惩治。丁将军地位高，职责重，既不能扬威立义，防患未然，又不能深责刘云、伍宏之过，反而非议君上，怀疑在心，极力讨好丁宣、丁吴，痛惜刘云之徒，扬言他们是被群臣所冤枉，更是亲自向朕进言说伍宏长于医药，处死可惜，董贤等获封极为不妥。如此嫉妒忠良，诽谤有功之臣，多么令人痛心啊！俗话说‘君主身边无将反之人，有要谋反者便要诛杀’。所以季友毒死了拥戴庆父的叔牙，《春秋》表彰他；晋大夫赵盾返国不讨贼，史书说他弑君。朕怜悯丁将军将陷于重刑，因此下诏书以告诫。将军仍执迷不悟，仍与丞相王嘉朋比为奸，使王嘉有恃无恐，敢于欺罔君上。朝廷官员要依法将丁将军投入监狱治罪，朕顾及亲情不忍加法，你应交出骠骑将军印和绶带，罢官归家。”于是让董贤接替丁明为大司马卫将军，下册书说：“朕仰承天命，依循古制将你提拔到三公之位，成为汉室的辅臣。希望你尽心尽力，统领君主的大军，抵御外侮、抚靖边远，匡扶众事，不偏不倚。天下众民，受朕管辖，以将军为总领，以兵器显威武之力，能不谨慎吗！”当时，董贤仅二十二岁，虽位列三公，常侍从殿中，兼管尚书事务，百官都靠着董贤启奏政事。由于其父不适宜在卿位，调任为光禄大夫，官秩中二千石。他的弟弟董宽信接替董贤的驸马都尉职。董氏亲属都担任侍中诸曹官职并奉朝请，恩宠在丁、傅两族之上。

明年，匈奴单于[1]来朝，宴见，群臣在前。单于怪贤年少，以问译[2]，上令译报曰：『大司马年少，以大贤居位。』单于乃起拜，贺汉得贤臣。

注释

1 单于：匈奴部落联盟君主的称号，意为“广大之貌”。

2 译：传语之人，相当于翻译。

译文

第二年，匈奴单于来朝，设宴相见，群臣皆在。单于奇怪董贤年少而位尊，便问翻译人员，哀帝让译员回答说：“大司马虽年少，因为贤能而居于高位。”单于于是起身行礼，称贺汉朝得此贤臣。

贤第新成，功坚[1]，其外大门无故自坏，贤心恶之。后数月，哀帝崩。太皇太后召大司马贤，引见东厢，问以丧事调度。贤内忧，不能对，免冠谢。太后曰：『新都侯莽前以大司马奉送先帝大行，晓习故事，吾令莽佐君。』贤顿首幸甚。太后遣使者召莽。既至，以太后指使尚书劾贤帝病不亲医药，禁止贤不得入出宫殿司马中。贤不知所为，诣阙免冠徒跣谢。莽使谒者[2]以太后诏即阙下册贤曰：『间者以来，阴阳不调，灾害并臻，元元蒙辜。夫三公[3]，鼎足之辅也，高安侯贤未更事理，为大司马不合众心，非所以折冲绥远也。其收大司马印绶，罢归第。』即日贤与妻皆自杀，家惶恐夜葬。莽疑其诈死，有司奏请发贤棺，至狱诊视。莽复风大司徒光奏：『贤质性巧佞，翼[4]奸以获封侯，父子专朝，兄弟并宠，多受赏赐，治第宅，造冢圹，放效无极，不异王制，费以万万计，国家为空虚。父子骄蹇[5]，至不为使者礼，受赐不拜，罪恶暴著。贤自杀伏辜，死后父恭等不悔过，乃复以沙画棺四时之色，左苍龙，右白虎，上著金银日月，玉衣珠璧以棺，至尊无以加。恭等幸得免于诛，不宜在中土。臣请收没入财物县官。诸以贤为官者皆免。』父恭、弟宽信与家属徙合浦，母别归故郡巨鹿。长安中小民讙哗，乡其第哭，几获盗之。县官斥卖董氏财凡四十三万万。贤既见发，裸诊其尸，因埋狱中。

注释

1 功坚：极其坚牢。

2 谒者：官名，掌传达、通报的侍从。

3 三公：西汉末，以大司马、大司徒、大司空为三公。

4 翼：进。

5 骄蹇：傲慢，不顺从。

译文

董贤宅邸新落成，建造得十分坚固，可外大门却无故自坏，董贤心里不悦。几个月后，哀帝驾崩。太皇太后召见大司马董贤，在东厢接见，询问丧事的办理安排。董贤内心忧虑，不能对答，去冠谢罪。太后说："新都侯王莽曾以大司马身份奉送先帝大丧，通晓典制，我令王莽助君。"董贤叩头感恩。太后派使者召王莽。王莽一到，便借太后之名指使尚书弹劾董贤在哀帝生病时不亲奉医药，禁止董贤出入宫殿司马官署中。董贤不知所措，到宫中免冠赤脚谢罪。王莽派谒者以太后名义召董贤至宫下册书说："近来，阴阳不调，灾害并至，百姓蒙祸。三公之位，是鼎立辅佐之臣，高安侯董贤少不更事，担任大司马不合众心，不足以抵御外侮、抚靖边远。应收回大司马印绶，罢官归家。"当天，董贤与妻子都自杀，家人恐慌，连夜埋葬。王莽疑其假死，有关部门奏请发棺，到狱中察看。王莽又暗示大司徒孔光上奏书，说："董贤本性巧诈谄媚，凭奸邪获封赏，父子专擅朝政，兄弟同时受宠，多获赏赐，修建府第，营造坟茔，仿效天子不加收敛，与王制无异，耗费万万钱，国库为之虚空。父子骄横跋扈，不以礼接待天子的使者，受赏赐不拜谢，罪恶昭著。董贤自杀服罪，死后其父董恭等不知悔过，还用朱砂涂饰棺椁、雕画四季之色，左画苍龙，右画白虎，上画金银日月图案，以玉衣、珠璧纳棺，至尊无以复加。董恭之徒侥幸得免于死，不应再居于中原。臣请没收其财物尽归朝廷。那些因董贤而为官者皆罢免。"其父董恭、弟董宽信与家属迁徙于合浦，母亲另行回到故郡巨鹿。长安城中小民哗然骚动，向董贤宅邸去哭，企图伺机盗窃。官府斥卖董贤财产达四十三万万。董贤既已被发棺，裸露验尸，即埋于狱中。

赞曰：柔曼[1]之倾意，非独女德，盖亦有男色焉。观籍、闳、邓、韩之徒非一，而董贤之宠尤盛，父子并为公卿，可谓贵重人臣无二矣。然进不繇道，位过其任，莫能有终，所谓爱之适足以害之者也。汉世衰于元、成，坏于哀、平。哀、平之际，国多衅[2]矣。主疾无嗣，弄臣为辅，鼎足不强，栋干微挠。一朝帝崩，奸臣擅命，董贤缢死，丁、傅流放，辜及母后，夺位幽废，咎在亲便嬖[3]，所任非仁贤。故仲尼著『损者三友』[4]，王者不私人以官，殆为此也。

注释

1 柔曼：指姿容柔媚艳丽。曼，有光泽。

2 衅（xìn）：间隙，缺失。

3 便嬖：邪佞之臣。

4 损者三友：语出《论语·季氏》：“益者三友，损者三友。友直、友亮、友多闻，益矣；友便辟、友善柔、友便佞，损矣。”

译文

赞曰：柔媚之倾倒人心，不单单是女色，男色亦然。纵观籍儒、闳儒、邓通、韩嫣等宠臣虽各不相同，而董贤的受宠尤为丰厚，父子都位列公卿，其尊重程度在人臣中可谓独一无二。然而其升迁不因道德而进，跃居高位而不能胜任，故不得善终，正所谓宠爱某个人到最后反而却害了他。汉朝衰落于元帝、成帝之时，崩溃于哀帝、平帝之世。哀、平之际，国家多有缺失。皇帝多病后继无人，弄臣当权把持朝政，辅国重臣衰弱无力。一旦皇帝驾崩，奸臣专擅朝政，故董贤自缢而死，丁氏、傅氏被流放，罪恶殃及母后，被废幽居，这一切都错在亲爱谄媚小人，而不任贤近仁。因此孔子曾著“损者三友”之说，君王不以官位恩赐他人，基本就是由于这一原因吧。

赏析与点评

爱美甚至唯美，乃人之常情。然而“人”又是融道德、知识、爱三位一体的生物。如果不以道德、知识掌控爱欲的话，就“个人”而言充其量不过伤害一人、一家而已，若是作为一个国家、一个民族的当权者亦即“法人”的话，“亲爱谄媚小人”的结果，必将是“不任贤近仁”，以至祸国殃民。不仅如此，班固还明确指出所谓倾国倾城的祸水，与性别没有必然联系！

王莽传

本篇导读

作为历史人物，王莽从来就是被否定的对象，甚至连他所创立的新朝也不被学者所承认，而仅仅用“王莽篡汉”一词一笔带过。然而，作为史家，《汉书》的作者还是为他长文立传。后世了解王莽其人其事多赖此文。这里节选的段落，记述王莽如何谦卑、节俭、勤学、钻营最终登上皇帝宝座而建国的历程。

王莽字巨君，孝元皇后[1]之弟子也。元后父及兄弟皆以元、成世封侯，居位辅政，家凡九侯、五大司马[2]，语在《元后传》。唯莽父曼蚤死，不侯。莽群兄弟皆将军五侯子，乘时侈靡，以舆马声色佚游相高，莽独孤贫，因折节为恭俭。受《礼经》，师事沛郡陈参，勤身博学，被[3]服如儒生。事母及寡嫂，养孤兄子，行甚敕备。又外交英俊，内事诸父，曲有礼意。阳朔中，世父大将军凤病，莽侍疾，亲尝药，乱首垢面，不解衣带连月。凤且死，以托太后及帝，拜为黄门郎，迁射声校尉。

注释

1 孝元皇后：汉元帝刘奭的皇后王政君，生成帝刘骜。

2 九侯：指元帝、成帝时外戚王氏中封侯位的王禁、王谭、王崇、王商、王立、王根、王逢时、王音和王莽。五大司马：指王凤、王音、王商、王根和王莽。

3 被：古代通“披”。

译文

王莽字巨君，是孝元皇后的侄子。元后的父亲及兄弟们都在元帝、成帝时封侯，担任要职，辅佐朝政。一家共九人封侯，五位大司马，详情《元后传》中都有记载。只有王莽的父亲王曼早去世，没能封侯。王莽的叔伯兄弟们都是将军、五诸侯之子，便乘机奢侈浪费，车马、歌伎、姬妾、戏耍等无不争相攀比，只有王莽为孤儿而贫寒，因此屈己下人，为人处事恭谨俭约。拜沛郡陈参为师，学习《礼经》，勤奋修身，博览群书，衣着和普通书生一样。他侍奉母亲和守寡的嫂子，抚养丧父的侄儿，行为谨慎周备。又在外面结贤俊英才，在家内侍奉诸位伯父叔父，委婉周到，颇尽礼节。阳朔年间（前二十四至前二十一），他伯父大将军王凤患病，王莽侍奉病榻，亲尝汤药，蓬头垢面，接连数月衣不解带。王凤临终时，将他托付给王太后和汉成帝，被任命为黄门郎，又提升为射声校尉。

久之，叔父成都侯商上书，愿分户邑以封莽，及长乐少府戴崇、侍中金涉、胡骑校尉箕闳[1]、上谷都尉阳并、中郎陈汤，皆当世名士，咸为莽言，上由是贤莽。永始元年，封莽为新都侯，国南阳新野之都乡，千五百户。迁骑都尉光禄大夫侍中，宿卫谨敕，爵位益尊，节操愈谦。散舆马衣裘，振施宾客，家无所余。收赡名士，交结将相卿大夫甚众。故在位更推荐之，游者为之谈说，虚誉隆洽，倾其诸父矣。敢为激发之行，处之不惭恧[2]。

注释

1 侍中：加官名，从列侯以下至郎中的加官。加此官者可侍卫皇帝，出入宫廷。胡骑校尉：官名，为管理归附的胡人骑兵的武官。

2 恧（nǜ）：惭愧。

译文

那以后很久，王莽的叔父成都侯王商上书皇帝，愿分一部分自己的封邑封给王莽，又有长乐少府戴崇、侍中金涉、胡骑校尉箕闳、上谷郡（今河北怀来东南）都尉阳并、中郎陈汤这些当世名士，都上书称赞王莽，皇帝从此以王莽为贤人。永始元年，成帝赐封王莽为新都侯，立国于南阳郡新野县的都乡（今属河南省、南阳市），食邑一千五百户。后升迁为骑都尉光禄大夫加侍中，谨慎宿卫，爵位越尊显，为人越守节谦逊。他散发车马衣裳，救济宾客，以致家中所剩无几。他收纳供养知名人士，结交将相卿大夫。因此在位当权者相继举荐他，在野的游士也谈论他，虚名隆盛周遍，超过了他的伯父和叔父们。他敢于做出矫揉造作的行为，却不感到惭愧。

莽兄永为诸曹[1]，蚤死，有子光，莽使学博士门下。莽休沐[2]出，振车骑，奉羊酒，劳遗其师，恩施下竟[3]同学。诸生纵观，长老叹息。光年小于莽子宇，莽使同日内妇，宾客满堂。须臾，一人言太夫人[4]苦某痛，当饮某药，比客罢者数起焉。尝私买侍婢，昆弟或颇闻知，莽因曰：『后将军朱子元无子，莽闻此儿种宜子，为买之。』即日以婢奉子元。其匿情求名如此。

注释

1 诸曹：汉成帝时尚书令下设尚书五人，一人为仆射，四人分为四曹，通称诸曹。

2 休沐：古代官吏每五日允许其回家休息沐浴，称为休沐。代指休假。

3 竟：穷尽，此为全体之意。

4 太夫人：汉代列侯之母的尊称。此指王莽的母亲。

译文

王莽的哥哥王永官至诸曹，去世得早，有个儿子叫王光，王莽让他到博士门下学习。王莽休假外出时，整顿车马，带上羊、酒，去慰劳王光的老师，赏赐下至王光的全体同学。学生们都跟来观看，长老赞叹。王光比王莽的儿子王宇年纪小，王莽让他俩同一天娶亲，宾客满堂。过了一会儿，有人回报说太夫人（王莽母）哪个地方不舒服，应该服用某种药，等宾客散尽时，王莽已多次动身去探视母亲。有一次，王莽私下里买了个侍婢，兄弟中有人知道了，王莽便说："后将军朱博没有儿子，我听说这个婢女的血统宜于生养儿子，便替他买了下来。"当天便把这个婢女送给了朱博。他为求名声不惜隐瞒真情已达到了如此程度。

是时，太后姊子淳于长[1]以材能为九卿，先进在莽右。莽阴求其罪过，因大司马曲阳侯根白之，长伏诛，莽以获忠直，语在《长传》。根因乞骸骨，荐莽自代，上遂擢为大司马。是岁，绥和元年也，年三十八矣。莽既拔出同列，继四父[2]而辅政，欲令名誉过前人，遂克己不倦，聘诸贤良以为掾史，赏赐邑钱悉以享士，愈为俭约。母病，公卿列侯遣夫人问疾，莽妻迎之，衣不曳地，布蔽膝。见之者以为僮使，问知其夫人，皆惊。

注释

1 淳于长：西汉魏郡元城人，封定陵侯，腐化奢侈。被王莽告发，下狱死。

2 四父：指王凤、王商、王音、王根。分别为王莽的伯父或叔父。

译文

这时，王太后姐姐之子淳于长因有才能而位列九卿，做官在王莽之上。王莽暗中调查了他的罪过，通过大司马曲阳侯王根告发了他，淳于长伏法被杀，王莽因此获得了忠诚正直之誉，详见《淳于长传》。王根因而请求辞官，推荐王莽接替自己，于是皇帝提拔王莽为大司马。这一年为绥和（前八至前九）元年，王莽年纪三十八岁。王莽在同辈中已是佼佼者，又继诸位伯父叔父之后辅佐朝政，于是想要自己的名誉超过前人，便严格要求自己，不倦地工作。聘请许多贤良之士作为自己的属官，将所受赏赐和封邑的收入全用来款待士人，为人更加俭省节约。他母亲患病，朝中大臣和列侯让夫人前来探视，王莽的夫人出来迎接，衣服长度不及地面，布裙仅遮住膝盖而已。见到她的人以为她不过是个侍女，询问得知是王莽夫人，都很吃惊。

辅政岁余，成帝崩，哀帝即位，尊皇太后为太皇太后。太后诏莽就第，避帝外家。莽上疏乞骸骨，哀帝遣尚书令诏莽曰：『先帝委政于君而弃群臣，朕得奉宗庙，诚嘉[1]与君同心合意。今君移病求退，以著朕之不能奉顺先帝之意，朕甚悲伤焉。已诏尚书待君奏事。』又遣丞相孔光、大司空何武、左将军师丹、卫尉傅喜白太后曰：『皇帝闻太后诏，甚悲。大司马即不起，皇帝即不敢听政。』太后复令莽视事。

注释

1 嘉：赞许。

译文

王莽辅政一年多，成帝驾崩，哀帝即位，尊称皇太后为太皇太后。王太后诏令王莽辞官还家，以便回避新即位哀帝的外戚。王莽遂上书皇帝请辞，哀帝派尚书令诏令王莽说："先帝委政务于你才弃群臣而驾崩，朕得以继承宗庙，虽然诚恳地庆幸能与你齐心合力，如今你却上书称病请退，这是昭显我不能秉承先帝的意愿，我实在是很伤心。现已令诏尚书在此随时恭候你上书言事。"又派丞相孔光、大司空何武、左将军师丹、卫尉傅喜禀告太后说："皇帝听到太后的诏令，非常悲伤。大司马如果不上朝，皇帝也不敢再处理朝政了。"太后又让王莽任职。

时哀帝祖母定陶傅太后、母丁姬在[1]，高昌侯董宏上书言：『《春秋》之义，母以子贵，丁姬宜上尊号。』莽与师丹共劾宏误朝不道，语在《丹传》。后日，未央宫置酒，内者令为傅太后张幄[2]，坐于太皇太后坐旁。莽案行，责内者令曰：『定陶太后藩妾，何以得与至尊并！』彻去，更设坐。傅太后闻之，大怒，不肯会，重怨恚莽。莽复乞骸骨，哀帝赐莽黄金五百斤，安车驷马，罢就第。公卿大夫多称之者，上乃加恩宠，置使家，中黄门[3]十日一赐餐。下诏曰：『新都侯莽忧劳国家，执义坚固，朕庶几与为治。太皇太后诏莽就第，朕甚闵焉。其以黄邮聚户三百五十益封莽，位特进，给事中，朝朔望见礼如三公。车驾乘绿车[4]从。』后二岁，傅太后、丁姬皆称尊号，丞相朱博奏：『莽前不广尊尊之义，抑贬尊号，亏损孝道，当伏显戮[5]，幸蒙赦令，不宜有爵土，请免为庶人。』上曰：『以莽与太皇太后有属，勿免，遣就国。』

注释

1 定陶：西汉所封王国名，位于今山东定陶。傅太后：元帝妃嫔；元帝死后随儿子定陶恭王刘康归藩国，称定陶太后。哀帝即位，上尊号为帝太太后（后改皇太太后）。丁姬：哀帝母亲，尊称为帝太后。

2 张幄：设帐（于座位四周）。

3 中黄门：门官，在内廷当值，多为太监。此句谓使黄门在王莽家中为使令。

4 绿车：皇孙所乘之车。

5 显戮：明典正刑，陈尸示众。

译文

这时哀帝的祖母定陶傅太后和母亲丁姬都在世，高昌侯董宏上书说："依据《春秋》经义，母以子贵而贵，丁姬应加封尊号。"王莽与师丹一起弹劾董宏误乱朝纲，离经叛道，事详《师丹传》。后来，未央宫设宴，内者令为傅太后设置帷帐，坐在王太后位置旁边。王莽巡视时，责备内者令说："定陶太后是来自藩国的先帝妃嫔，怎么可以与最尊贵的太皇太后并列！"撤去帷帐，另设座位。傅太后听说后，大怒，不肯参加宴会，对王莽深加怨恨。王莽又请求辞官，哀帝赏赐他黄金五百斤，坐乘一辆和四匹马，罢免回家。公卿大夫多有称赞他，皇帝于是对他更加优待和宠信，还在他家安排了专使，有中黄门每十天赏赐一餐。下诏说："新都侯王莽为国家忧心操劳，奉行公义从不疏忽，我几乎是与他共同治政。太皇太后诏令王莽辞官归家，朕对此深感惋惜。将黄邮聚（属今河南南阳）的三百五十户加封给他，赐特进位，加给事中，每逢初一、十五上朝，朝见时礼如三公，允许他乘绿车随从皇帝出行。"两年后，傅太后、丁姬都得以上封尊号，丞相朱博上书说："王莽之前不能弘扬尊崇尊贵的道理，压制贬低太后的尊号，有损孝道，理应伏法受诛，幸蒙皇帝赦免，但不应再有爵位和封土，请予罢免，降为平民。"皇帝说："因王莽与太皇太后有亲属关系，不宜免为庶民，让他回封国去。"

莽杜门自守，其中子[1]获杀奴，莽切责获，令自杀。在国三岁，吏上书冤讼莽者以百数。元寿元年，日食，贤良[2]周护、宋崇等对策深颂莽功德，上于是征莽。

注释

1 中子：排行居中的儿子。

2 贤良：选拔官吏的考试科目之一。

译文

王莽闭门守己，次子王获杀死了奴仆，王莽痛斥王获，要他自杀。在封国三年之间，官吏上书为王莽申冤的数以百计。元寿元年（前二至前一），出现日食，贤良周护、宋崇等在回答皇帝策问时深深赞颂王莽的功德，皇帝于是将王莽征召回朝。

始莽就国，南阳太守以莽贵重，选门下掾宛孔休守新都相。休谒见莽，莽尽礼自纳，休亦闻其名，与相答。后莽疾，休候之，莽缘恩意，进其玉具宝剑，欲以为好。休不肯受，莽因曰：『诚见君面有瘢，美玉可以灭瘢，欲献其瑑[1]耳。』即解其瑑，休复辞让。莽曰：『君嫌其贾[2]邪？』遂椎[3]碎之，自裹以进休，休乃受。及莽征去，欲见休，休称疾不见。

注释

1 瑑：玉器上凸现的雕纹。

2 贾：同“价”。即有价值。

3 椎：槌；捶击。

译文

当初王莽到达封国时，南阳太守因王莽权显位重，便选调门下的属官宛县人孔休暂代新都侯国的相。孔休拜见王莽，王莽礼节周到地亲自迎接他，孔休也闻听王莽名声，二人相互酬答。后来王莽患病，孔休问候他，王莽缘此情分，送上镶玉宝剑，想要交好孔休。孔休不肯接受，王莽便说：“其实我是见你脸上有瘢痕，而美玉可以消瘢，想送你的仅是玉雕纹饰而已。”于是取下玉饰相赠，孔休再次推辞。王莽说：“你是嫌它贵重吗？”于是将玉捣碎，亲自包起来赠给孔休，孔休才收下。待到王莽被征召离开封国时，想见孔休，孔休借口生病避而不见。

莽还京师岁余，哀帝崩，无子，而傅太后、丁太后皆先薨，太皇太后即日驾之未央宫收取玺绶，遣使者驰召莽。诏尚书，诸发兵符节，百官奏事，中黄门、期门[1]兵皆属莽。莽白：『大司马高安侯董贤年少，不合众心，收印绶。』贤即日自杀。太后诏公卿举可大司马者，大司徒孔光、大司空彭宣举莽，前将军何武、后将军公孙禄互相举。太后拜莽为大司马，与议立嗣。安阳侯王舜，莽之从弟，其人修饬，太后所信爱也，莽白以舜为车骑将军，使迎中山王奉成帝后，是为孝平皇帝。帝年九岁，太后临朝称制，委政于莽。莽白赵氏前害皇子[2]，傅氏骄僭[3]，遂废孝成赵皇后、孝哀傅皇后，皆令自杀，语在《外戚传》。

注释

1 期门：掌管随从护卫的职官。

2 赵氏：成帝宠妃赵飞燕、赵合德。二人曾将成帝宫女曹宫人和许美人所生的两个男婴杀死。

3 傅氏：哀帝的祖母傅太后。曾尊号为皇太太后，死后，以皇太后的礼仪下葬，坟墓规模与元帝相等。

译文

王莽回到京城一年多，哀帝驾崩，没有儿子，傅太后和丁太后也都在先去世了，太皇太后当天驾临未央宫收取玺绶，派使者飞奔召王莽。诏令尚书，凡派遣军队的符节、百官的上奏、中黄门、期门兵都归王莽管制。王莽说："大司马高安侯董贤年轻，不合众人心意，收其官印。"董贤当天便自杀了。太后诏令大臣举荐可以担任大司马职位的人，大司徒孔光、大司空彭宣举荐王莽，前将军何武、后将军公孙禄互相举荐。太后任命王莽为大司马，与他商议皇位继承人。安阳侯王舜是王莽的堂弟，他为人严谨不逾规矩，是太后所宠信的人，王莽建议任命王舜为车骑将军，让他迎立中山王刘衎继承成帝，这就是孝平皇帝。平帝年仅九岁，太后临朝听政，将政务委托给王莽。王莽说，赵氏之前杀害皇子，傅氏骄横僭越，于是废黜了赵皇后和傅皇后，都令她们自杀了，详见《外戚传》。

莽以大司徒孔光名儒，相三主，太后所敬，天下信之，于是盛尊事光，引光女婿甄邯[1]为侍中奉车都尉。诸哀帝外戚及大臣居位素所不说[2]者，莽皆傅致[3]其罪，为请奏，令邯持与光。光素畏慎，不敢不上之，莽白太后，辄可其奏。于是前将军何武、后将军公孙禄坐互相举免，丁、傅及董贤亲属皆免官爵，徙远方。红阳侯立太后亲弟，虽不居位，莽以诸父内敬惮之，畏立从容[4]言太后，令己不得肆意，乃复令光奏立旧恶：『前知定陵侯淳于长犯大逆罪，多受其赂，为言误朝；后白以官婢杨寄私子为皇子，众言曰吕氏、少帝[5]复出，纷纷为天下所疑，难以示来世，成襁褓之功。请遣立就国。』太后不听。莽曰：『今汉家衰，比世无嗣[6]，太后独代幼主统政，诚可畏惧，力用公正先天下，尚恐不从，今以私恩逆大臣议如此，群下倾邪，乱从此起！宜可且遣就国，安后复征召之。』太后不得已，遣立就国。莽之所以胁持上下，皆此类也。

注释

1 甄邯：孔光的女婿，依附王莽。王莽建国后，任大司马，位居三公。

2 说：同“悦”，喜欢。

3 傅致：傅，即附，附益而引致之。罗织罪名。

4 从容：怂恿。

5 吕氏、少帝：惠帝时吕后专权，惠帝死后，她取后宫美人子冒称太子，立为皇帝（即少帝）。

6 比世无嗣：指成帝、哀帝都没有子嗣继位。比，连续、频频。

译文

王莽因大司徒孔光是知名大儒，又辅佐过成、哀、平三帝，为太后所敬重，天下人所信赖，于是非常敬重地对待孔光，推荐孔光的女婿甄邯担任侍中兼奉车都尉。对那些哀帝的外戚和他素来不喜欢的在位大臣，王莽都罗织他们的罪名，写成奏章，让甄邯拿给孔光。孔光一向胆小谨慎，不敢不上奏，王莽又禀告太后，奏章常得以批准。于是前将军何武、后将军公孙禄因互相举荐任大司马而被免职，丁氏、傅氏和董贤的亲属都被免官夺爵，流放到远方。红阳侯王立是王太后的亲弟弟，虽然没有为官，但王莽因他是叔父而心感畏惧，怕王立怂恿鼓动太后，使自己不能肆意妄为，于是又让孔光上书揭发王立往日的过失说："以前明知定陵侯淳于长犯了大逆不道之罪，还接受他许多贿赂，替他说情，迷惑朝廷；后来又说要将官婢杨寄的私生子立为皇子，众人都说这是吕后和少帝复活了，制造混乱，引起天下人的猜疑，难以昭示后世，完成辅助幼主的功业。请让王立回封国去。"太后未听从此建议。王莽说："如今汉室衰微，连续数代无子嗣继位，太后独自代幼主统领政权，实在可畏，努力做到公平正义为天下表率，还恐怕有人不服从，如果现在因一己之私而违逆大臣建议，群臣将邪僻不正，祸乱就会由此发生！可以暂时让他回封国，待国事安稳以后再将其召回。"太后不得已，让王立回封国了。王莽之对上挟持，对下威胁，都是使用这类的手段。

于是附顺者拔擢，忤恨者诛灭。王舜、王邑[1]为腹心，甄丰、甄邯主击断，平晏领机事，刘歆[2]典文章，孙建为爪牙。丰子寻、歆子棻、涿郡崔发、南阳陈崇皆以材能幸于莽。莽色厉而言方，欲有所为，微见风采，党与承其指意而显奏之，莽稽首涕泣，固推让焉，上以惑太后，下用示信于众庶。

注释

1 王邑：王商的儿子，继承父爵为成都侯。王莽建国后，任大司空，位居三公。

2 刘歆：西汉沛郡沛县人，刘向的儿子。父子两代学问家。

译文

于是依附顺从他的人得到提拔，反对怨恨他的人遭杀害。王舜、王邑是他的心腹，甄丰、甄邯主持决断，平晏统领枢机，刘歆主管礼法，孙建是得力助手。甄丰的儿子甄寻、刘歆的儿子刘棻、涿郡人崔发、南阳人陈崇都因才能而得到王莽的赏识。王莽外表强硬而言辞正直，想要做什么事情，只略现于表情，党羽便会秉承他的指意而明白地上书奏请，王莽则磕头泣涕地坚辞推让，对上以此迷惑王太后，对下用以向广大百姓显示诚信。

始，风[1]益州令塞外蛮夷献白雉，元始元年正月，莽白太后下诏，以白雉荐宗庙。群臣因奏言太后『委任大司马莽定策安宗庙。故大司马霍光有安宗庙之功，益封三万户，畴其爵邑，比萧相国。莽宜如光故事。』太后问公卿曰：『诚以大司马有大功当著之邪？将以骨肉故欲异之也？』于是群臣乃盛陈『莽功德致周成白雉之瑞，千载同符。圣王之法，臣有大功则生有美号，故周公及身在而托号于周。莽有定国安汉家之大功，宜赐号曰安汉公，益户，畴爵邑，上应古制，下准行事，以顺天心。』太后诏尚书具[2]其事。

注释

1 风：通“讽”，暗示。

2 具：备，办理。

译文

当初，王莽含蓄地示意益州（今四川一带）官员让塞外蛮夷进献白雉，元始元年正月，王莽提议皇太后下诏说，用白雉供奉宗庙。群臣借此上书进言太后说：“太后委任大司马王莽谋定皇嗣，安定汉室。以前大司马霍光因有安定汉室之功，加封户邑三万户，特许子孙继承的爵位、封邑和他在世时同等，可比萧相国。王莽应遵循霍光旧例。”王太后询问公卿大臣说：“果真是因为大司马有功当受表彰呢，还是因为和我有亲的缘故才使他与众不同呢？”于是百官极力陈奏：“王莽的功德招致周成王时出现过的白雉之祥瑞，相隔千年，同样的符命降临。圣王的法度在于，臣下有大功劳者生前可享美好称号，所以周公在世时可以用周的国号作为自己的称号。王莽有安定汉朝国家之大功劳，应当赐封号为安汉公，加封户民，规定其子孙继承他的爵位和封土，与他一样。远依循古代体制，近遵照近代事例，以顺应天意。”太后下令让尚书承办此事。

太后乃下诏曰：『大司马新都侯莽三世为三公，典周公之职，建万世策，功德为忠臣宗，化流海内，远人慕义，越裳氏重译[1]献白雉。其以召陵、新息二县户二万八千益封莽，复其后嗣，畴其爵邑，封功如萧相国。以莽为太傅，干四辅之事，号曰安汉公。以故萧相国甲第为安汉公第，定着于令，传之无穷。』

注释

1 重译：辗转翻译。意谓路途遥远，语言不通，极尽辗转才可呈献。

译文

太后于是下诏说："大司马新都侯王莽历任三朝之三公，执掌周公职责，制定了万世久治的策略，功劳品德为众忠臣所尊仰，教化行于国内，使偏远之人也慕义而归，所以越裳氏辗转万里进献白雉。以召陵县、新息县两处的二万八千家户民加封予王莽，规定他的子孙后代可以与他同样地继承爵位和封土，如同萧相国的先例。任命王莽为太傅，总秉四辅之事，封号为安汉公。将以前萧相国的府邸赐封为安汉公的府邸，并以明文规定下来，以传之无穷。"

莽既尊重，欲以女配帝为皇后，以固其权，奏言：『皇帝即位三年，长秋宫[1]未建，液廷媵[2]未充。乃者，国家之难，本从亡嗣，配取不正。请考论《五经》，定取礼[3]，正十二女之义，以广继嗣。博采二王后及周公孔子世列侯在长安者適子女。』事下有司，上众女名，王氏女多在选中者。莽恐其与己女争，即上言：『身亡德，子材下，不宜与众女并采。』太后以为至诚，乃下诏曰：『王氏女，朕之外家，其勿采。』庶民、诸生、郎吏以上守阙上书者日千余人，公卿大夫或诣廷中，或伏省户下，咸言：『明诏圣德巍巍如彼，安汉公盛勋堂堂若此，今当立后，独奈何废公女？天下安所归命！愿得公女为天下母。』莽遣长史以下分部晓止公卿及诸生，而上书者愈甚。太后不得已，听公卿采莽女。莽复自白：『宜博选众女。』公卿争曰：『不宜采诸女以贰正统[4]。』莽白：『愿见女。』太后遣长乐少府、宗正、尚书令纳采见女，还奏言：『公女渐渍德化，有窈窕之容，宜承天序，奉祭祀。』有诏遣大司徒、大司空策告宗庙，杂加卜筮，皆曰：『兆遇金水王相，卦遇父母得位，所谓「康强」之占，「逢吉」之符也。』……太后许之。

注释

1 长秋宫：西汉皇后所居宫殿名，代指皇后。

2 液：通“掖”，宫掖，宫廷。媵（yìng）：古代有随嫁制度，随嫁的人称为媵妾。

3 取礼：嫁娶之礼。取，同“娶”。

4 贰正统：干扰王莽女儿当选皇后的地位。

译文

王莽的地位既已尊显贵重，希望立女儿为皇后，以巩固自身权力，就上书说：“皇帝即位三年了，尚未立皇后，嫔妃亦未足数。从前国家之危难，本在于没有继承人。请参考《五经》论证，议定皇帝的嫁娶婚礼，遵循古代帝王娶十二女的原则，以便扩大子嗣的人数。广泛选取商朝、周朝的后代及周公、孔子世家列侯的嫡长女进宫为秀女。”此事交给相关官吏办理，上报的秀女名字中，王姓的女儿多在候选之列。王莽担心她们与自己的女儿竞争，于是上书说：“我自身没什么才德，女儿才分也不足，不适合与其他秀女一起被选入宫。”太后误以为这是他真挚诚恳之辞，于是下诏书说：“王姓的女儿，和我有亲属关系，还是不要选入宫了。”结果百姓、众儒生、侍从官以上官员守在宫门口上书进谏的每天达一千多人，公卿大臣、士大夫有的上朝觐见，有的在各地方官府，都说道：“诏令圣明，贤德宽广，安汉公的功勋如此繁盛堂正，如今要选立皇后，为何单单遗弃他的女儿呢？这样天下人要到哪里去立身呢！希望能立安汉公的女儿为国母。”王莽派长史以下属官分批劝告公卿大臣及众儒生不要再上书进谏了，但上书的人反而越来越多。太后迫不得已，听从了大臣的意见选王莽的女儿入宫。王莽又自己要求说：“还应该广泛选取其他女子进宫。”公卿大臣争辩道：“不应选进其他女子而干扰皇后的正统。”王莽说：“愿意让女儿出来。”太后派长乐少府、宗正、尚书令备礼前往相看，回报说：“安汉公的女儿长期受到良好的品德教育，容貌美丽，适合继承皇家世系，奉行祭祀。”另外下诏派大司徒、大司空策文祭告祖先，又用多种占卜、预测吉凶，都说：“卜得金水相生的吉兆，卦象天下于地，是得以配享之卦，预示父母得位，正所谓‘康强’之占，‘逢吉’之天命啊。”……太后应允。

四月丁未[1]，莽女立为皇后，大赦天下。遣大司徒司直陈崇等八人分行天下，览观风俗。

注释

1 四月丁未：接上文“四年春”，为元始四年（公元四年）。四月，《平帝纪》中记作“二月”。

译文

元始四年四月丁未，王莽的女儿被立为皇后，大赦天下。派大司徒、司直陈崇等八人巡视天下，视察民风。

莽乃起视事，上书言：『……据元始三年，天下岁已复，官属宜皆置。《谷梁传》曰：「天子之宰，通于四海。」臣愚以为，宰衡官以正百僚平海内为职，而无印信，名实不副。臣莽无兼官之材，今圣朝既过误而用之，臣请御史刻宰衡[1]印章曰「宰衡太傅大司马印」，成，授臣莽，上太傅与大司马之印。』太后诏曰：『可。韨[2]如相国，朕亲临授焉。』

注释

1 宰衡：阿衡和太宰，皆官名。商朝有阿衡，周代有太宰，掌辅导帝王，为百官之长。

2 韨：古代系玉玺的丝带。

译文

王莽于是出来主事，上书说：“……根据元始三年的调查，全国的农业收获已经恢复正常，官职理应恢复。《谷梁传》上说：‘天子的大臣，权力通达天下。’臣认为宰衡应该把匡正百官、平定天下为己任，但没有官印凭证，名不副实。臣没有做官的才能，如今圣朝不嫌弃我而任命以官职，我请求能让御史刻宰衡印章，曰‘宰衡太傅大司马印’，刻成后，授予臣，臣就上交太傅与大司马的官印。”太后下诏说：“可以。印绶可以跟相国一样，朕亲自赐予你。”

风俗使者八人还，言天下风俗齐同，诈为郡国造歌谣，颂功德，凡三万言。莽奏定著令。又奏为市无二贾[1]，官无狱讼，邑无盗贼，野无饥民，道不拾遗，男女异路之制，犯者象刑[2]。刘歆、陈崇等十二人皆以治明堂，宣教化，封为列侯。

注释

1 市无二贾：市场统一定价。贾，同“价”。

2 象刑：象征性的惩罚。

译文

八个视察民风的使者回来，说天下风俗整齐划一，还伪造各郡、各封国歌谣，歌功颂德，总计达三万字。王莽将其上奏，明著于令。又上奏说市无二价，官府没有诉讼案，城中没有盗徒，郊外没有饥民，百姓路不拾遗，男女分道行走，对犯法者仅使用象征性的处罚。刘歆、陈崇等十二人也因治化清明，宣扬教化，而被封为列侯。

莽既致太平，北化匈奴，东致海外，南怀黄支[1]，唯西方未有加。乃遣中郎将平宪等多持金币诱塞外羌，使献地，愿内属。宪等奏言：『羌豪良愿等种，人口可万二千人，愿为内臣，献鲜水海、允谷[2]盐池，平地美草皆予汉民，自居险阻处为藩蔽。问良愿降意，对曰：「太皇太后圣明，安汉公至仁，天下太平，五谷成孰，或禾长丈余，或一粟三米，或不种自生，或茧不蚕自成，甘露从天下，醴泉自地出，凤皇来仪，神爵降集。从四岁以来，羌人无所疾苦，故思乐内属。」宜以时处业，置属国领护。』事下莽，莽复奏曰：『太后秉统数年，恩泽洋溢，和气四塞，绝域殊俗，靡不慕义。越裳氏重译献白雉，黄支自三万里贡生犀，东夷王度大海奉国珍，匈奴单于顺制作，去二名，今西域良愿等复举地为臣妾，昔唐尧横被四表，亦亡以加之。今谨案已有东海、南海、北海郡，未有西海郡，请受良愿等所献地为西海郡。臣又闻圣王序天文，定地理，因山川民俗以制州界。汉家地广二帝三王[3]，凡十二州，州名及界多不应经。《尧典》十有二州，后定为九州岛。汉家廓地辽远，州牧行部，远者三万余里，不可为九。谨以经义正十二州名分界，以应正始。』奏可。又增法五十条，犯者徙之西海。徙者以千万数，民始怨矣。

注释

1 黄支：亦作“黄枝”。古国名，一般以为在今印度马德拉斯邦；一说在今印度尼西亚苏门答腊岛。

2 鲜水海：湖名，即今青海湖。允谷：地名，在今青海湖东南。

3 二帝：指上古的唐尧、虞舜两位帝王。三王：指夏禹、商汤、周文武王三代君王。

译文

王莽既已实现了太平，北方感化了匈奴，东方扩张到海外，南方怀柔了黄支，只剩西方未施加影响。于是派遣中郎将平宪等人携带金银财宝去诱降塞外羌人，让他们献出土地，自愿归属汉朝。平宪等人奏报说：“羌族首领良愿各部落，人口约一万二千人，愿意对汉称臣，进献鲜水海、允谷盐池，将平坦的土地、丰美的水草都给予汉人，自己住到险峻阻塞的地方作为汉的屏障。询问良愿之所以归降的理由，回答说是：‘太皇太后圣明，安汉公至仁至义，天下太平，五谷丰登，有的禾苗长到一丈多长，有的谷子一粒有三颗谷粒，有的甚至并未播种便可生长，有的不用养蚕便可生茧，甘露从天而降，甜美的泉水自动涌出，凤凰慕义而来，神雀聚集栖息。四年以来，羌人没有遭遇过艰难困苦，因此心内欢喜愿意归属朝廷。’应当及时安排其生产，设置附属国予以管理。”此事交王莽办理，王莽又上奏说：“太后执掌政权数年，恩惠广布，祥和瑞气充盈天下，绝地偏远之处，不同风俗的人们，没有不仰慕您的德义的。越裳氏辗转进献白雉，黄支从三万里外进贡活犀牛，东夷王漂洋过海奉献国宝，匈奴单于顺应汉代礼制，去掉两个字的名字，如今西域良愿等部落又献出土地愿为臣仆，从前唐尧的声威遍及四方，也不过如此。现在想想已有东海郡、南海郡、北海郡，还没有西海郡，所以请接受良愿等的献地作为西海郡。臣又听说圣明的君王序列天文，划定地理，根据高山大川、民风习俗来划定州界。汉朝的领土比尧、舜和夏、商、周时期还要宽广，共有十二州，但州名及边界的划定大多不合经书所记。《尧典》上记载有十二州，后来删定为九州岛。汉朝地域辽阔，州刺史巡行最远可到达三万里外，不可只分为九州岛。谨请按照经书记载分为十二个州名和分界，以对应而今这正确的开端。”奏章获准。又增订了法规五十条，触犯的人便要被流放到西海郡去。被流放的人数以千万计，人民开始有怨声了。

泉陵侯刘庆上书言：『周成王幼少，称孺子，周公居摄[1]。今帝富于春秋，宜令安汉公行天子事，如周公。』群臣皆曰：『宜如庆言。』

注释

1 居摄：因皇帝年幼不能亲政，由大臣代居其位处理政务。

译文

泉陵侯刘庆上书说："周成王年幼时，称为孺子，周公代行朝政。当今皇帝年轻，应当让安汉公代行天子之事，如同周公一样。"群臣都说："应当按刘庆说的办。"

平帝疾，莽作策[1]，请命于泰畤[2]，戴璧秉圭，愿以身代。藏策金縢[3]，置于前殿，敕诸公勿敢言。十二月平帝崩，大赦天下。莽征明礼者宗伯凤等与定天下吏六百石以上皆服丧三年。奏尊孝成庙曰统宗，孝平庙曰元宗。时元帝世绝，而宣帝曾孙有见王五人，列侯广戚侯显等四十八人，莽恶其长大，曰：『兄弟不得相为后。』乃选玄孙中最幼广戚侯子婴，年二岁，托以为卜相最吉。

注释

1 作策：在简册上写祷告文辞。

2 泰畤：汉代时祭祀天地的地方，在今陕西淳化甘泉山。

3 金縢：置放册书的金匮。

译文

平帝患重病，王莽写了策书，到泰畤为平帝祈求祓除疾病，保全性命，他佩戴玉璧，手持玉圭，愿意以自身代替平帝。又将策书藏于金匮之中，放于前殿，告诫大臣们不能泄露此事。十二月，平帝驾崩，大赦天下。王莽征召通晓礼仪的宗伯凤等人议定让全国俸禄在六百石以上的官吏都为平帝服丧三年。上奏言尊奉孝成皇帝庙为统宗，孝平皇帝庙号为元宗。当时元帝后代已断绝，而宣帝的曾孙现有五人为王，列侯有广戚侯刘显等四十八人，王莽忌惮他们已长大成人，便说："兄弟之间不能继承帝位。"于是挑选玄孙中年龄最小的广戚侯的儿子刘婴作为继承人，年仅两岁，借口他占卜、看相最吉利。

是月，前辉光[1]谢嚣奏武功长孟通浚井得白石，上圆下方，有丹书著石，文曰『告安汉公莽为皇帝』。符命之起，自此始矣。莽使群公以白太后，太后曰：『此诬罔天下，不可施行！』太保舜谓太后：『事已如此，无可奈何，沮之力不能止。又莽非敢有它，但欲称摄以重其权，填服天下耳。』太后听许。舜等即共令太后下诏曰：『……今前辉光嚣、武功长通上言丹石之符，朕深思厥意，云「为皇帝」者，乃摄行皇帝之事也。夫有法成易，非圣人者亡法。其令安汉公居摄践祚，如周公故事，以武功县为安汉公采地，名曰汉光邑。具礼仪奏。』

注释

1 前辉光：官名。王莽把京城附近地区划分为前辉光和后丞烈两个郡，管理郡的官吏也称为前辉光。

译文

这个月，前辉光谢嚣上奏说武功县（县名，今陕西眉县内）令孟通疏导水井时挖出一块白石，形状上圆下方，有丹砂书写的文字：“告知安汉公王莽为皇帝”。符命的流传从此开始兴起。王莽让王公们把这件事禀告太后，太后说：“这是欺骗天下人的，不可当真！”太保王舜对太后说：“事已至此，别无他法，想要阻止是不可能的了。而且王莽也没有别的想法，不过是想公开宣称他是代行皇帝职权，以加重他的权力，好让天下人服从罢了。”太后听从了他的建议。于是王舜等人一起让太后下诏说：“……如今前辉光谢嚣、武功县令孟通上书说发现了写有丹书的白石符命，朕仔细思考其义，所说‘为皇帝’的意思，是指代行皇帝职权。事情有了法制就容易获得成功，如果不是圣人也不能创立法制。应当让安汉公登上皇位，代行天子职权，仿照周公先例，以武功县作为安汉公的封邑，称之为汉光邑。一应礼仪齐备之后，呈报上来。”

于是群臣奏言：『……臣请安汉公居摄践祚，服天子韨[1]冕，背斧依于户牖之间[2]，南面朝群臣，听政事。车服出入警跸[3]，民臣称臣妾，皆如天子之制。郊祀天地，宗祀明堂[4]，共祀宗庙，享祭群神，赞曰「假皇帝」[5]，民臣谓之「摄皇帝」，自称曰「予」。平决朝事，常以皇帝之诏称「制」，以奉顺皇天之心，辅翼汉室，保安孝平皇帝之幼嗣，遂寄托之义，隆治平之化。其朝见太皇太后、帝皇后，皆复臣节。自施政教于其宫家国采，如诸侯礼仪故事。臣昧死请。』太后诏曰：『可。』明年，改元曰居摄。

注释

1 韨：古代衣裳前的蔽膝，用熟皮制成。形制、图案、颜色按身份、等级不同而有区别。

2 斧依：古代帝王朝堂所用屏风状器具，以绛为质，高八尺，置于东西户牖之间。其上有斧形图案，故名。户牖：门窗。

3 警跸：古代帝王出入时，于所经路途侍卫警戒，清道止行。

4 明堂：古代帝王宣明政教的地方。凡朝会、祭祀、庆赏、选士、养老、教学等大典，都在此举行。

5 假皇帝：即代理皇帝，与“摄皇帝”同义。

译文

于是群臣上奏说：“……我们请求安汉公登位代行皇帝职权，着天子服饰，戴皇冠，背后置斧形图案屏风于门窗之间，面向南方接受群臣朝拜，处理政事。他出入时要严加戒备，平民和臣下面对他都自称臣妾，一切都跟天子礼制一样。在郊外祭祀天地，在明堂祭祀列宗，在宗庙与皇帝一起祭祀祖先，祭祀各种神灵，赞辞称‘假皇帝’，平民和臣下都称他为‘摄皇帝’，自称‘予’。公平处理朝廷政务，日常使用的皇帝诏书形式称为‘制’，从而顺应上天之意，辅佐保卫汉室，保护孝平皇帝年幼子嗣的安全，成就受命居位摄政之大义，振兴治国平天下的教化。若是朝见太皇太后和王皇后时，他要回复到为人臣子的身份。他在自己的官署、宅第、封国、采邑自行施行政令，按照诸侯礼仪的成例办事。臣等冒死请求。”太后下诏说：“可以。”第二年，改年号为居摄。

期门郎张充等六人谋共劫莽，立楚王[1]。发觉，诛死。

注释

1 楚王：楚王刘纡，汉宣帝曾孙。

译文

期门郎张充等六人策动一起劫持王莽，拥立楚王为皇帝。被发觉，处死。

梓潼人哀章学问长安[1]，素无行，好为大言。见莽居摄，即作铜匮[2]，为两检[3]，署其一曰『天帝行玺金匮图』，其一署曰『赤帝行玺某传予黄帝金策书』。某者，高皇帝名也。书言王莽为真天子，皇太后如天命。图书[4]皆书莽大臣八人，又取令名王兴、王盛，章因自窜姓名，凡为十一人，皆署官爵，为辅佐。章闻齐井、石牛事下，即日昏时，衣黄衣，持匮至高庙，以付仆射。仆射以闻。戊辰，莽至高庙拜受金匮神嬗[5]。御王冠，谒太后，还坐未央宫前殿，下书曰：『予以不德，托于皇初祖考黄帝之后，皇始祖考虞帝之苗裔，而太皇太后之末属。皇天上帝隆显大佑，成命统序，符契[6]图文，金匮策书，神明诏告，属予以天下兆民。赤帝汉氏高皇帝之灵，承天命，传国金策之书，予甚祗畏，敢不钦受！以戊辰直定[7]，御王冠，即真天子位，定有天下之号曰新。其改正朔[8]，易服色，变牺牲，殊徽帜，异器制。以十二月朔癸酉为建国元年正月之朔，以鸡鸣为时。服色配德上黄，牺牲应正用白，使节之旄幡皆纯黄，其署曰「新使五威节」，以承皇天上帝威命也。』

注释

1 梓潼：县名，今四川梓潼。哀章：广汉梓潼人。王莽建国后，位居上公。

2 铜匮：铜制的柜子。匮，同“柜”。

3 检：封检。

4 图书：指上文的金匮图和金策书。

5 神嬗：神灵让高皇帝禅让皇位。嬗，通“禅”，禅让。

6 符契：符命。指上天预示帝王受命的征兆。

7 定：星名。即营室星。亦称室宿。象征着营造宫室。

8 正：一年的第一天。朔：一月的第一天。

译文

梓潼人哀章在长安求学，一向品行不端，喜欢说大话。他见王莽代行皇帝职权，于是便做了个铜柜，写上两张题签，一张写“天帝行玺金匮图”，另一张写“赤帝行玺某传予黄帝金策书”。所谓“某”，是汉高祖的名字。策书上说王莽是真命天子，皇太后应遵循天意行事。图和书上都写明了王莽的八位大臣，又取了两个好名字叫王兴和王盛，哀章也把自己的名字改头换面掺杂在里面，总共十一人，都标明了官职和爵位，作为辅佐之臣。哀章听说出现了新井和巴郡的石牛事件，于是在当天的黄昏，身穿黄衣服，持铜柜到高帝祠庙，把它交给了仆射。仆射将它上报。戊辰日，王莽到高皇帝庙接受天命禅位的铜柜子。他戴上王冠，拜见太后，回来坐在未央宫前殿，颁诏说：“我德行不足，幸赖是皇初祖考黄帝的后代，皇始祖考虞帝的后裔，又是太皇太后旁支亲属。皇天上帝显示极大的保佑，既定天命让我继承大统，符命、图文，金柜之策书，都是神明的指示，将天下万民托付于我。赤帝汉高皇帝显灵，秉承上天的命令，传下让皇位的金柜策书给我，我非常敬畏，不敢不恭恭敬敬地接受！因为戊辰日适值营室星出现，这一天戴上皇帝王冠，登上真天子之位，享有天下，定国号为新。应当修订历法，变更车马、服饰的颜色，改变祭祀用的牲畜的毛色，改换旗帜上的标志，重新订立标准器具的形制。以十二月初十为建国元年正月初一，以鸡鸣时刻作为一天的开始。车马、服饰应与国家的土德相配而崇尚黄色，祭祀用的牲畜对应正月建丑使用白色，使者节符的旗帜采用纯黄色，上写‘新使五威节’，以秉承皇天上帝的威严。”

始建国元年正月朔，莽帅公侯卿士奉皇太后玺韨[1]，上太皇太后，顺符命，去汉号焉。

注释

1 太后玺韨：新制的太后御玺，号曰“新室文母太皇太后”。

译文

始建国元年正月初一，王莽率领公侯卿士捧着新制的皇太后的御玺，献给太皇太后，顺应符命所说，去掉了汉朝的名号。

名句索引

二画

三画

四画

五画

六画

七画

八画

武帝施主父之册，下推恩之令，使诸侯王得分户邑以封子弟，不行黜陟，而藩国自析。／／080
屈节辱命，虽生，何面目以归汉！／／133
武既至海上，廪食不至，掘野鼠去中实而食之。杖汉节牧羊，卧起操持，节旄尽落。／／137
明主不恶切谏以博观，忠臣不避重诛以直谏。／／195
治乱民犹治乱绳，不可急也；唯缓之，然后可治。／／286

九画

亲亲贤贤，褒表功德，关诸盛衰，深根固本，为不可拔者也。／／076
春秋大一统者，天地之常经，古今之通谊也。／／166
尝昼寝，偏藉上袖，上欲起，贤未觉，不欲动贤，乃断袖而起。／／301

十画

积善在身，犹长日加益，而人不知也；积恶在身，犹火之销膏，而人不见也。／／163

十一画

十二画

十五画

中信国学大典

汉书

导读及译注
马　彪
历史学博士。1987年至1995年任教于北京师范大学历史系，1995年至2002年任日本东京大学、京都大学外国人研究员，2002年始任日本山口大学东洋史研究室教授。研究专业：秦汉史。代表著作：《秦汉豪族社会研究》。其他译著、编著十余部，论文七十余篇。先后主持日本文部科学省《「云梦龙岗秦简」の注釈による秦史の再构成に関する研究》、《出土文字・発掘资料による秦王朝各地方における禁苑の分布・构造及び意义に関する研究》等课题。

哲学宗教

《周易》
《礼记・孝经》
《心经・金刚经》
《净土三经》
《六祖坛经》
《黄帝内经》
《孔子家语》
《颜氏家训》
《淮南鸿烈》
《传习录》
《近思录》
《围炉夜话》

历史地理

《左传》
《战国策》
《史记》
《汉书》
《后汉书》
《三国志》
《资治通鉴》
《盐铁论》
《贞观政要》
《山海经》
《水经注》
《人物志》

先秦诸子

《论语》
《孟子》
《老子》
《庄子》
《墨子》
《孙子兵法》
《韩非子》
《大学・中庸》
《荀子》
《管子》
《列子》
《鬼谷子》
《商君书》
《吕氏春秋》

文学

《诗经》
《楚辞》
《唐诗三百首》
《宋词三百首》
《元曲三百首》
《古文观止》
《世说新语》
《徐霞客游记》
《梦溪笔谈》
《搜神记》
《东坡志林》
《三字经・百家姓・千字文》

图书在版编目(CIP)数据

汉书 / 马彪导读及译注. — 北京：中信出版社，2014.5（2017.3重印）
（中信国学大典）
ISBN 978-7-5086-4474-5
Ⅰ.①汉… Ⅱ.①马… Ⅲ.①中国历史－西汉时代－纪传体②《汉书》－注释
③《汉书》－译文 Ⅳ.①K234.104.2
中国版本图书馆CIP数据核字（2014）第047850号

本书中文简体字版由中华书局（香港）有限公司授权中信出版社在中国大陆独家出版和发行

汉书

导读及译注：马 彪
策 划 推 广：中信出版社（China CITIC Press）
出 版 发 行：中信出版集团股份有限公司
（北京市朝阳区惠新东街甲4号富盛大厦2座 邮编 100029）
（CITIC Publishing Group）
承 印 者：北京通州皇家印刷厂

开 本：787mm×1092mm 1/16 印 张：22 字 数：160千字
版 次：2014年5月第1版 印 次：2017年3月第3次印刷
广告经营许可证：京朝工商广字第8087号
书 号：ISBN 978-7-5086-4474-5/K·372
定 价：45.00元

周易 礼记 孝经 心经 金刚经 净土三经 六祖
坛经 黄帝内经 孔子家语 颜氏家训 淮南鸿
烈 传习录 近思录 围炉夜话 左传 战国策 史
记 汉书 后汉书 三国志 资治通鉴 盐铁论 贞
观政要 山海经 水经注 人物志 论语 孟子 老
子 庄子 墨子 孙子兵法 韩非子 大学 中庸 荀
子 管子 列子 鬼谷子 商君书 吕氏春秋 诗经
楚辞 唐诗三百首 宋词三百首 元曲三百首
古文观止 世说新语 徐霞客游记 梦溪笔谈
搜神记 东坡志林 三字经 百家姓 千字文

搜	古	楚	子	子	观	记	烈	坛	周
神	文	辞	管	庄	政	汉	传	经	易
记	观	唐	子	子	要	书	习	黄	礼
东	止	诗	列	墨	山	后	录	帝	记
坡	世	三	子	子	海	汉	近	内	孝
志	说	百	鬼	孙	经	书	思	经	经
林	新	首	谷	子	水	三	录	孔	心
三	语	宋	子	兵	经	国	围	子	经
字	徐	词	商	法	注	志	炉	家	金
经	霞	三	君	韩	人	资	夜	语	刚
百	客	百	书	非	物	治	话	颜	经
家	游	首	吕	子	志	通	左	氏	净
姓	记	元	氏	大	论	鉴	传	家	土
千	梦	曲	春	学	语	盐	战	训	三
字	溪	三	秋	中	孟	铁	国	淮	经
文	笔	百	诗	庸	子	论	策	南	六
	谈	首	经	荀	老	贞	史	鸿	祖